U0531965

Evaluation of Non-Degree Education
Consumption in Chinese Universities

中国高校非学历教育消费评价

周勇 著

中国社会科学院数量经济与技术经济研究所
中国社会科学院经济大数据与政策评估实验室
黄埔社会科学高等研究院

中国社会科学出版社

图书在版编目（CIP）数据

中国高校非学历教育消费评价／周勇著. -- 北京：中国社会科学出版社，2024.12. -- ISBN 978-7-5227-4364-6

Ⅰ. G649.2

中国国家版本馆 CIP 数据核字第 20242HW903 号

出 版 人	赵剑英	
责任编辑	黄　晗	
责任校对	党旺旺	
责任印制	张雪娇	

出　　版	中国社会科学出版社	
社　　址	北京鼓楼西大街甲 158 号	
邮　　编	100720	
网　　址	http：//www.csspw.cn	
发 行 部	010－84083685	
门 市 部	010－84029450	
经　　销	新华书店及其他书店	
印　　刷	北京明恒达印务有限公司	
装　　订	廊坊市广阳区广增装订厂	
版　　次	2024 年 12 月第 1 版	
印　　次	2024 年 12 月第 1 次印刷	
开　　本	710×1000　1/16	
印　　张	17	
插　　页	2	
字　　数	235 千字	
定　　价	98.00 元	

凡购买中国社会科学出版社图书，如有质量问题请与本社营销中心联系调换
电话：010－84083683
版权所有　侵权必究

前　言

本书沿袭了笔者多年研究高校非学历教育培训[①]的三维框架，即事业、产业、消费，重点从消费角度分析和评价高校非学历教育培训。包括高校非学历教育在内的教育培训消费是《中华人民共和国国民经济和社会发展第十四个五年规划和2035年远景目标纲要》（以下简称"十四五"规划）中的规划内容，也是《关于进一步扩大旅游文化体育健康养老教育培训等领域消费的意见》等国家文件所强调的重要消费内容。党的二十大报告指出，"着力扩大内需，增强消费对经济发展的基础性作用和投资对优化供给结构的关键作用"[②]。高校非学历教育兼具消费和投资功能，已经在中国内需激发中发挥着重要作用。教育是新质生产力培育和发展的重要因素，习近平总书记在中共中央政治局第十一次集体学习时强调，"要按照发展新质生产力要求，畅通教育、科技、人才的良性循环"[③]，在这个循环中高校非学历教育发挥着重要而不可替代的作

[①] 如非特别说明，本书"非学历教育"和"非学历教育培训"概念不加区分。因为专门研究教育消费，所以在许多场合，教育内含教育消费概念。当涉及"教育消费""高校非学历教育消费"等的共性内容时，很多时候不提高校非学历教育消费，只提一般性的教育消费。

[②] 习近平：《高举中国特色社会主义伟大旗帜　为全面建设社会主义现代化国家而团结奋斗——在中国共产党第二十次全国代表大会上的报告》（2022年10月16日），人民出版社2022年版，第29页。

[③]《习近平在中共中央政治局第十一次集体学习时强调：加快发展新质生产力　扎实推进高质量发展》，https://www.gov.cn/yaowen/liebiao/202402/content_6929446.htm。

用。高校非学历教育培训消费是一种高层次的文化消费、一种投资性消费、一种对消费主体资格有基本要求的消费、一种贯穿消费者一生的消费、一种个人消费与社会消费相结合的消费，在新时代需要对其强化研究和评价，以指导教育和经济实践。

本书是已出版的《中国高校非学历教育事业评价》姊妹篇。本书揭示了高校非学历教育消费对加快建设高质量教育体系、实现高水平科技自立自强、培养造就大批德才兼备的高素质人才、促进高质量充分就业的重要意义。本书在"事业、产业、消费"三位一体框架中确定高校非学历教育评价的研究边界，在新发展理念指引下，把握高校非学历教育消费现状、演进规律，力图依照科学流程，建构系统、规范的评价体系，并结合调研、工作实务和文献资料对中国高校非学历教育消费进行具体评价。

以下是本书的基本章节安排：

第一部分为概述。第一章首先对中国自20世纪80年代以来的教育消费文献进行回顾，总结高校非学历教育消费研究的学术传统。第二章以"十四五"规划为蓝本，对中国高校非学历教育消费评价的宏观政策环境展开分析，以揭示本书研究的重要政策意义。第三章是研究设计，包括评价对象界定、评价依据、评价内容、评价维度、评价方法、具体评价、评价结论及政策启示等研究说明。

第二部分为总体评价。第四章对评价对象进行界定，先分析教育的消费性质及消费行为特征，然后综合已有教育消费研究文献，结合调研和实践，对教育消费作出相关界定。在学科视野中，包括在教育学、经济学、教育经济学、教育经济和管理等方面界定教育消费。在揭示和理清教育消费内涵与外延基础上，进一步界定高校非学历教育消费。第五章构建中国高校非学历教育消费的评价框架，包括评价依据、评价内容、评价维度及指标体系等内容。第六章分析中国高校非学历教育消费评价的必要性及标准。第七章对中国高校非学历教育消费进行具体评价。第八章给出中国高校非学历教育消费的评价结论和政策建议。

第三部分为专题评价。总结了作者近年对中国高校非学历教育及其消费的系列思考，包括为什么中国高层次非学历教育当前仍要以高校为重要办学主体、以系统思维推动中国非学历教育、树立正确的高校非学历教育消费观、非学历教育的复杂性及多维应对、可在高校非学历教育领域探索混合所有制、应建立高等非学历教育的多方协作架构、通过非学历教育完善教育共同富裕机制等专题内容。

附录中收录了部分与教育培训消费、高校非学历教育消费相关的政策文件。这些文件的颁发单位除了中共中央、国务院，还包括教育部、商务部、国家发展改革委、工业和信息化部、最高人民法院等。

本书是关于高校非学历教育消费的综合性研究，采用规范的方法进行评价。本书展现了跨学科视野，吸收了教育学、经济学、管理学相关理论；具有相当的开放性，即从实际出发，不墨守成规，为教育、经济、社会高质量发展，新质生产力培育，新发展格局构建广泛建言献策。本书还具有较强的探索性，具体表现为探索教育的消费属性和规律、教育及教育消费的宏观经济意义、以教育消费促进教育供给、以高校非学历教育消费带动中国高校全面发展等。本书的启发性不言而喻，在高质量教育供给不足，教育、科技、人才需要良性循环，急需增强消费对经济发展基础性作用背景下，包括发展高校非学历教育在内的教育消费无疑是一条重要应对路径，其规范、健康而稳定的发展关系着中国式现代化建设。

周 勇

2024 年 6 月 8 日

目 录

第一章 教育消费研究回顾 …………………………………………… (1)

第二章 中国高校非学历教育消费评价的宏观政策环境 …………… (7)

第三章 研究设计 …………………………………………………… (52)
  一 评价对象界定 ……………………………………………… (53)
  二 评价依据 …………………………………………………… (53)
  三 评价内容 …………………………………………………… (54)
  四 评价维度 …………………………………………………… (54)
  五 评价方法 …………………………………………………… (56)
  六 具体评价 …………………………………………………… (62)
  七 评价结论及政策启示 ……………………………………… (62)

第四章 评价对象界定 ……………………………………………… (64)
  一 教育被认为是一种消费形式 ……………………………… (64)
  二 教育消费与教育投资 ……………………………………… (68)

  三　教育消费的属性 …………………………………………（69）
  四　高校非学历教育消费界定 …………………………………（71）

第五章　中国高校非学历教育消费的评价框架 ……………（75）
  一　评价依据 ……………………………………………………（75）
  二　评价内容 ……………………………………………………（92）
  三　评价维度及指标体系 ………………………………………（94）

第六章　中国高校非学历教育消费评价的必要性及标准 …………（97）
  一　中国高校非学历教育消费主体评价的必要性及标准 ……（97）
  二　中国高校非学历教育消费文化评价的必要性及标准 ……（98）
  三　中国高校非学历教育消费行为评价的必要性及标准 ……（100）
  四　中国高校非学历教育消费矛盾评价的必要性及标准 ……（101）
  五　中国高校非学历教育消费环境评价的必要性及标准 ……（102）
  六　中国高校非学历教育消费市场评价的必要性及标准 ……（102）
  七　中国高校非学历教育消费国际化评价的必要性及标准 …（103）
  八　中国高校非学历教育消费动因评价的必要性及标准 ……（105）
  九　中国高校非学历教育消费发展评价的必要性及标准 ……（107）
  十　中国高校非学历教育消费空间评价的必要性及标准 ……（108）
  十一　中国高校非学历教育消费风险评价的必要性及标准 …（108）
  十二　中国高校非学历教育消费效应评价的必要性及标准 …（109）

第七章　中国高校非学历教育消费的具体评价 ……………（112）
  一　中国高校非学历教育消费的主体评价 ……………………（112）
  二　中国高校非学历教育消费的文化评价 ……………………（113）
  三　中国高校非学历教育消费的行为评价 ……………………（119）
  四　中国高校非学历教育消费的矛盾评价 ……………………（121）

五　中国高校非学历教育消费的环境评价 …………………… (123)
六　中国高校非学历教育消费的市场评价 …………………… (127)
七　中国高校非学历教育消费的国际化评价 ………………… (129)
八　中国高校非学历教育消费的动因评价 …………………… (133)
九　中国高校非学历教育消费的发展评价 …………………… (137)
十　中国高校非学历教育消费的空间评价 …………………… (142)
十一　中国高校非学历教育消费的风险评价 ………………… (145)
十二　中国高校非学历教育消费的效应评价 ………………… (147)

第八章　中国高校非学历教育消费的评价结论和政策建议 ……… (156)

一　中国高校非学历教育消费的主体评价结论和
　　政策建议 ………………………………………………… (156)
二　中国高校非学历教育消费的文化评价结论和
　　政策建议 ………………………………………………… (157)
三　中国高校非学历教育消费的行为评价结论和
　　政策建议 ………………………………………………… (158)
四　中国高校非学历教育消费的矛盾评价结论和
　　政策建议 ………………………………………………… (159)
五　中国高校非学历教育消费的环境评价结论和
　　政策建议 ………………………………………………… (160)
六　中国高校非学历教育消费的市场评价结论和
　　政策建议 ………………………………………………… (161)
七　中国高校非学历教育消费的国际化评价结论和
　　政策建议 ………………………………………………… (162)
八　中国高校非学历教育消费的动因评价结论和
　　政策建议 ………………………………………………… (164)

九 中国高校非学历教育消费的发展评价结论和
　　政策建议 ·· (165)
十 中国高校非学历教育消费的空间评价结论和
　　政策建议 ·· (166)
十一 中国高校非学历教育消费的风险评价结论和
　　　政策建议 ··· (168)
十二 中国高校非学历教育消费的效应评价结论和
　　　政策建议 ··· (170)

专题一 为什么当前中国高层次非学历教育仍要以高校为
　　　　重要办学主体 ·· (172)
专题二 以系统思维推动中国非学历教育发展 ··················· (178)
专题三 树立正确的高校非学历教育消费观 ······················ (185)
专题四 非学历教育的复杂性及多维应对 ·························· (190)
专题五 可在高校非学历教育领域探索混合所有制 ············ (198)
专题六 应建立高等非学历教育的多方协作架构 ··············· (202)
专题七 通过非学历教育完善教育共同富裕机制 ··············· (208)

附录一 开放式访谈提纲(专家咨询用) ···························· (212)
附录二 中国高校非学历教育消费调查问卷 ······················ (216)
附录三 高校非学历教育消费相关文件一:《国务院办公厅关于
　　　　进一步扩大旅游文化体育健康养老教育培训等领域
　　　　消费的意见》 ·· (222)
附录四 高校非学历教育消费相关文件二:《中共中央　国务院
　　　　关于完善促进消费体制机制　进一步激发居民消费
　　　　潜力的若干意见》 ·· (229)

附录五 高校非学历教育消费相关文件三：《国务院办公厅关于进一步释放消费潜力　促进消费持续恢复的意见》……………………………（241）

附录六 高校非学历教育消费相关文件四：《北京市教育委员会关于进一步规范民办非学历高等教育机构办学行为的意见》………………………………（249）

后　记 ………………………………………………（257）

第一章　教育消费研究回顾

打开中国知识网,以"教育消费"为篇名,在期刊中精确搜索,可获得历年文献545篇,其中核心期刊文献160篇。又在学位论文中精确搜索,可得历年文献76篇,其中硕士学位论文72篇,博士学位论文4篇。最早的文献可追溯到20世纪90年代初,这说明中国学术界对教育消费的研究由来已久,长期以来,无论是学术研究,还是研究生培养、学科建设,都关注着教育消费。现以核心期刊为样本进行文献计量分析。

从总体趋势看(见图1-1),2009年以前发文量虽然几度起伏,但总体上较多,其中1999年、2004年、2007年、2008年发文量多。2009

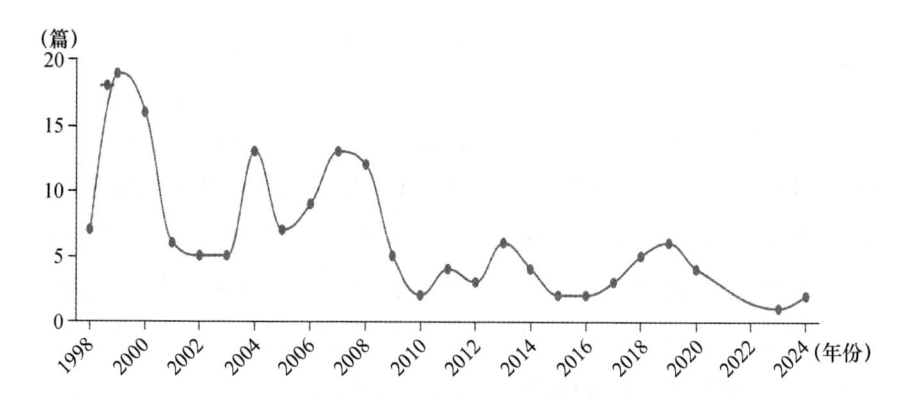

图1-1　教育消费研究总体趋势分析

年以后发文量减少，但整体较为稳定，没有出现沉寂，尤其是 2013 年、2019 年形成发文小高峰。而 2024 年的统计仅到 5 月，发文量已经出现上扬的趋势。

从主要主题分布来看（见图 1-2），以教育消费为题名的文献主要研究了教育消费，其中关于高等教育消费的文献占了较大比例，这与实际相合。曾经很长一段时间（中国加速普及义务教育时），中小学生主要在学校学习，较少自费进行课外培训，而成人自费高等教育，包括高校非学历教育是教育消费的热点。

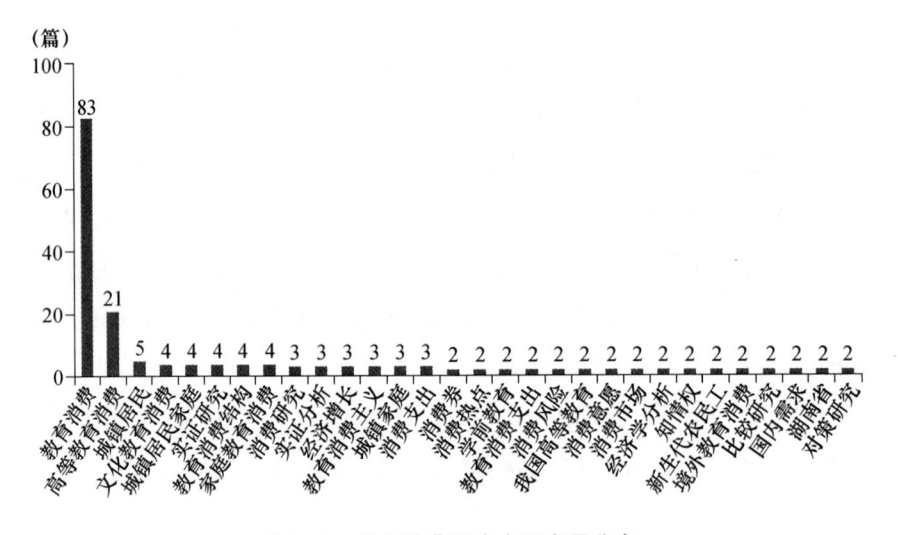

图 1-2　教育消费研究主要主题分布

从学科分布来看（见图 1-3），教育理论与教育管理、高等教育、经济体制改革学科领域的研究者更多关注了教育消费，这说明教育消费是中国经济体制改革的重点热点问题，无论是教育改革，还是经济改革，都涉及教育消费。因此，我们需要在改革开放中看待教育消费问题，不能墨守成规，要解放思想，进一步突破理论和实践。同时，教育消费问题在高等教育领域得到突出反映，高等教育消费是社会普遍关心的消费项目。教育消费涉及教学机构教育消费服务提供和消费者学习需求满足，事关经济投入产出、教育理念贯彻、管理，其中的管理包括行政管理和日常教学管理。

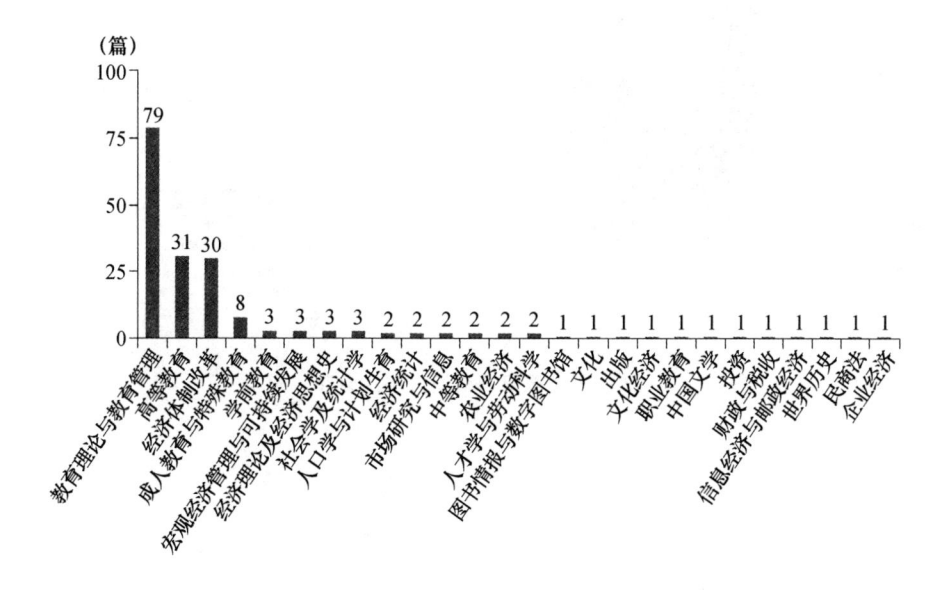

图1-3 教育消费研究学科分布

从研究层次（见图1-4）来看，现有教育消费研究主要是应用研究，其次是政策研究，基础研究缺乏，这提示我们，对于这一重大消费和教育问题，还需要深化研究。现在这一问题之所以争议大，是因为没有研究突破，缺少高屋建瓴、耳目一新、站位高的定论。

从期刊分布来看（见图1-5），《消费经济》《商业经济研究》等经济类期刊关注教育消费最多，这说明教育消费更多被看作经济问题，一方面教育消费在现实经济工作中发挥着重要作用，对于拉动内需、刺激消费有重要作用；另一方面教育消费被作为经济问题研究，人们接受度高，理论界认可。相反，教育类期刊对教育消费的关注有限，在现实生活中，很可能教育部门内部较为回避教育消费话题，但教育消费作为教育经济的核心问题之一，作为教育消费发展的重要拉动型变量，不可回避。

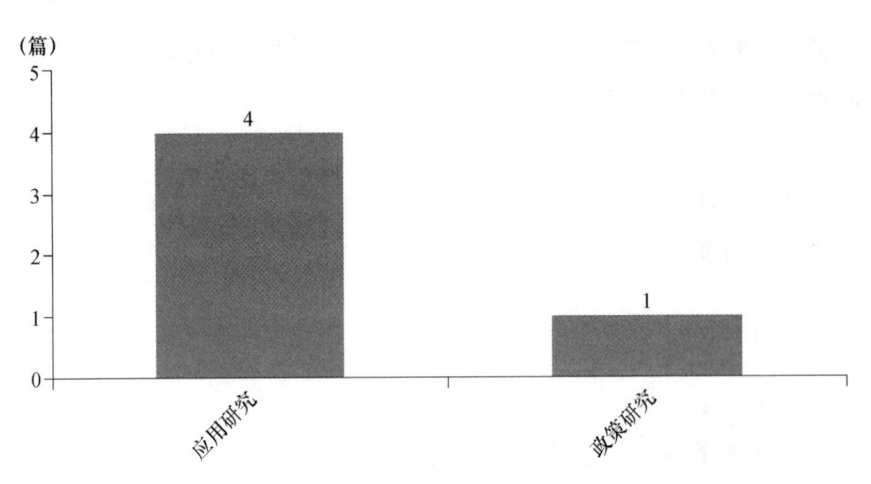

图 1-4 教育消费研究层次分布

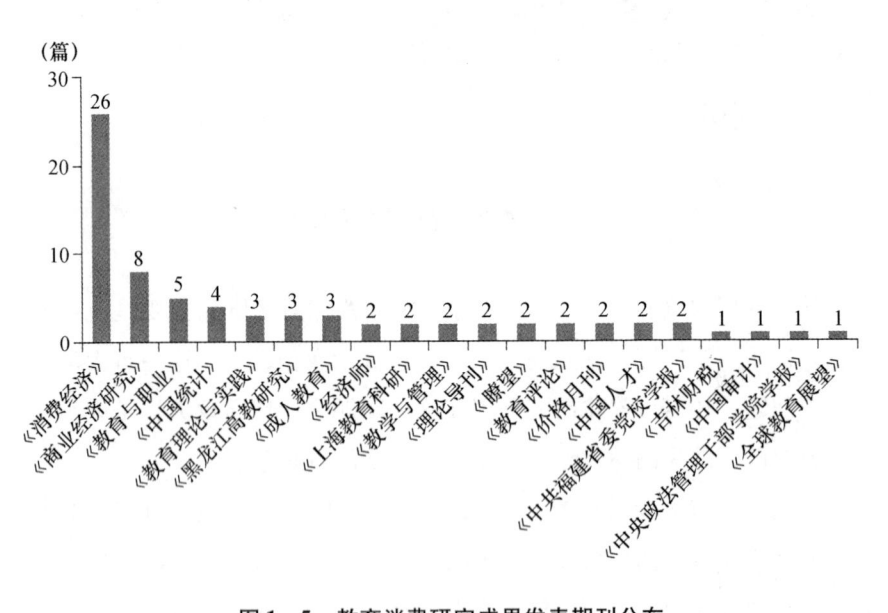

图 1-5 教育消费研究成果发表期刊分布

从机构分布来看，华中农业大学、湖南师范大学、陕西师范大学等较多关注教育消费论题，这几个大学要么强于教育学，要么强于消费经济研究。大学对某一论题的关注与其学科设置有关，也与科研平台、发表平台有关，还与大学所在的地域相关，比如湖南师范大学关注教育消费议题绝非偶然，一则湖南师范大学教育学研究力量强，二则湖南师范大学拥有期刊《消费经济》这一发表平台，三则该校地处的长沙和湖南消费气氛浓厚，湖湘文化尊师重教。

议题的研究离不开相关的支持，其中基金支持较为关键。从基金分布来看，国家级基金中，国家社会科学基金对教育消费研究提供的支持最大，其次是国家自然科学基金。地方基金中，湖南省哲学社会科学基金提供了较多支持。湖南包括教育消费在内的消费经济研究较有实力，成果丰富，与湖南包括社科基金在内的相关支持离不开关系。

关于教育和消费的关系，有三种研究视角，一是对教育的消费，二是教育对消费产生的经济影响，三是围绕消费的教育。教育不仅是一种消费行为，它还对消费产生影响。受教育程度与家庭消费密切相关，龙莹、叶爽（2024）基于中国家庭金融调查（CHFS）2015年、2017年、2019年三期的数据，以家庭为基本单位，探讨了居民受教育程度对增强家庭消费积极性的有效影响，并从收入效应、非收入效应两个方面解释了作用机制，发现居民受教育水平的提高有助于增强家庭消费收入弹性，提升边际消费倾向，其中收入效应是居民受教育程度对消费产生正向显著影响的关键因素，相比于女性，男性受教育程度提高更能激发家庭消费的积极性；东中部地区教育对释放家庭潜力的影响程度相当且高于西部地区；农村地区会相对抑制受教育程度对居民购买力的发挥，导致其影响程度不如城镇地区高；教育水平对高、中、低收入家庭消费收入弹性的影响也各不相同①。黄梦琪、金钟范（2022）利用中国家庭金融调查项目（2011年、2013年、2015年、2017年）四期的全国代表性数据，采用计量模型考察已婚女性受教育程度对其家庭消费水平的影响及其机制，发现女性受教育程度的提升可以显著促进其家庭消费水平的提升，且在以义务教育法作为女性受教育程度的工具变量处理潜在的内

---

① 龙莹、叶爽：《教育是如何释放家庭消费潜力的？——来自CHFS的经验证据》，《大连大学学报》2024年第1期。

生性问题之后，结论仍然成立；与生存型家庭消费相比，女性受教育程度对享受型家庭消费的影响更大；女性受教育程度会通过提高劳动收入和提升女性家庭决策地位两个途径来促进家庭消费，且受教育程度高的女性的家庭更加关注子女的教育水平[①]。本书主要研究"对教育的消费"，因此将在后续章节中重点综述关于教育消费的已有文献。

---

① 黄梦琪、金钟范：《女性受教育程度如何影响家庭消费——来自 CHFS 的经验证据》，《山西财经大学学报》2022 年第 2 期。

第二章　中国高校非学历教育消费评价的宏观政策环境

当前教育消费在教育系统内部讨论不多，但国家其他部门，如政研、发展、商务、工信等涉及较广。群众教育消费氛围渐趋浓厚，接受度不断提高，教育消费尤其是非学历教育消费甚至成为一些家庭消费的主要部分。高校非学历教育居民消费在中国流行已久，长期以来，为弥补高等学历教育的不足、满足不断高涨的大学教育需求，高校通过举办短期培训、中长期课程班等，为社会提供了形式多样的非学历教育服务。对高校非学历教育消费评价首先需要深入、全面考察其宏观政策环境，以便从供给端确认高校非学历教育服务事业不离国家大政方针，从需求端确认高校非学历教育消费是国家政策大力倡导的行为，从中介端确保高校非学历教育消费评价符合国家的政策导向。

教育是国家发展及民生中的大事，具有全局性、综合性意义，所以关于教育，尤其是非学历教育评价，一方面需要立足教育本身的规律，另一方面需要跳出教育单个部门进行更加广泛综合的考察。除了参照教育部门的文件，还应参考其他部门的政策意见，国家的综合性政策规划文件往往提供了全面的政策考察蓝本。比如，党的二十大报告中的涉教育文本、五年规划中的教育安排。本书以国家最新的五年规划为蓝图，考察了中国高校非学历教育的大政方针。具体而言，本书以"十四五"

规划为依据，进行文本分析，阐释和探讨高校非学历教育消费的政策导向。从"十四五"规划可看出中国高等非学历教育政策支持、引导的几大方向或者领域，可明确其兼有的消费性质和在宏观内需体系特别是消费中的地位。通读"十四五"规划也更有利于评价和把握高校非学历教育发展现状及潜力。

本书同时提及高等非学历教育消费和高校非学历教育消费，两者均为高等教育消费，只是外延不同，前者包括后者，当不需要特指高校时，论及高等非学历教育等同论及高校非学历教育。此外，本书同时提及教育消费和教育，一定意义上而言，教育本身包含了教育消费含义，本书作为教育消费的专门研究，在很多论述场景中，教育消费等同于教育。在涉及教育、高等学历教育、高等非学历教育等具有集合和子集、整体和部分关系的概念时，如果谈到共性内容，就没有必要提及特殊性，它们都具有一般存在的性质，本部分内容更多采用共性概念，即整体概念。比如某种性质是教育和高等教育共同具有，本部分很可能只提教育；如果高等教育和高等非学历教育共同具有，本部分很可能只提高等教育。当然更多进行专门性描述，即高等非学历教育的特殊性分析有其必要，这毕竟是高校非学历教育专门研究。

第一，"十四五"规划指出，"十三五"时期，中国决胜全面建成小康社会取得决定性成就，"教育公平和质量较大提升，高等教育进入普及化阶段"[①]。

关于"教育公平和质量"，"十三五"时期，一方面学历教育公平和质量得到了较大提升，高等非学历教育公平和质量也得到了一定程度的提升。但客观、总体而论，后者的公平和质量提升程度不如前者，这与资源基础有关，国家经费主要保障前者，后者依赖社会投入，但投入机制并不健全，监管水平有待提高，因而公平和质量水平提升有限。一方

[①] 《中华人民共和国国民经济和社会发展第十四个五年规划和2035年远景目标纲要》，https://www.ndrc.gov.cn/xxgk/zcfb/ghwb/202103/t20210323_1270124.html。

面整体教育的公平和质量水平有较大提升；另一方面也是非学历教育补充学历教育，尤其是高等非学历教育补充高等学历教育的结果。特别是高等非学历教育提高了高等教育的公平感，让很多不能通过学历教育途径获得高等教育的人员得以高校深造，圆其"大学梦"。

关于"高等教育进入普及化阶段"，"十三五"时期，中国高等教育已然取得了里程碑式的成就。在此之前的时期，中国已经普及了九年义务教育，因而对于教育的普及中国是分阶段推进的，当前已经进入普及高等教育的阶段。但进入"阶段"，并不说明已经完成，换言之，中国还只是在普及高等教育的路上，或者说，还是"普及化"，并没有"普及"。这是理解政策文件表述需要关注的地方。这也预示着中国高等教育无论是学历教育还是非学历教育，还有一个继续发展的阶段。目前社会上有人认为中国大学扩招，规模已经很大，需要控制数量，其实不然。高等教育毛入学率是国际通用的反映高等教育入学机会的指标，体现着一个国家或地区高等教育的普及水平，其内涵的变迁也体现了不同时期高等教育发展的特征和趋势。2023年，中国高等教育毛入学率达到了60.2%，提前完成"十四五"规划中提出的"高等教育毛入学率提高到60%"这一目标，但中国大学入学率与发达国家相比仍有不小差距。进入21世纪以来，世界高等教育规模不断扩大，高等教育毛入学率持续攀升。2021年，世界教育强国的高等教育毛入学率几乎都在70%以上。从发展趋势看，过去20多年，除了个别毛入学率过高的国家出现小幅回调，多数教育强国在过去20年里基本保持了增长或波动上升趋势。留学生规模的持续扩大、高等教育的数字化转型、非全日制灵活的学习方式和学龄外人群的广泛参与是世界教育强国的高等教育毛入学率提升的主要动力[①]。从这也可以看出，非学历教育对于提高高等教育毛入学率的重要意义，在高等教育尚存供给缺口，而需求不断高涨

---

① 马筱琼、马晓强：《高等教育毛入学率：教育强国建设视野下的内涵探讨与科学应用》，《中国高等教育》2024年第9期。

的背景下，仍然需要大力发展高等非学历教育弥补学历教育的供给缺口。同时需要客观认清，高等学历教育与高等非学历教育尽管有不一致之处，有一定对立关系，但更应该看到两者的统一关系，一味地将学历教育和非学历教育对立起来，既不利于两者的单独发展，也不利于形成两者有效的相互支撑，应更多从统一的角度构建两者的发展关系。比如人们接受高等学历教育后会产生更多的后续或者衍生教育需求，这部分需求往往通过非学历教育予以满足。

相比高等学历教育，高等非学历教育更易于普及。前者有录取门槛，因为更多依靠公共投入，但资源是有限的，因而需要通过竞争获取。当前中国高等学历教育仍将社会上的很多人排除在外，尤其是对农村地区、欠发达地区的人们而言，接受高等学历教育的机会仍然很有限。高等非学历教育因为私人付费，没有录取分数线限制，使人们获得了更多机会。当前，很多当年没有考上大学的人通过非学历教育圆了大学梦。

但教育普及率并不只是受录取分数线限制，还受到可支持收入的限制，在这个意义上，高等非学历教育普及程度仍然很有限。因为非学历教育学费普遍高昂，学习的财务和机会成本高，很多人难以负担。也因此，归根结底，高等学历和非学历教育的普及障碍都在经费和收入水平上，提高经济发展水平，增加学历和非学历教育投入，真正增加居民可支配收入是普及高等教育的基本前提。

还可以对高等学历教育的公平性和非学历教育的公平性进行对比，前者的公平性甚至要高于后者。比如凭借努力学习和考试分数，贫困家庭的孩子可以获得和富裕家庭孩子一样的高等学历教育机会，高等学历教育虽然收取学费，但学费比例在总教育成本中有限，且国家实施了系列助学金融措施，基本上保证每个进入大学的孩子都能完成学业，不会因为家庭贫困付不起学费而放弃大学学习。但高等非学历教育几乎完全由学习者付费，加上优质教育资源有限、服务供给有限、收费高，因而经济条件差的人士不大可能参加高等非学历教育。假如说高等学历教育在发达地区和欠发达地区、城市和农村、富裕家庭和不富裕家庭间的机会分布相对均衡，那么可以说，高等非学历教育在经济水平不同的家庭、发展条件不同的地区间差异非常大。

在教育质量方面，中国高等学历教育还需要继续提高办学水平，中国高层次大学和世界一流水平还有很大差距。比如根据"双一流"建设方案，共有三个发展性阶段节点，分别是2020年、2030年和21世纪中叶，并以五年一轮推进。首阶段经过五年建设，相关学校不断地汇聚优质资源，不断地加强内涵建设，取得了一定的阶段性成果。但我们也要清醒地看到，中国高等教育的整体实力和世界一流大学相比还有不小的差距，尤其是要实现到21世纪中叶一流的大学、一流的学科的建设目标。无论是从数量上还是质量上都要进入世界前列，我们还有很长的路要走，还有相当多的工作要做，还有很艰巨的任务要完成，所以对此要有清醒的认识①。同时相比高等学历教育，中国高等非学历教育还需要进一步提高办学质量。前者毕竟办学年代久远，积淀较深，已经形成相对成熟的模式，一定程度上质量可以得到保证；而后者还是新兴消费事物，办学经验缺乏，尤其是投入有限，质量较难保证。综上所述，可以说，公平、质量和普及水平提高是中国高等教育乃至高等非学历教育取得的成就，但任重而道远，水平虽有提高，但还不够高。

第二，"十四五"规划提出2035年远景目标，"基本实现新型工业化、信息化、城镇化、农业现代化，建成现代化经济体系。基本实现国家治理体系和治理能力现代化，人民平等参与、平等发展权利得到充分保障，基本建成法治国家、法治政府、法治社会。建成文化强国、教育强国、人才强国、体育强国、健康中国，国民素质和社会文明程度达到

---

① 《教育部：我国高等教育整体实力与世界一流大学还有不小差距》，https：//www.moe.gov.cn/fbh/live/2020/52485/mtbd/202009/t20200924_490486.html。

新高度，国家文化软实力显著增强"①。

中国2035年远景目标之一是建成教育强国，这不仅包括学历教育强国，也包括非学历教育强国。教育高水平、高层次是教育强国的应有之义，集中体现于高等教育，一定程度上可以说只有高等教育强才可能教育强，才可能建成教育强国。在高水平科技自立自强、新质生产力培育、高质量发展背景下，教育、科技、人才是三大核心动能，教育要为高水平科技服务，要培养高水平人才，所以高等教育是教育的重中之重，高等教育在发展动能中占有突出地位②。如何推进教育强国建设，除了基础教育打好基础，更在于高等教育的作为；除了高等学历教育做强，还要在高等学历教育难以涉足的领域、难以覆盖的年龄层次和受教育人群中，发展高等非学历教育，做强非学历教育。只有高等学历教育与高等非学历教育强强联合，国家才能建成教育强国。

教育强国建设以国家治理体系和治理能力现代化为基本前提，没有有效的治理，教育的现代化探索，包括创新发展、市场探索、产业探索、消费探索、投资探索、供给侧结构性改革，都无从谈起。没有有效的治理，教育尤其是高校非学历教育发展就难以跳出"一收就死，一放就乱"的怪圈，整体教育消费难以进步。只有构建起完备的治理体系，才能防范教育的市场失灵，应对可能的教育不稳定问题，从而为有效的教育项目的市场性开发，教育领域的消费性拓展保驾护航，维护其行业安全，推动包括高校非学历教育在内的教育行稳致远。完备的教育治理体系应与教育体系乃至教育市场体系环环相扣，不留治理死角，而且强调系统治理、跨部门和行业行动，取得综合治理效果，而不是"头痛医头、脚痛医脚"。如对高校非学历教育市场招生的治理应与"懒政"的

---

① 《中华人民共和国国民经济和社会发展第十四个五年规划和2035年远景目标纲要》，https://www.ndrc.gov.cn/xxgk/zcfb/ghwb/202103/t20210323_1270124.html。

② 周勇：《高校非学历教育要紧跟科技发展新趋势：优势及作为》，《现代大学教育》2024年第5期。

治理相结合,促使高校不能仅仅依靠招牌、政策资源而从市场分利,应更多地负起招生的责任。

教育强国建设旨在提高国民素质和社会文明程度,教育是个人素质和社会文明水平提高的基本途径,所以国家将教育放在优先发展的位置。除了在体制内优先发展学历教育,更需要在体制外优先发展非学历教育,促进非学历教育尤其是高等非学历教育成为社会转型、市场转型、产业转型、新兴产业发展、未来产业发展的先导。教育强国建设和文化强国、人才强国、体育强国、健康中国建设之间的关系并非孤立的,而是相互促进的,教育强国促进文化素质、人才素质、身体素质、健康素质提升,从而整体上提高社会文明程度。除了专门的教育章节,"十四五"规划几乎每个章节都谈及了教育,这就体现了教育的基础性作用,各行各业各个领域的发展都离不开教育,国家的整体强盛首先有赖于教育强国。

教育强国是国家文化软实力显著增强的基本体现。软实力是近年来风靡国际关系领域的流行关键词,它深刻地影响了人们对国际关系的看法,使人们从关心领土、军备、武力、科技进步、经济发展、地域扩张、军事打击等有形的"硬实力",转向关注文化、价值观、影响力、道德准则、文化感召力等无形的"软实力"[①]。大学通过教学发挥文化传承作用,通过创新发挥文化发展作用,也是整个社会文化传承和创新的枢纽,对塑造国家文化软实力、形成国家文化软实力、传递国家文化软实力均发挥着重要作用。比如塑造青少年的价值观、形成国家文化话语权体系、传递国家文化正能量。高校非学历教育因其社会覆盖面广,灵活性、渗透性强,在打造国家文化软实力方面作用大、地位特殊,不容忽视。

第三,"十四五"规划提出,"十四五"时期经济社会发展主要目标

---

① 刘绛华:《国家软实力分析》,《江西行政学院学报》2007年第4期。

之一是民生福祉达到新水平,"实现更加充分更高质量就业,城镇调查失业率控制在5.5%以内,居民人均可支配收入增长与国内生产总值增长基本同步,分配结构明显改善,基本公共服务均等化水平明显提高,全民受教育程度不断提升,劳动年龄人口平均受教育年限提高到11.3年"①。

  教育是一个层次性概念,从学前教育到义务教育,再到高中教育,最后到大学教育,而大学教育又分为本科、硕士研究生、博士研究生不同层次,层次越高,受教育程度越高。不仅学历教育区分层次,非学历教育也区分层次,比如高等非学历教育中的课程班,既有与学历教育博士阶段相匹配的非学历高级课程班,也有与学历教育硕士阶段相匹配的非学历研究生课程班。同时,教育又是动态性的,随着知识的更新,更随着实践需求的变动,人们所需要掌握的知识、获得的技能会发生变化,从而必须继续学习、与时俱进地学习,乃至终身学习,一个人紧跟实践前沿的水平越高,其受教育程度往往也越高。

  除了层次、前沿动态性,衡量教育程度的另一个重要指标是其覆盖面,所以规划目标是全民受教育。换言之,教育覆盖、惠及的人群越广,则教育程度越高。高等学历教育因为其经费的公共性、学制的正规性、优质资源的稀缺性、进入的选拔性,一定时期内其覆盖面总是有限的,而高等非学历教育因为更多地依托于社会办学,供需适应面更广,尤其是能够有效依托市场机制,解决很多人的求学难问题,因而覆盖面更广。可以说,要推进全民教育,高等非学历教育不但不可或缺,还必须大力发展,以其宽口径充分补充高等学历教育的窄口径。

  全民受教育不仅仅指教育对象的全民,还包括教育体系的全面,既包括学历教育与非学历教育,还包括层次的全面,从初高中到大学,从本科到博士,更包括其更新和与时俱进。包括高等教育在内的教育在中

---

① 《中华人民共和国国民经济和社会发展第十四个五年规划和2035年远景目标纲要》,https://www.ndrc.gov.cn/xxgk/zcfb/ghwb/202103/t20210323_1270124.html。

国历经多年发展,但与发达国家相比仍有很大差距,尤其是与全民教育的目标还有相当大的差距,所以"十四五"规划提出"全民受教育程度不断提升"①。这说明全民受教育程度提升依然任重道远。即使是当今的发达国家,也未必能够做到真正意义上的、立体化的全民受教育。应重视全民受教育,不但要通过学历教育和非学历教育同发展推进全民受教育,在当前中国高等学历教育还有待发展、远远不能满足社会需求的时期,更应重视高等非学历教育,从而以非正式补充正式,缓解社会对高等教育需求的压力。

第四,"十四五"规划提出,提升供给体系适配性,"深化供给侧结构性改革,提高供给适应引领创造新需求能力。适应个性化、差异化、品质化消费需求,推动生产模式和产业组织方式创新,持续扩大优质消费品、中高端产品供给和教育、医疗、养老等服务供给,提升产品服务质量和客户满意度,推动供需协调匹配"②。

该条文虽然没有直接提及教育消费,但实际上是在供求、生产和消费的框架内讨论教育。

"十四五"规划指明了教育改革的方向,即深化供求改革。从供给端推进教育的供给侧结构性改革,教育的供给结构需要调整,比如促进城乡结构平衡、大力发展高等教育匹配已经全员普及的义务教育和全面发展的高中教育,尤其是促进高等学历教育和非学历教育一并发力,平衡发展。在投资结构方面,政府公共投入和社会私人投入并重,提高教育发展的设施水平和资源积累能力。教育供给总的方向是适应需求,尤其是社会需求,包括政府、社会、产业界等对人才的需求,以及个人或者家庭需求。尤其要区分不同需求分别发展高等学历教育和非学历教

---

① 《中华人民共和国国民经济和社会发展第十四个五年规划和2035年远景目标纲要》,https://www.ndrc.gov.cn/xxgk/zcfb/ghwb/202103/t20210323_1270124.html。
② 《中华人民共和国国民经济和社会发展第十四个五年规划和2035年远景目标纲要》,https://www.ndrc.gov.cn/xxgk/zcfb/ghwb/202103/t20210323_1270124.html。

育。对比当前的教育需求和教育供给，特别是高等教育需求和高等教育供给，可发现两者之间存在结构性失衡，因此教育界应大力推进面向教育需求、服务受教育者的供给侧结构性改革。

教育是国之大事，教育也是经济，因而是一种宏观经济现象，教育供给总的指针是要不断提高供给适应引领创造新需求能力。教育供给要适应需求，才能成为有效教育供给，只有有效教育供给才能真正满足广大社会需求，否则在总量不低的情况下，有可能不但有供给缺口，还有需求缺口。教育供给要引领需求，需求作为一个多层级多部门多领域的系统，对个人消费者而言，往往处于一个杂乱无章的状态，因为有限理性，人们并不一定知道自己的理性需求，从而产生一些不理性的需求，比如早年的"教育文凭热"，就是违背教育规律，背离教育本质，把教育需求看成一纸文凭。高质量教育要引领教育的高层次健康需求，比如通过高等非学历教育，引导社会大众拓展型学习、素质型学习，不把文凭作为教育需求目标。教育供给要创造教育新需求，人的需求既有感性的一面，也有理性的一面；同时既有显性的一面，也有隐性的一面。人们往往根据现实条件提出自己的现实需求。比如人类很早就向往登上月球，但在科技落后的时代，人们并不将登月当作自己的现实需求，而一旦科技发展，条件许可，人们即刻将潜在需求变成现实需求，实现登月。就在20世纪后半期，人类终于成功实现了这一伟大梦想，1969年7月20日，美国的"阿波罗11号"宇宙飞船载着三名宇航员成功登上月球。随着科学技术的发展，人类未来可能建立沿月球轨道飞行的实验室，把月球作为登上更遥远行星的一个落脚点。教育也是如此，很多人因为现实条件限制，一度不敢想象能参加一些形式的教育活动。如偏远地区的人们因为交通不便，曾经不敢想象自己能参加城市中心地区才有的高端日常培训，但自从交通基础设施改进后，他们前往发达地区变得方便，从而能够经常性前往城市中心地区参加培训。同时，随着教育供给的区域平衡，很多机构在偏远地区也开设了课程班，使这些地区的学习者受益。随着网络技术的发展，所有互联网能够覆盖地区的人们不出家门就能够获得线上教育资源。通过教育供给创新，不但能适应、引领教育需求，还能不断创造教育新需求。

深化教育供给侧结构性改革的实质是不断提升产品服务质量和客户满意度，高等学历教育如此，高等非学历教育也如此。以当前高校非学历继续教育为例，教育部办公厅印发的《普通高等学校举办非学历教育管理规定（试行）》紧紧围绕教育质量和学习者满意度作出相关部署。比如打击非法广告、严禁高校外包招生权，就是为了维护教育消费者权益，提高其满意度，确保社会稳定。课程教学不得交由校外机构实施就是为了保证教育质量。同时，相关教育政策法规也要促进高校非学历教育，因为对于一些应用型、紧贴现实的技能成长型课程，学历教育产品难以满足社会需要。同时学历教育有限的招生规模让社会上众多想接受高等教育者不满意，因此要增加高校非学历教育供给，缓解社会需求压力。

深化教育供给侧结构性改革的基本原则是供需协调匹配。因此，教育改革不仅仅是教育部门的事务，更是关乎全社会的大事。教育改革的动力不仅仅来自内部，更来自外部。首先要倾听群众的呼声，切实摸准社会大众的需求，再进行教育的改革调整，切忌远离社会，不顾产业一线需求，进行教育部门的封闭式改革。应通过产学结合、科技融合，在共同发展中推进教育的供需协调匹配，也就是说，协调匹配不能停留于思维理念，更应发于行动，在合作协调中推进教育供需匹配。比如产业界对大学进行专业定制、人才定制，推进两者的产业和学科间、经验和知识间、技能和技术间交流。

第五，"十四五"规划提出，提高国际双向投资水平，"坚持引进来和走出去并重，以高水平双向投资高效利用全球资源要素和市场空间，完善产业链供应链保障机制，推动产业竞争力提升。更大力度吸引和利用外资，有序推进电信、互联网、教育、文化、医疗等领域相关业务开放"①。

要推进教育开放，教育可以向外资开放，也可以向内资开放。中国高等教育需求旺盛，随着学习型社会的建设，高等非学历教育急需追加投资，在国家投入有限、国有公营投资机制不够灵活的背景下，需要民营资本补充，某些竞争性培训领域，完善监管的前提下，应向社会资本全面开放。可以说，高等非学历教育的开放分为两方面，一是向国内社会资本开放，二是向外资开放。高等非学历教育向外资开放是世界贸易规则的要求，也是中国走向世界中心必须迈出的一步，更是中国高水平教育发展的必由之路。如果向外开放，不让内资涉足，就相当于给予外资过多超国民待遇，从长期来看，并不利于中国教育的高质量发展，更不利于中国教育参与国际竞争。

教育发展离不开资本积累，无论是国有资本积累，还是私人资本积累。尤其是非学历教育，需要通过加快投资，补齐长期投资不足的短板。资本具有国家和地区属性，中国国际教育发展，包括高等教育的国际化离不开全球资本，尤其是跨国教育服务机构的资本参与。这些跨国教育集团尤其是西方教育服务公司国际投资经验丰富，教育市场业务娴熟，中国不仅需要利用其资本，更需要借鉴其资本运营经验。此外，世界各国对教育服务贸易均有一定的壁垒，许多领域除了本国资本，只允许合资。要撬动全球教育市场，中国一方面需要培养自己的跨国教育服务集团，通过教育服务机构走出去，提高国际竞争能力；另一方面需要加强国际资本协作，在协作中获得更多发展机会。当前中国还需要进一步盘活国有教育资本，丰富民营教育资本，尤其是在非学历教育领域，应发挥市场配置资源的基础性作用，支持民营教育集团发展，扶持他们走出国门参与国际市场竞争。

---

① 《中华人民共和国国民经济和社会发展第十四个五年规划和2035年远景目标纲要》，https://www.ndrc.gov.cn/xxgk/zcfb/ghwb/202103/t20210323_1270124.html。

第六，"十四五"规划提出，全面促进消费，"发展服务消费，放宽服务消费领域市场准入，推动教育培训、医疗健康、养老托育、文旅体育等消费提质扩容，加快线上线下融合发展"①。

"十四五"规划将教育明确为消费，相比有公共投入的学历教育，或者以公共投入为主的学历教育，基本以私人付费为主的非学历教育更具有消费特性。要推进高等非学历教育服务供给，发展高等非学历教育服务消费，当务之急应放宽高等非学历教育服务消费领域的市场准入，推动高等非学历教育培训消费提质扩容，加快线上线下高等非学历教育培训消费的融合发展。此条文揭示了教育的需求侧发展。

教育对于全面促进消费具有重要意义。首先，全面促进消费离不开教育，合格、成熟的消费者需要通过教育进行引导和培养。促进理性消费、低碳消费、新型消费、健康消费等离不开消费教育。甚至对于产品生产者或者消费品供给者，包括管理者和生产、营销、研发人员等，也需要进行市场知识培训，其核心是消费培训，引导其理解消费者、懂得消费者，为消费服务。其次，教育消费是全面消费促进的一部分，甚至是重要部分。高等非学历教育，是伴随人们全部职业生涯或者整个成人阶段的终身教育形式。随着一个人离开基础教育学校，开始自食其力，教育消费更多由个人或者所在机构支付成本，国家不再担负更多义务，因而非学历教育消费是其教育消费的最主要部分。同时，高等非学历教育消费者往往出于本人职业发展需要，或者产业界业务发展需要，进行选择性消费，相比公益性的基础教育消费，消费支付水平更高，单个人平均消费规模更大。一定程度上可以说，要刺激居民尤其是成年人的教育消费，更应着力于高等非学历教育消费。

"十四五"规划已经认定教育是服务，也是服务消费。这既是对实践的总结，也是对现实的反映，是客观规律的呈现。作为研究者，尤其

---

① 《中华人民共和国国民经济和社会发展第十四个五年规划和2035年远景目标纲要》，https://www.ndrc.gov.cn/xxgk/zcfb/ghwb/202103/t20210323_1270124.html。

是教育理论的研究人员,应尊重客观事实,不需要再对教育是不是服务、是不是消费三缄其口。教育实际上已经按照服务规律运行,学习者已经实际按照消费规则进行教育消费,教育理论和评价者不应再无视教育消费的事实,否则会继续犯理论落后于现实,甚至阻碍实践发展的错误。正如习近平总书记强调的,"高质量发展需要新的生产力理论来指导,而新质生产力已经在实践中形成并展示出对高质量发展的强劲推动力、支撑力,需要我们从理论上进行总结、概括,用以指导新的发展实践"①。教育作为重要的新质生产力要素,服务和消费作为基本的教育运行规律,已经在实践中发挥重要作用,现在不是要讨论教育是不是服务和消费,而是要总结服务和消费如何促进教育,教育如何发挥更大的服务和消费作用,促进经济社会全面发展和高质量发展。同时,国家在制度文本上作出了广泛的认定,不仅是"十四五"规划,大量与消费、服务业相关的国家政策文件也肯定了教育的生产、投资、分配、服务、消费性质(见本书其他部分)。不承认教育的服务和消费性质无疑是短视的,有识之士应大胆探索教育消费。多年来,也正是因为对教育服务和消费理论认识不够,实践探索不足,甚至在某些领域裹足不前,才阻碍了教育的体制改革和市场化发展,造成了教育供给的不足,尤其不能通过有效的激励机制包括市场机制推进高水平教育的发展。结合"十四五"规划已有的关于供给侧发展和改革的表述,可看出,教育是一个完整的经济系统,它包括供给端和需求端,以及中间复杂而有序的生产链、供给链、价值链。教育经济作为一个学科门类在中国已经确立多年,在世界经济史和教育史上也已经有久远的研究历史。教育,无论是学历教育,还是非学历教育,都应该作为经济现象进行研究,而且必须按照经济规律进行研究,这是教育消费研究者所必须正视,也是不容回避的。当前阶段需要做好教育消费,尤其是高校非学历教育消费的理论

---

① 《习近平在中共中央政治局第十一次集体学习时强调:加快发展新质生产力 扎实推进高质量发展》,https://www.gov.cn/yaowen/liebiao/202402/content_6929446.htm。

研究和政策研究工作，以推进其改革创新。

一是深化教育改革，放宽教育服务消费领域的市场准入，尤其是做好高校非学历教育市场准入工作。在有效的治理体系和治理能力构建的基础上，不断放宽高等非学历教育市场准入。高等非学历教育作为私人付费教育，具有更加完全的市场特征，更需要发挥市场对教育资源的基础性配置作用。当然，在当前治理水平有待提高阶段，意识形态领域斗争激烈的背景下，不宜一下全面放开，激进式发展，应根据已有条件逐步放宽。同时在不同的非学历教育环节，根据市场风险大小、已有治理机制完善程度，进行"度"的把握，试行不同程度的市场开放。比如对于事务性的教育服务环节，市场机构可能比体制内的教育机构更容易体察消费者的需求，同时更有激励做好相关服务，因此这些环节可以更多向校外机构开放。而招生环节事关消费者的市场选择，消费者容易受到市场广告和市场营销人员误导，现有监管能力还跟不上市场健康运行的需要，应暂缓开放。但并不意味着这一市场的前沿环节永远封闭，不开放，应探索非完全的开放途径，比如加强广告监管，允许市场机构参与招生宣传，在具体招生环节由办学主体严格把关，杜绝虚假招生等。

二是更大程度满足教育需求，推动教育培训消费提质扩容，高校非学历教育消费前景广阔。非学历教育消费提质扩容是当前缓解高等教育消费需求压力、满足终身教育迫切需要的重要形式，应鼓励高校在国家政策文件指导下，扩大并且加强非学历教育。高校也应出台更有力的激励政策，加大相关投入，通过人力、物力、财力支持推进非学历教育。应鼓励高校围绕非学历教育进行校外合作，非学历教育社会牵涉面广，离不开产业界和用人单位的支持，更离不开教产学研协作，高校不应关起门搞封闭式非学历教育，应在规范的前提下，支持社会机构投资于高等非学历教育，或者作为教育主体，或者作为教育辅助相关主体。对已有不规范的高等非学历教育相关社会机构，应收缩和整治，但对于遵纪守法、有志于非学历教育的机构，应给予适当扶持。只有引入更加广泛的社会力量参与，高等非学历教育及消费才可能更加壮大，进一步提质扩容。应当看到，当前高等非学历教育发展的瓶颈在于市场化，一个本应从市场中来的行业目前一定程度上止步于市场，深层次的改革和治理体系、治理能力现代化在非学历教育行业非常急需。

三是推动新型教育模式变革，加快线上线下教育消费融合发展，尤其是高校非学历教育服务和消费更需要线上和线下融合。高校非学历教育因为学员来源较杂、地区分布广、业余学习者多、远距离学习者多，所以很难集中一地进行封闭式学习。在保证一定线下课时、面对面交流的前提下，应适应更多学员的需求，发展线上教学和学习交流。应通过创新线上教学形式、丰富网络教学资料、提高师资配备水平等方式，既发挥线上教育的优势，又克服其劣势。线上线下教育融合特别有利于扩大教育覆盖面、提高全社会高等教育水平，对以普惠教育为特征的共同富裕具有积极促进作用。在推动区域平衡发展、城乡协调发展过程中，需要将线上和线下融合的高等非学历教育纳入政策支持方案。

第七，"十四五"规划提出，提供智慧便捷的公共服务，"聚焦教育、医疗、养老、抚幼、就业、文体、助残等重点领域，推动数字化服务普惠应用，持续提升群众获得感"①。

该条文主要关注教育数字化。教育关系民生，人民群众获得感。非学历教育学费虽然主要由私人支付，但非学历教育所需要的投入不仅仅是学费。举办非学历教育也有固定资本和流动资本，以及固定成本和流动成本。土地、设施、数据库一类的大宗教育资源等需要资本的先期投入，属于固定资本。在当前政策背景和市场准入条件下，民营资本较难进入教育领域，即使是非学历教育领域也有严格限制。因此，现行非学历教育，尤其是高校非学历教育固定资本主要依赖国家投入。而且国家在普通高校基本上没有非学历教育的专项投入，非学历教育是私人支付

---

① 《中华人民共和国国民经济和社会发展第十四个五年规划和2035年远景目标纲要》，https://www.ndrc.gov.cn/xxgk/zcfb/ghwb/202103/t20210323_1270124.html。

学费，而且比学历教育学费高，但学校收取的非学历教育学费远远不能弥补非学历教育的整体成本支出。现实的情况是：非学历教育只是借用学历教育的资源，自身较少获得投入。因此，一方面，中国高校非学历教育极端依赖公共服务，因为种种原因，私人社会服务能力远远未能跟上；另一方面中国急需激发现有教育公共设施的更大投入潜力，尽可能盘活资源，发挥更大的教育效应，有限的资源除了应对学历教育，还要支持非学历教育。也就是说要提高教育公共服务的效率，而教育数字化无疑极大地提升了教育的效率，包括非学历教育的效率。包括非学历教育在内的教育公共服务数字化有以下内涵。

（1）传统教育服务要向数字化转型

数字化公共教育服务的重要发展路径是改造传统公共教育服务手段和模式。当前高校非学历教育主要依托已有的学历教育资源办学，要通过数字化，激活已有学历教育资源存量，以有限的高等教育资源取得更多的非学历教育发展成效。比如通过远程教育平台，把传统上只有在校学历教育学生才能够享有的课堂教学资源从校内投送到校外，从发达地区传往欠发达地区，让众多非学历教育学员得到传统教育模式所不能给予的教育服务机会。同时，学历和非学历教育在数字化背景下更容易相互促进，高校非学历教育通过教产学研协作，能够把产业一线场景传回校园，从而帮助学历教育学生获得传统教育模式所难以给予的企业现场体验。通过数字化改造，赋能现代教育，不但提升适龄青少年群体在校学历教育服务效率，更通过非学历教育有效服务终身学习。未来的教育空间将由线下和线上联合架构，教育时间贯穿各个年龄层次，学历教育和非学历教育之间的界限将不断打破，两者相互融通，充分对接。两类教育将只是教育方式不同，在高质量发展的基础上并无水平差距，但因为两者的融合，教育对社会的适应性将大为增强，惠及面更为宽广。未来的大学并不一定固守教室现场教学，线上教学将越来越被广泛接受。高校和高校以外非学历教育的合法性、社会承认度也将大为提高，从而打破在校学制教育这一教育认证制度的唯一性。

(2) 通过数字化实施智慧便捷的教育公共服务

数字化公共教育服务的基本特征是智慧便捷。不是为工具手段而工具手段，是要通过改进工具、更新手段，提高公共教育的教育可行性、受教者的教育可得性，提升教育整体服务效率。智慧是数字化公共教育服务的工具和手段，通过互联网、数字技术、信息资源和人工智能的引入，让教育提供者更智慧，在人力之后更增添机器能力。这种能力不仅仅包括体力，让教育服务者从繁重的劳动中解放出来，更包括智力，帮助教育者更好谋划教育，实施现场教学。数字化也让学生或者学员学习更加智慧，比如视听并举一直是教学手段改进的重要内容，人工智能场景的引入将视听并举提高到了一个新高度，使教学更加形象化、现场化，从而让求学者更容易学习，学习效果更好。比如在传统教学模式下很难理解的内容，通过智能化教学更容易被学生所理解。特别是一些中间环节复杂、极为抽象、年代久远难以现实感知的知识，通过人工智能展现中间过程、具体化或者还原历史场景，学习效率大为提升。便捷是数字化公共服务推行的基本原则，不能采用复杂的数字技术仅解决简单的问题、进行简单的工作，数字技术要服务于复杂问题解决、教育痛点难点的疏通。尤其是高校非学历教育，当前还存在诸多瓶颈，要通过数字化创新解决方式。如正因为高校空间资源有限，现有空间教育资源主要按照学历教育规模配备，所以才需要拓展网络空间，缓解校内教育空间拥堵问题。

(3) 通过教育数字化提高教育服务的质量和覆盖面，让现代教育惠及更多的人群、更广泛的区域，进一步提升人民群众获得感

数字化公共教育服务的根本目标是提高人民群众的获得感，它是把数字化作为一项重要教育福利提供给社会，让人们更便捷地学习，更有效地学习，有更多学习的可能性，学习体验更佳，从而由教育福利产生教育幸福感。新技术是把双刃剑，既有正面效应，也可能有负面效应，

要坚决防范数字化带来的负面效应，比如网络欺诈等问题。还需要解决数字化应用中的一些不适问题，包括使用不适和心理不适，正视教育数字化可能给人民群众带来的学习和生活不便，尤其是积极缓解教育中的数字鸿沟困境。需要重点关注或者帮扶的人群包括老年群体、低受教育水平群体、欠发达地区群体等。

在当前数字公共服务中，教育公共服务是重点领域。国家发展依赖于个人，而个人发展也需要依靠国家，教育是每个人或者家庭的需求，甚至和购房、医疗一样成为每个居民家庭的"刚性"需求，所以国家数字公共服务应将教育作为重点发展领域。中国的高等教育公共服务布局既包括体制内专门的教育单位（如大学），也包括专门教育单位之外的广大社会机构。绝大多数社会机构内部也有专门的教育部门或者在综合部门中设立教育专干，比如大企业中都设立了类似人事教育部一类的部门。此外，还有大量体制外面向市场或者公益性的专门教育单位，如教育培训公司。这意味着公共教育数字化转型和服务要面向三大领域分类施策。

一是要加强教育系统体制内专门教育单位的数字化，包括学历和非学历教育的数字化，两者既有不同的任务和导向，也有共同的教育使命和互补的空间；既要推动两者有差别的专业化发展，也要推动两者融合发展。

二是广大社会机构的公共教育服务的数字化，教育系统外社会机构包括其他政府部门、企事业单位。社会领域教育部门主要负责培训等非学历教育，不从事学历教育，但掌握了需求市场，大量非学历教育培训生源为这些机构的职工。这个部门也掌握了一定的教育服务资源，具备一定的教育服务供给能力，通常能够自办某些本专业领域的培训或者一般性培训，如入职培训、本行业技能培训等。从更深远的层次看，它们是"政产学研"的重要联结纽带。因此，在教育数字化公共服务，尤其是非学历教育数字化公共服务方面，它们既是公共服务提供的策源地，也是公共服务供给的受益者。更何况其中的企业具有较强的产业能力，在其产业数字化发展过程中需要布局教育培训数字化，所以这些机构的数字化建设能力较强，理应成为公共教育服务数字化的重要支撑和协同者。

三是要加强教育系统体制外专门教育机构的公共服务数字化。教育系统内体制外教育机构并不完全等同于市场性公司，因为教育的公益性，市场教育公司一方面必须兼顾公益性，提供公共服务；另一方面，教育需要巨大投入，尤其是教育信息化需要大投入。中国市场性教育服务机构整体实力弱，私人资本投入也有限，因而需要依赖国家公共教育投入，如共享教学设施和教育资源。当前，很多市场性教育服务机构的师资主要依赖体制内学校，在信息化方面，市场机构也有赖于国家公共数据库和网络，因此当前也要更多推动大学等体制内数字资源的社会共享。

各领域资本协作重要，因为资本运营机制上体制内外均有共性，能够有效对接，所以公共教育投入和私人教育投入虽然投资渠道不一样，但在功能作用发挥、项目开发、服务发展上能够互补，应融合发展。比如私人教育公司紧贴社会需求和一线职业教育技能供求市场，其用户数据库的建设和维护能力很大程度上是体制内教育单位所不能比拟。以数字化招生能力为例，私人教育公司一般强于体制内高校，这也是许多高校举办非学历教育对市场公司招生形成依赖的原因。私人教育公司投入有限，掌握的政策资源有限，社会认可度有限，因而不大可能通过传统方式招生，通过信息化走市场之路是他们招生成功的关键。从此可以看出，在信息化建设方面，各类教育机构均需要合作，私人服务能够贡献公共服务，公共服务强化私人服务能力。

第八，"十四五"规划提出，构筑美好数字生活新图景，"加强全民数字技能教育和培训，普及提升公民数字素养"[①]。

---

① 《中华人民共和国国民经济和社会发展第十四个五年规划和2035年远景目标纲要》，https://www.ndrc.gov.cn/xxgk/zcfb/ghwb/202103/t20210323_1270124.html。

该条文主要涉及数字教育。随着数字时代的到来，不仅生产数字化，生活也数字化，代码、网络、虚拟场景构筑起人类在原有物理世界之外的另一个数字世界。数字既带来了美好生活新图景，同时对人类融入这片新图景也提出了新要求，新的生活越来越强调技能，有进入门槛，即基本的数字技能。在当今数字化时代，没有数字技能不仅难以工作，也难以生活。无论是为了高质量发展，还是为了高水平生活，都必须培养全民数字素养，数字教育成了新时代的基本教育内容。显然，对于青少年，国家在义务教育乃至基础教育各个阶段都会强化学历内数字教育，但数字化作为最近时期才方兴未艾的现象，对于数字化以前出生的人而言，却是新生事物。他们许多人早已经离开校园，或者因为处在国家教育发展不够，甚至九年义务教育都普及不了的区域或者时代，无缘接受数字教育。这些人需要通过非学历教育的方式进行补偿式数字学习。当前很多社区大学、老年大学在推行公民数字教育，尤其是帮助普及提升中老年人数字素养。此外，更加需要关注的是，数字化作为一个动态且不断深化的过程，技术日新月异，数字社会新图景不断更新，紧跟数字科技创新、数字产业发展、数字生活进步，必须有数字教育和培训的同步提升。一方面，对于专业技术人员或者行业性工作人员而言，随着数字新技术的引入，他们光依靠基础教育时期学到的数字知识远远不够，还需要不断学习，所以非学历数字继续教育、业余培训越来越重要。一方面，对于这个社会的每个人而言，无论处于什么年龄阶段，随着数字技术的不断发展，数字生活日新月异，都需要不断学习，通过非学历教育的形式，进行终身数字学习。总之，在数字社会，围绕数字教育和培训，非学历教育机构也获得了较大的发展机会。数字技能教育和培训课程每个公民都需要，各行各业都需要，每个人在人生的不同时期也都需要。

第九，"十四五"规划提出：推动理想信念教育常态化制度化，"深入开展习近平新时代中国特色社会主义思想学习教育，健全用党的创新理论武装全党、教育人民的工作体系。建立健全,不忘初心、牢记使命,的制度和长效机制,加强和改进思想政治工作,持续开展中国特色社会主义和中国梦宣传教育,加强党史、新中国史、改革开放史、社会主义发展史教育,加强爱国主义、集体主义、社会主义教育,加强革命文化研究阐释和宣传教育,弘扬党和人民在各个历史时期奋斗中形成的伟大精神。完善弘扬社会主义核心价值观的法律政策体系,把社会主义核心价值观要求融入法治建设和社会治理,体现到国民教育、精神文明创建、文化产品创作生产全过程。完善青少年理想信念教育齐抓共管机制"①。

  理想信念关乎人们的基本精神面貌、心理素质和是否持有正确的思想观、人生观,政治思想是否纯正,是意识形态建设中的大事情。理想信念教育重要,既是教育部门应该负起责任的大事,即使对教育系统外的社会各部门,也责无旁贷。这也意味着,理想信念教育职能的部门分布不仅在教育部门,包括学历教育和非学历教育,也包括社会机构,主要进行理想信念非学历教育。当前以理想信念为内容的德育主要在体制内学校开展,而且主要在体制内学校的学历教育中开展。体制内学校非学历教育涉及理想信念教育较少,更不用说体制外教育系统及社会机构,即使有文件要求进行理想信念教育,有的部门或者机构也只是走走过场。因此在整个非学历教育领域,无论体制内外、教育系统内外,都需要体制机制创新,大力加强理想信念教育。

  以上是从截面角度看非学历理想信念教育的必要性,另外从时序角度看,推动理想信念教育常态化也很有必要。理想信念教育是贯穿人一生的教育大事,这意味着光靠义务教育、基础教育、学制性教育这些有限的教育无以完成理想信念教育,需要通过非学历继续教育、终身教育的方式推进理想信念教育。换言之,义务教育、基础教育、学制性教育

---

① 《中华人民共和国国民经济和社会发展第十四个五年规划和2035年远景目标纲要》,https://www.ndrc.gov.cn/xxgk/zcfb/ghwb/202103/t20210323_1270124.html。

都只是人在一定年龄阶段接受的一定时期的教育，与理想信念教育所要求的常态化不相适应，需要非学历继续教育予以补充、完善。理想信念教育常态化意味着在非学历教育，尤其是高等非学历教育中开展理想信念教育应该常态化，而要保证常态化就必须制度化。因此，要加强理想信念非学历教育的制度法规建设，以制度形式推动理想信念教育常态化，在非学历教育治理体系中明确理想信念教育职责，并建立相应的问责制度，国家教育监管和行政执法部门、市场监管和行政执法部门应强化对理想信念教育"不作为"行为的治理。

理想信念教育包括中国特色社会主义和中国梦宣传教育，党史、新中国史、改革开放史、社会主义发展史教育，革命文化研究阐释和宣传教育，社会主义核心价值观教育等方面。要建立理想信念教育体系，所涉及的部门不仅包括教育系统，也包括非教育系统；不仅包括学历教育部门，也包括非学历教育部门；不仅包括高校学历教育部门，还包括高校学历教育之外的非学历教育部门，以及高校之外的高等教育部门。要建立理想信念教育工作体系，包括思想政治工作体系和政策法规体系。各类宣传、教育、建设、治理形式要相互促进，形成整体合力，如将理想信念融入法治建设和社会治理，体现到国民教育、精神文明创建、文化产品创作生产全过程。青少年时期是人理想信念形成的关键时期，要完善青少年理想信念教育齐抓共管机制，无论是高等非学历教育，还是其他层次的非学历教育，都应重视青少年理想信念教育。

理想信念教育中的"教育"有不同于一般教育的"宣传"含义。即这种教育不仅仅是理念、原理和知识教育，也是党和政府历史定论、执政思想、政策法规的宣传。对于后者，教育者只能阐释，不能根据个人理解甚至偏好，渲染、夸张或者轻描淡写，从而脱离一定"口径"。如持续开展中国特色社会主义和中国梦宣传教育，中国特色社会主义作为定论和决议，应以相关文件为蓝本，教育主要是确保文件内容得到传达，相关精神得到领会。教学者要围绕文件精神作阐释，不夹杂未经检验、有可能误导文件精神的个人观点。正因为理想信念教育的特殊性，因此在师资选配上应慎重，不能完全按照一般性专业学科教育的模式选择教师，理想信念教育师资不仅要懂专业理论原理，如马克思主义哲学等，还要懂国家方针政策，有较高政治觉悟，尤其是政治素质要高，必须爱党爱国爱人民；不仅要懂得理论和知识，还要会阐释，会用通俗的语言联系社会实际、国家大事进行宣讲。

总之，理想信念教育无疑是当年中国非学历教育的弱项，但在理想信念建设中，教育是极为关键的一环。党和政府一直重视理想信念教育，比如党的十八大以来，中国特色社会主义进入新时代，党的十九大把纪律建设纳入新时代党的建设总体布局，凸显了纪律建设的重要地位和作用。新时代的纪律教育有两大特点，一是把纪律教育渗透融汇于各种主题教育之中，二是以党内纪律法规作为纪律教育的重点。但当前全社会理想信念教育整体上较为薄弱，特别是在社会转型期，新的社会治理结构正在形成，很多人脱离了原有的乡土社会，失去了基层组织依托，与其相关的理想信念教育缺乏抓手。甚至一些基层党员干部也容易在工作中挡不住诱惑，迷失方向，因此警钟需要时时敲，理想信念学习不能丢。在非学历教育、终身教育中充实理想信念教育内涵，应是理想信念教育工作的必要举措，应加强制度法规建设，强化教育治理，保证非学历教育中理想信念教育不缺位、不过时。非学历教育办学合格也应是理想信念教育合格，非学历教育学员结业合格也应是理想信念学习合格，操守得到保持，思想受到鼓舞和启发。

第十，"十四五"规划提出：提升乡村基础设施和公共服务水平，"增加农村教育、医疗、养老、文化等服务供给"①。

该条文主要涉及乡村教育服务供给问题。整体上而言，当前中国乡村基础设施和公共服务水平有限，发展相对滞后。乡村全面振兴首先在

---

① 《中华人民共和国国民经济和社会发展第十四个五年规划和2035年远景目标纲要》，https://www.ndrc.gov.cn/xxgk/zcfb/ghwb/202103/t20210323_1270124.html。

于基础设施和公共服务，但因为以村庄为单位的生产生活规模小，难以达到设施建设和服务供给的规模化水平，因而极不经济。从传统基建来看，乡村绝无可能建立像大城市那样密集、现代化高水平的生活服务体系，这是客观规律。乡村全面振兴肯定不能以传统基建为依据对标大城市。但新基建，尤其是网络通信设施带来的远程、线上、虚拟能力，却可能让乡村对标大城市。因为在互联网上，网络的世界不分城市和乡村，不分城市居民和农村居民，也不分工农业。同网生产和生活是城乡融合的重要基点，网络平台是新型城镇化建设和乡村全面振兴对接的重要基础性平台。

学历教育更是一种传统教育模式，固定学制、主要为集中授课、专门性学习而非弹性制、教育资源集中、师资相对固定等特征，决定了学历教育，尤其是优质学历教育、高等非学历教育更多布局于大城市和发达地区，而非广大农村地区。非学历教育更是一种现代教育模式，尽管教育培训几乎在教育发端之初就已经存在，但长期以来，它被认为是一种非正式教育，是边缘化的教育形式。然而，由于现代交通、通信基础设施大发展，互联网和人工智能时代的到来，非学历教育的优势被进一步放大，其教育功能进一步彰显，如远程和线上非学历培训，它的作用越来越不可替代，从而将逐渐取得和面对面、线下学历教育并重的地位。非学历教育对农村教育具有广泛的适应性，能够克服学历教育在农村地区面临的不可逾越的障碍，如基础设施障碍。

总之，学历教育对传统基础设施依赖性大，它需要超大面积的校园、校舍和实验室等设施，交通上便利的通勤等，这些都是传统基础设施不发达的农村难以满足的。因而由农村当地提供的教育服务，尤其是高等教育服务，不大可能是学历教育，而只能是非学历教育。要推进农村新基础设施建设，充分发挥新基础的教育功能，大力发展乡村非学历教育。因为核心教育资源分布的中心化、高水平师资的集聚性，乡村一方面需要依靠自己，自主发展立足于自身的非学历教育；另一方面需要依托城市中心地区，借力发展城市面向乡村的非学历教育。自主发展模式和借力发展模式都是农村非学历教育发展的可行模式，且两者可以协调发展，形成统一的体系。

自主发展模式可以是村办、乡办、县办技能培训，在培训对象上要向能够返乡入乡、支持农业农村发展的专业人才倾斜，在培训内容上要向农业农村现代化对标，在培训方式上要突出应用贴近实际操作。借力发展模式又可细分为两类，一是由城市地区向农村地区延伸，由城市或者农村借助城市资源在农村举办非学历教育，比如城市教育机构在农村建立分校，或者流动授课。二是农村受教育者前往城市，参加由城市教育单位在城市举办的非学历教育。当前，农村地区采用后一种模式较多，因为其不需要农村地区进行教育的固定资产投入，在乡村振兴资金缺口大、各项事业均有待发展、资金难以对教育进行集中投放且农村地区教育资源匮乏的背景下，该模式有可取之处。但从长远来看，要发挥乡村振兴的农村主体功能，还是需要坚持一定的非学历教育自办，毕竟乡村举办非学历教育更是一种教育的自适应过程，前往城市地区学习只能是以城市长处补足乡村短处，以城市教育优势克服乡村教育弱势，但城市有自己的发展功能和教育方向，它可以兼顾乡村，但绝不可能专门为了乡村进行安排，因此农民去城市学习更多是一种被动的适应行为。

事实上，无论是以往的脱贫攻坚，还是当前的乡村全面振兴，都未能清晰区分乡村非学历教育发展的两种模式及其更细分的形式。要坚持一定的自主发展，即使是借力发展，也应着眼于长远，借力培养自主发展能力。比如将城市教育机构派往农村的教学人员在乡镇一级单位留下，引进城市优秀师资及教育投资、教学管理者，发展乡村非学历教育。无论是自主发展模式，还是借力发展模式，其在农村地区的有效实施都得力于信息化等新型基础设施，当然也离不开传统设施的助力，比如大多数偏远乡村不大可能发展高速铁路等新型基础设施，但高等级公路对其包括教育在内的发展依然作用巨大。又如走出深山老林前往乡镇打工、生活也是偏远乡村的现代化举措，更加便捷的公路是其走出封闭、接受非学历教育不可或缺的条件。

要认清乡村教育不能自主发展、自适应能力不足的弊端。当前，从基层政府人员到广大农民，很多人较少进行教育消费，并不是因为其对教育不感兴趣。中国千百年来的教育文化，不仅在城市发达地区传承，也在乡村广泛浸润，教育的重要性众所皆知，教育消费的重要原因是能够让农民获益，有利于农民增长知识，提高技能水平，提升素质的教育培训少。换言之，城市地区更多的是为城市地区培养人才，而乡村地区需要的人才并不是城市地区所能顾及的。甚至，当农民参加城市地区的教育培训后，更多人选择了背离乡村，不再返回乡村，这与其学习派出单位的初衷相背离。乡村振兴需要人，尤其是受过教育的人才，乡村地区派出人员外出学习的目的在于让他们回乡搞建设，而不是为城市输送人才。乡村和城市本来就存在劳动力竞争和人才竞争，外出学习反而成为乡村人才竞争的不利手段，或者说"败笔"。就主流方向而言，城市地区主要是为城市工业化培养工业人才，而不是为农村地区发展培养乡村振兴人才，因而乡村非学历教育借力发展模式的作用有限，值得反思。此外，不少外出学习者即使返回农村，但因为学习的不是农村真正需要的"三农"发展知识和技能，更多的是基于城市化的内容培训，因此学而不适用，对改善其生产和生活状况作用甚微。因此，农民对外出培训积极性不高。

第十一，"十四五"规划提出：健全区域协调发展体制机制，"聚焦铸牢中华民族共同体意识，加大对民族地区发展支持力度，全面深入持久开展民族团结进步宣传教育和创建，促进各民族交往交流交融"[①]。

该条文从区域协调的角度涉及教育，高校非学历教育乃至整个教育在区域发展及协调中发挥着重要作用。

---

① 《中华人民共和国国民经济和社会发展第十四个五年规划和2035年远景目标纲要》，https://www.ndrc.gov.cn/xxgk/zcfb/ghwb/202103/t20210323_1270124.html。

（1）教育是区域协调发展体制机制的一部分

教育是区域协调发展的重要内容，包括以下几个方面的内涵。

一则，在开放式发展的今天，因为单个区域难以封闭式发展，要利用各区域教育资源，或者各区域教育设施各有差异，也有水平高低，需要取长补短。所以无论是教育者，还是受教育者，以及他们所依托的各类教育资源，都需要跨区域流动。而为了发挥更好的区域教育资源配置效率，需要区域教育协调发展。比如大学投入大，同时需要走专业化和高质量发展道路，这决定了其只能在少数区域布局，因此要协调相关区域，共同支持在少数区域办学，招生资源和毕业生资源共享。

二则，区域经济和区域教育发展紧密相关，受教育群体的跨区域人员流动和劳动群体的跨区域人员流动具有一定相关性，所以区域产业协作是经济发展的常态，也是国内大循环的重要内涵。因此，区域教育也要强化跨区域协调。跨区域教育政策需要对接，教育质量、产品、成果、人员培养需要统一认证。例如随着人才在区域间流动，其子女往往也跟着一起流动，如果没有区域之间互认中小学学分，尤其是国家统一课程之外素质类证书的跨区统一认证，将不利于孩子的跨区域就学，相应不利于作为家长的人力资源、人才流动。

三则，教育是区域公共服务，区域协调重要，需要形成统一的规章、制度，否则就会产生跨区域教育投机风险。比如某些区域对某类素质教育考生有加分优待，其他地区没有该政策，就会诱导相关地区的考生向一定区域流动。家长往往也对此采取适应性操作，进行巨大的区域选择性投入，如在目的地购房，甚至虚构相关证明材料，但这是低效的，严重扰乱区域发展秩序，滋生不正之风。

四则，教育是一个层次分明、多样化的体系。首先，不同的区域层次决定了不同的教育层次。比如直辖市、省会城市、国家中心城市往往布局更多的高等教育资源；一般的地级市也拥有一定的高等教育资源，但除了少数大学资源,更多的是高等职业教育资源;而县级及以下区域拥有的高等教育资源极其有限。其次,教育具有一定地域特色,比如传统文化底蕴丰厚的地区人文学科更有优势,如山东、湖南、湖北、浙江等地以人文学科见长,而深圳作为新崛起的现代城市,则以工业教育、科技学科见长。再次,教育具有民族特色,比如藏医学是青藏高原地区的优势学科,这得益于其独特的传统。最后,教育具有地方行业发展的路径依赖性,如长春是中国一汽所在地,堪称一座汽车城,因此车辆制造相关的学科专业较有优势。

五则,教育是区域发展的重要驱动变量,受教育水平是显示区域发展程度的重要指标。教育不仅自身面临发展,还支撑着其他领域的发展,是发展的基础性领域,因而关系着一个地方的发展动能和未来远景,在各地争夺发展资源的背景下,需要协调好其中重要的教育资源,进行有效的教育资源区域配置,以达到整体发展最优。

六则,教育也是重要的民生福利。对于国家而言,谁掌握了发达的教育资源,谁就具备了强国的可能。对于区域而言,谁掌握了优质教育资源,谁就可能实现优势发展。对于个人而言,谁接受了优质教育,谁就可能掌握更加有前景的未来。因此,教育关系国家兴亡、区域兴衰、个人得失,是实实在在的民生福利。共同富裕是区域协调的重要内容,因而教育均衡关系共同富裕。缩小城乡、发达地区和欠发达地区、东中西部、南北方收入差距都需要紧密依赖教育协调。

(2)教育促进区域协调发展的路径

教育可从多方面促进区域协调发展,尤其是在跨区域高质量发展中发挥着重要的协调作用。

一是促进人才的合理分布,从而协调跨区域人力资源发展。教育关乎知识、技术、技能,教育成果创造最终都体现在人才培养上。每个区域发展都离不开人才,人才始自教育,因而教育对人才合理分布、跨区域人力资源发展具有举足轻重的作用。后者如农民工的城市化,城市地区不能仅仅是利用农民工劳动力，还要承担起农民工技能培训和市民素质培养任务，从而为农民工顺利融入城市、可能进一步市民化打下基础，为城市产业人力资源基础强化创造条件。前者如在各区域合理布局教育资源，推进人才培养，因为投入成本高，走精英式教育发展之路，高校（或者更具体地说高校非学历教育）难以在国家大区域基础上做到更细分区域的平衡，比如国家对普通高校更多在东中西部、南北方、各经济和创新区域间进行平衡，难以做到更基层如地、县的平衡，因而职业教育、非学历教育更是平衡基层地区教育资源、人才，使人力资源合理分布的重要因素。

二是促进创新的区域布局，从而协调跨区域创新发展。高校是知识机构，是知识传播地，也是知识创造地。科研是教育部门特别是高校的重要职能，因而教育能够促进区域创新发展，协调区域教育资源在一定意义上是协调区域创新资源。高校非学历教育广泛联系各区域的学员，更进一步以学员为纽带联系区域创新单位，如高科技企业、研究中心，或者企业研发、技术部门，从而通过发挥科教作用，促进区域创新。各区域学员汇集到大学，成为非学历教育学友、同班同学，以同学身份更加紧密地凝聚各个区域的创新活动。同学资源的整合更是事业发展的合作、区域联系的加强。由同班同学扩展至往届，形成庞大的校友体系，对学员的区域创新及区域创新协作产生终身效应。

三是促进生态资源的区域布局，从而协调跨区域绿色发展。资源节约型生产、生态环保建设、绿色和低碳消费都需要从教育开始。绿色革命既是观念革命，也是技术革命、生产力革命，即人利用自然方式的革命，都离不开绿色的观念教育、知识教导、科技创新、技能培训。同时生态保护、建设具有广泛的区域溢出效应，一地的生态教育不仅影响本地绿色发展，更对其他区域产生波及影响。教育以其特有的观念改变、知识和技能机制，发挥着绿色发展跨区域协调作用。

四是打破封闭，协调区域开放式发展。教育提高人的智识，扩展人的视野,同时锻炼人的能力,使一个地域的人们不仅能利用与生俱来的当地化资源,还能脱离本地母体环境,外出发展,参与更加广泛的竞争。比如通过高等学历教育,农村大学生往往能够在城市获得发展机会,中国学生能够在国际上找到发展机会。通过非学历教育,农村地区的人员提高了工业素质,尤其是培养了技能,能够通过非农转化进入发达地区工作。还有一些转型区域,如因为资源耗竭而面临转型的区域、因为政策改变而面临不利发展环境的区域,前者如衰落的矿区,后者如东北某些下岗职工较多的区域,非学历技能培训能够进一步强化区域人员的劳动能力,从而促进其跨区域发展,或者进行新技能培训,为他们转行做其他工作创造条件。

(3)大力践行民族团结进步宣传教育

应在教育中普及民族团结进步知识,增进各民族历史、文化的相互了解,各民族发展方式的相互理解,各民族观念价值的彼此认同。了解、理解、认识是增进民族团结进步的前提。

一是进行民族团结进步专门教育。中国是多民族国家,民族发展是国家发展的重要组成部分,民族团结是国家团结的基础,民族进步是各项事业进步的具体表现。民族团结不仅关系社会和谐,而且与边疆安全与稳定紧密相关。"治国必治边"①,中国边疆地区很多是少数民族地区,所以国家团结进步必民族团结进步,国家安全必民族安全,要让各民族共享安全环境,彼此真诚相待,守望相助。国家各项事业的进步最终也应落实到各民族,比如在教育消费上,国家教育的发展必有民族教育的发展,高校非学历教育的发展必有民族高校或者高校民族非学历教育的发展,前者体现为各民族院校非学历教育大发展,后者体现为中国各高校注意通过非学历教育培养民族学员,设立帮助民族地区发展的培训项目,开设适应民族地区发展的课程,培训民族学员。

---

① 周勇:《人口因素对西藏经济的影响》,《西藏研究》2015年第5期。

应在专门教育中讲好中国多民族的背景,中华一体的起源、延续过程。需要做好民族团结进步和国家发展关系的科学研究和教学,历史上中国但凡民族团结进步形势好的时期,也一定是国富民强的时期,反之,国家分裂则会给外敌以可乘之机。要让人们明白民族团结进步的现实意义,只要各民族众志成城,中华民族必能伟大复兴。

二是在教育中内含民族团结进步的原则、精神。民族团结进步作为基本原则应在整个教育体系中得到坚持,无论是学历教育还是非学历教育,高等非学历教育还是其他较低层次非学历教育。如应正确认识历史上的战乱和少数时期多民族政权并存,短期内没有能够得到统一的局面,等等。引导认清中华民族发展史是一部民族团结进步、国家统一的历史。在教育中对各民族教育予以扶持,保持共同发展的态势。

(4) 民族地区教育重要

中国区域发展有待平衡协调,除了东中西部、南北、城乡、发达地区和欠发达地区发展不平衡,还存在各民族地区的发展不平衡,其中,边疆民族地区发展不平衡差距尤为显著。当前中国已经普及九年义务教育,这意味着一定程度上义务教育各民族地区机会较为均等、入学率等数量指标差距小,但还存在投入上、质量上的差异。当前各民族高等教育发展存在差距,要大力发展民族地区高等教育,除了学历教育,还应进一步发展非学历教育。民族地区普遍欠发达,追赶发达地区任务重,主要是学习已有知识、经验和技能,承接产业转移,还没有能够普遍进入高水平科技、高新技术产业发展阶段,因而更多需要技能型人才,尤其是有一定的工业素质、一技之长、能够胜任工作岗位的人才。所以高校非学历教育相比高校学历教育,在民族地区更需要扩大培养规模,特别是技能型培训规模。

(5) 在教育中促进各民族交往交流交融

需要在教育中促进各民族团结进步。一方面通过各民族共同办学,促进包括教学部门在内的各部门人员的民族往来和民族交流。这样既可以取长补短，推进各民族教育，整体上发展国家教育，又可以实现各民族教育部门和人员与社会各相关部门和人员的交往、交流、交融。教育作为发展的基础部门，是全社会、各部门共同关心所在，完全可以通过教育带动更加全面的全社会各民族交往交流交融。另一方面通过各民族共同学习，包括在学习期间的听课、生活，促进年轻一代民族学生的交往、交流、交融。同时通过非学历教育，聚集起更广泛的来自民族地区的学员，让大家更多了解，增进认同。要通过学习交流，让各民族团结进步更加深入人心，从而铸牢中华民族共同体意识。

第十二，"十四五"规划提出：架设文明互学互鉴桥梁，"深化公共卫生、数字经济、绿色发展、科技教育、文化艺术等领域人文合作，加强议会、政党、民间组织往来，密切妇女、青年、残疾人等群体交流，形成多元互动的人文交流格局"[①]。

教育是国际人文交流的重要内容，该条文涉及教育人文合作，对发展高校非学历教育也有指导意义。

（1）教育是人文交流的重要方式、手段和平台

教育特别是大国教育，除了教育国民、服务一国的内部发展、在国内大循环中扮演重要角色，还对世界发挥功能作用，促进人类文明素质的提升，服务一国的国际化发展，在国际循环中具有重要意义。教育通过教书育人、知识创造服务国际人文交流。比如国际语言和文化教学，帮助人们疏通国际人文交流的语言障碍和文化障碍。教育通过科技创新，使全球一体化的设施更先进、沟通效率大为提高，比如通过信息技术创新，全球人文交流逐渐全时候、无死角。教育作为人文交流的重要平台，以人才培养为中间环节，带动家长、学生和毕业校友的终身人文交流。很多国家的人士正是依托留学背景，通过国际学校和国际同学而实现人的国际化，在其毕业后返回母国，或者留在当地，乃至到世界各

---

① 《中华人民共和国国民经济和社会发展第十四个五年规划和2035年远景目标纲要》，https://www.ndrc.gov.cn/xxgk/zcfb/ghwb/202103/t20210323_1270124.html。

国践行终身的国际人文交流，成为国际文化交流的使者。

（2）教育和其他领域协同，形成多元互动的人文交流格局

教育和科技、文化艺术、公共卫生、数字经济、绿色发展融合，促进人文交流。也可以说是教育依托科技、文化艺术、公共卫生、数字经济、绿色发展等，促进人文交流。国际科技交流既表现为相关组织或者各国政府推动的国际科技协作，也表现为教育机构之间的科技协作，比如高校是科技创新的重要策源地，因而高等教育是重要的国际科技协作形式。科技交流首先立足于国际人才培养，科研人员跨国流动，人才由教育机构培养，科研人员大量依托教职在教育机构中发展，因此也可以说科技交流立足于教育交流。当然，反之也成立，教育交流以科技交流为基础，教育交流的对象是知识和技术，而知识和技术是由科技创新所产出的，一国有教育输出能力意味着其有科技创新能力。同时，教育交流和科技交流互动，推动彼此水平不断提高，比如高水平的大学一定是国际教育交流的佼佼者，以科研促教学，以科研活动带动人才培养，这样的大学培养出的高层次人才较多。比如美国很多理工类高校杰出校友，以创新发展见长，不仅硅谷中的很多跨国公司，还有其他国家的很多企业家通过创新产业，获得丰厚回报后回馈母校，形成国际科技创新回馈美国教育发展的另一种机制，即校友的国际科技交流促进母校教育发展。

教育和文化艺术、公共卫生、数字经济、绿色发展融合促进人文交流的机制也和科技类似，通过发挥教育的基础性作用，推动其他领域的人文交流，同时教育也从与其他领域的协作中获得国际交流的更多动能，从而发挥更大的人文交流作用。教育和科技、文化艺术、公共卫生、数字经济、绿色发展融合，促进人文交流，是一篇大文章，值得以此为主题，进行更深入全面的研究。

（3）教育通过一定的主体往来方式进行人文交流

国际人文交流的重要主体包括议会、政党、民间组织等，也包括政

府，但后者行政色彩较浓，前三者更具文化气息。因此非政府交流在中外人文交流中占有重要地位，尤其是大学等教育机构在其中发挥了重要作用，包括学历教育和非学历教育机构。前者如中国各大高校的留学生教育，后者如遍布全球的孔子学院。由于西方的人文交流更看重非政府组织之间的往来，中国可以开展更多的面向国际人文交流的非学历教育。一方面，在现有公办教育机构如大学中，开设更多相关项目和课程；另一方面，培育和扶持面向国际人文交流的民间教育机构，或者在现有民间教育机构中支持开设更多国际人文交流项目和课程。

（4）文明互学互鉴应是教育，特别是国际教育交流往来的重要内涵和宗旨

需要理解什么叫文明互学互鉴，并将其落实到教育交流中。首先，国际教育交流是互学，教育不仅仅是以先知对后知、以师傅对徒弟、以先学者对后学者，同时也是分享、共同探求、求学相长、学学相长、不分先后的学习。孔子就强调教育的学习功能，强调教育者谦逊，学习者不断学习，如提出"学而时习之""三人行，必有我师"等。也就是说教育不仅是单向的，更是双向、多向的。与其说教育是教导、训导，不如说教育是交流、平等对话。国与国之间，不应是价值观输出，应是观念分享；不应是教育灌输甚至侵略，而是教育交流。其次，国际教育交流是互鉴，各个国家都有自己的特殊国情、发展历史，各种文明也都是各国人民长期建设、探索的结果，是智慧和文化的结晶。各种文明都有其特色，都是地球文明生态的一部分，不应以某一种文明主导另一种或者其他文明，更不应以某种文明凌驾于其他文明之上。文明是环境、自然生态、时代和不同群体追求的结果，各种文明之间应彼此尊重。各国作为某种文明的集合体或者代表，应更多看到自身文明的不足，从其他文明中取长补自己的短；对待不同文明应更多持欣赏眼光、理解的心态，而非先入为主、武断片面，甚至戴着有色眼镜横加批评并进行打压。假如说互学是国际人文交流的基本内涵，那么互鉴就是国际人文交

流更深层次、更高水平的内涵。这个内涵，一方面表现为不仅进行文明之间的学习，而且学以致用，在自己的文明发展中进行借鉴；另一方面表现为即使对其他文明或者其他文明的一些内容不能理解，暂时没有找到学习的空间，也应对其表示尊重。对他国文明，各国应更多鉴赏，找寻合理之处，发现文明美感。高等教育，无论是学历教育，还是非学历教育，都应是国际人文交流的重要担当者，践行广泛而深入的文明互学互鉴。

第十三，"十四五"规划提出：积极营造良好外部环境，"深化对外援助体制机制改革，优化对外援助布局，向发展中国家特别是最不发达国家提供力所能及的帮助，加强医疗卫生、科技教育、绿色发展、减贫、人力资源开发、紧急人道主义等领域对外合作和援助"①。

该条文涉及教育对外合作和援助，高校非学历教育是中国对外工作的组成部分。党的二十大报告指出，"中国始终坚持维护世界和平、促进共同发展的外交政策宗旨，致力于推动构建人类命运共同体"②。要发挥教育维护世界和平的作用，要通过教育发展推动世界共同发展，人类命运共同体建设也包含教育共同体建设。

（1）可以通过教育营造良好的外部环境

教育一方面通过赋能，担负全球责任而为中国赢得良好的外部环境；另一方面通过实施积极的对外教育政策，强化沟通和理解，能够极大地有利于中国改善外部环境。

教育的经济社会发展作用举世公认，各国都在积极发展教育，但教育需要的投入巨大，对于发展中国家尤其是最不发达国家，教育发展资源缺乏。同时，受教育水平低，人的文化、技能素质不高是阻碍一国发展的基础性、长期性因素，扶贫先要扶教，教育援助是急受援国之所

---

① 《中华人民共和国国民经济和社会发展第十四个五年规划和2035年远景目标纲要》，https：//www.ndrc.gov.cn/xxgk/zcfb/ghwb/202103/t20210323_1270124.html。

② 习近平：《高举中国特色社会主义伟大旗帜 为全面建设社会主义现代化国家而团结奋斗——在中国共产党第二十次全国代表大会上的报告》（2022年10月16日），人民出版社2022年版，第60页。

急，往往受到欢迎，所发挥的救助效果也非常明显。多年来，中国通过援建教育设施，培养人才，帮助构建教育体系，有力地帮助了许多第三世界国家发展教育，受到各国普遍尊重。援助项目除了一部分学历教育项目，更多的是非学历教育培训项目，如外国公务员培训、创业者培训、农民培训等。实际上当前无论是专门的教育援助项目，还是其他领域的援助项目，都离不开教育的影子，尤其是非学历教育职能。比如中国有大量对外援助项目，其中医疗卫生和农业是重要领域，但两者都离不开非学历教育培训，如医疗援助需要开展医疗培训，农业援助需要进行农业技术技能培训。以粮食种植为例，中国杂交水稻培植技术世界一流，以湖南农业大学、湖南农业科学院为代表的高等教育科研机构几十年来为非洲培养了成千上万的农业技术和推广人员，有力地推动了非洲农业发展。

  教育能够从观念上、从人的思想上影响人，从而从根本上影响世界。各国为了营造良好外部环境，往往都参与国际教育，吸纳留学生。发展条件较好的国家，尤其是发达国家，更是走出国门，通过援助的方式办教育，既赢得好的国际名声，也宣传了自己的主张，获得更多的国际认同。国际社会既是"利"的社会，也是"义"的社会。即便是为了利益，也需要国际合作方认可、沟通协作，而教育往往能够发挥国际合作先行者作用。许多发展中国的企业家与中国经济贸易联系密切，就因为其曾经在中国留学，通晓关于中国的知识，熟悉中国的商业模式和思路。由此可见，国际教育交流极大地促进经贸往来。在"义"的方面，当前无论是企业发展还是国家发展，都越来越强调责任，占据道义制高点是一国良好外部环境营造的重要标志。而道义既来源于实践，即所作所为，也来源于了解和沟通，做得好但宣传得不好、被人误解，甚至遭到诋毁的例子在国际事务、外交往来中很普遍。需要发挥教育的理解和沟通作用，帮助国际社会更多地了解中国，真正理解中国，从而有利中国外部环境改善。当前，中国对外高等非学历教育需要重点帮助培养

"一带一路"共建国家人才。

（2）在中国推动世界发展的过程中，教育也应一并发挥作用

中国是全球经济发展的重要推动力量，多年来被称为世界经济牵引的火车头，但中国要更有力地促进世界发展，特别是发挥在全球事务中的更大建设性作用，必须依托教育。很显然，中国的经济发展，无论是投资还是消费，无论是企业还是产业，都对世界发挥了重要作用。2008年国际金融危机后，中国的大投资对世界经济走出低谷发挥了至关重要的作用。改革开放几十年来，中国的高速发展带动了世界发展，中国的产业进步，尤其是世界工厂地位的形成，对于强化世界供给能力、稳固世界供应链发挥了重大作用，全球都享受到价廉物美的中国商品。但经济影响更多的是物质层面，中国对世界的影响还需要向精神、文化层面推进，通过中华文化引领世界文明发展。无论是中国几千年的文化，还是近代以来的探索、改革开放的实践和理论创新，都有益于世界发展，中国应通过国际教育交流，贡献给世界更多的中国文化力量。尤其是通过教育援外、帮助发展中国家发展，中国和广大发展中国家基本上都遭受过殖民者的侵略、帝国主义的欺压，都在独立上经过了艰苦卓绝的斗争，一些国家和中国甚至有着深厚的革命斗争友谊，中国道路的成功能够给它们以启示，这些国家也与中国长期保持友好关系，重视与中国的教育交流。对于发达国家，中国同样需要强化教育交流，要和发达国家对话，通过相互理解，取得更多的发展共识，从而推进全球协作，共同发展。

（3）中国的发展，使中国有能力通过教育帮助世界一起发展

教育的国际交流与国家之间的经济交往有所不同，虽然都具有一定的公共性质，但经济交往更多的是经贸往来，建立于物质产品和利益的交易基础之上，而教育的国际交流更多的是公益性，尽管从长远来看有利于国际关系改善，但从短期来看，更多是一个需要投入的领域，产生不了立竿见影的经济效益。也可以说，教育交流需要成本，需要以强大

的经济为基础，以有力的经费支持为后盾。中国对外经济交往无疑先于教育国际交流，毕竟中国曾经也经济落后，发展经济是很长时期以来的迫切任务，但随着经济条件的改善，中国将有更多的余力投入国际教育交流。在经济发展能够担当相当的世界责任后，再推进援外教育发展担当更多的世界教育责任，也是中国日益走向世界的中心、更高质量发展、推动高水平对外开放和协作的顺势而为。

（4）教育是重要的对外援助形式，对外援助体制机制改革也包括教育援助体制机制改革

几十年来中国对外援助取得了丰硕成果，但进一步工作的推进还存在一些阻碍，尤其是体制机制需要理顺。应紧抓重点领域改革，完善对外援助体制机制。对于教育这一发展的基础性部门，对外援助的核心环节应强化援助单位的教育培训职能，适应教育培训的规律投放资金、配备人才、用好人才，完善评价体系。应协调各援建部门、各援助机构的教育培训职能，教育作为基础部门，在援建中除了自身发展，应进一步推进其他部门发展。教育援助作为基础性援助项目，除了自身运营好，还要对接其他部门，推进其他部门发展。各部门或者机构的教育培训职能不仅仅是为了完成本部门或者机构的援外任务，更需要彼此协同，与专业教育部门协同，取得更多的教育培训效果，促进国家整体对外援助的全局更优。比如教育可以和医疗卫生、科技、绿色发展、减贫、人力资源开发、紧急人道主义等领域加强协作，共同推动中国对外合作和援助高水平高效率发展。

第十四，"十四五"规划提出：提升国民素质，促进人的全面发展，"把提升国民素质放在突出重要位置，构建高质量的教育体系和全方位全周期的健康体系，优化人口结构，拓展人口质量红利，提升人力资本水平和人的全面发展能力"①。

---

① 《中华人民共和国国民经济和社会发展第十四个五年规划和2035年远景目标纲要》，https：//www.ndrc.gov.cn/xxgk/zcfb/ghwb/202103/t20210323_1270124.html。

高校非学历教育对于提升国民素质意义重大，该条文特别提出，通过构建高质量的教育体系，"把提升国民素质放在突出重要位置"。

（1）高校非学历教育对于促进人的全面发展意义重大

教育是一个庞大的体系，以义务教育为例，国家要求"德智体美劳"全面发展，但无论是从理论还是现实角度，单单依靠某一阶段完成全面的教育是不可能的。人的学习在不同年龄适应不同阶段，教育发展也由此遵循发展阶段规律，即不同年龄阶段有不同的学习重点。换言之，教育在人生的不同时期，在特定的社会场景下，贯彻的是不均衡原则。之所以如此，是因为人的精力有限，无论是大中小学生，还是走入社会的成年人，莫不如此，教育全面发展的任务有待于人的一生去完成。比如在基础教育阶段，德育为先，智力为主，体美劳兼顾。在高等学历教育阶段，随着人的思想、道德的定型，德育虽然仍为先，但更多的是巩固，从而可以进一步专门发展智育，而体美劳从学校的日常课变成了选修或者学分值不高的课程。到了高等非学历教育阶段，为了职业发展的劳动能力教育和为了提高生活质量的美育越来越受到重视。到了中老年教育阶段，以身体维护为目标的体育健身培训越来越多。包括高等非学历教育在内的成人非学历教育对于完善教育体系和教育全面发展具有重大意义。

实际上，在应试教育还有待改革的背景下，智的教育占据了学生的大部分时间，这意味着义务教育在当前阶段还没有能够做到全面发展，不仅义务教育，在升学和高考竞争下，整个基础教育①包括高中阶段，也以智育为主，难以做到全面发展。在考研、考博压力和就业压力下，即使非基础教育，理应更注重人的全面发展、学生更享有充分学习自由

---

① 在中国，目前基础教育包括幼儿教育（一般为3—5岁）、义务教育（一般为6—15岁）、高中教育（一般为16—19岁），以及扫盲教育。基础教育是面向全体学生的国民素质教育，其根本宗旨是为提高全民族的素质打下坚实的基础，为全体适龄儿童少年终身学习和参与社会生活打下良好的基础。基础教育对于提高中华民族的素质、培养各级各类人才、促进社会主义现代化建设具有全局性、基础性和先导性的作用。

度的高等学历教育也不可能做到教育的全面发展。但教育全面发展是人全面发展的基础，如此一来，当前中国教育全面发展是随着学习阶段的不断后移，往往完成基础教育、高等学历教育后才可能完善。而高等学历教育之外，或者之后的教育主要是非学历教育，由此，非学历教育更多地承担起教育全面发展的任务。比如非学历体育教育消费，很多人是在走入社会后才有机会深入学习一些体育技能，如球类培训、健身培训等，助力人的身体素质提升。还有非学历文化素养培训，如学习书法、舞蹈、声乐等，提高人的审美能力。更普遍的是技能技术培训，服务人的劳动能力提高。

（2）构建高质量的教育体系

教育体系的高质量体现于多方面，包括效率高、水平高、层次高、内涵丰富、分工严密、专业性强、系统完整、服务社会的效应大。效率高是指教育服务效率高、受教育者学习效率高，以较低的教育投入获得较高的教育回报。水平高包括设施水平高、师资水平高、人才培养水平高等方面，即在同类型中处于前列。层次高主要指教育层次高，如不仅基础教育发展充分，高等教育也得到了重点发展，并且前沿专业、高精尖专业多。内涵丰富是指不仅教育门类丰富，且各专业门类充分发展，都具有较强的培养能力。分工严密是指教育规模大，并实现分工发展，各学科门类既有核心领域，又彼此有关联。专业性强是指教育门类的边界分明，各专业有自己的核心专门领域，没有低水平重复。系统完整是教育的各项功能完备，且呈现分明的系统性特征，比如大系统下包括分系统。服务社会的效应大是指教育体系因社会需要而存在，为社会发展而构建，社会效应既是其结果的评价，也是其质量的最好诠释。

此外，教育体系的高质量不仅仅在于效率高、水平高、层次高、内涵丰富、分工严密、专业性强、系统完整、服务社会的效应大，更在于要贯彻新发展理念，即基于创新、协调、绿色、开放、共享的理念构建教育体系。换言之，只有以新发展理念为指导，才能构建起高质量的教育体系。可以说，这五方面的理念既是中国整体上的新发展理念，也是新时代中国教育发展应有的理念。相关政策文件对"五大发展"已经有清晰的定位：创新是引领发展的第一动力，必须把创新摆在国家发展全局的核心位置，实施创新发展驱动战略，让创新贯穿党和国家一切工作，让创新在全社会蔚然成风。协调是持续健康发展的内在要求，重点促进城乡区域协调发展，促进经济社会协调发展，在增强国家硬实力的同时注重提升国家软实力，不断增强发展整体性。绿色是永续发展的必要条件和人民对美好生活追求的重要体现，必须坚持节约资源和保护环境的基本国策，坚持可持续发展，加快建设资源节约型、环境友好型社会，人与自然和谐发展，推进美丽中国建设，为全球生态安全作出新贡献。开放是国家繁荣发展的必由之路，必须坚持对外开放的基本国策，奉行互利共赢的开放战略，构建广泛的利益共同体。共享是中国特色社会主义的本质要求，必须坚持发展为了人民、发展依靠人民、发展成果由人民共享，增强发展动力，增进人民团结，朝着共同富裕方向稳步前进。应结合这些定位理解包括高校非学历教育在内的教育如何贯彻新发展理念。还值得补充的是，教育尤其是高校非学历教育对于优化人口结构、拓展人口质量红利、提升人力资本水平意义重大，应建立高质量的人口教育体系。

第十五，其他规划内容。"十四五"规划在第四十三章专门部署了"建设高质量教育体系"[①]，对高校非学历教育消费发展的政策指导意义不言而喻。这部分内容相当于站在教育部门角度谈教育，是从共性角度谈教育，因而相关提法也适用于高校非学历教育。比如"推进基本公共教育均等化"内含"推进高校基本公共非学历教育均等化"，"增强职业技术教育适应性"内含"增强高校非学历职业技术教育适应性"，"提高

---

① 《中华人民共和国国民经济和社会发展第十四个五年规划和2035年远景目标纲要》，https://www.ndrc.gov.cn/xxgk/zcfb/ghwb/202103/t20210323_1270124.html。

高等教育质量"内含"提高高校非学历教育质量","建设高素质专业化教师队伍"内含"建设高素质专业化的高校非学历教育教师队伍","深化教育改革"内含"深化高校非学历教育改革"。由于"十四五"规划第四十三章更多谈教育共性问题，或者说更倾向于规划学历教育，对高校非学历教育的特殊性涉及不多，因此在本书中不全面展开分析。"十四五"规划中涉及高校非学历教育及其消费的内容还有很多，部分列举如下。

"十四五"规划提出：健全婴幼儿发展政策，"发展普惠托育服务体系，健全支持婴幼儿照护服务和早期发展的政策体系。加强对家庭照护和社区服务的支持指导，增强家庭科学育儿能力。严格落实城镇小区配套园政策，积极发展多种形式的婴幼儿照护服务机构，鼓励有条件的用人单位提供婴幼儿照护服务，支持企事业单位和社会组织等社会力量提供普惠托育服务，鼓励幼儿园发展托幼一体化服务。推进婴幼儿照护服务专业化、规范化发展，提高保育保教质量和水平"[①]。

"十四五"规划提出：完善养老服务体系，"综合考虑人均预期寿命提高、人口老龄化趋势加快、受教育年限增加、劳动力结构变化等因素，按照小步调整、弹性实施、分类推进、统筹兼顾等原则，逐步延迟法定退休年龄，促进人力资源充分利用。发展银发经济，开发适老化技术和产品，培育智慧养老等新业态"[②]。

"十四五"规划提出：提高基本公共服务均等化水平，"推动城乡区域基本公共服务制度统一、质量水平有效衔接。围绕公共教育、就业创业、社会保险、医疗卫生、社会服务、住房保障、公共文化体育、优抚安置、残疾人服务等领域，建立健全基本公共服务标准体系，明确国家

---

① 《中华人民共和国国民经济和社会发展第十四个五年规划和2035年远景目标纲要》，https：//www.ndrc.gov.cn/xxgk/zcfb/ghwb/202103/t20210323_1270124.html。

② 《中华人民共和国国民经济和社会发展第十四个五年规划和2035年远景目标纲要》，https：//www.ndrc.gov.cn/xxgk/zcfb/ghwb/202103/t20210323_1270124.html。

标准并建立动态调整机制,推动标准水平城乡区域间衔接平衡。按照常住人口规模和服务半径统筹基本公共服务设施布局和共建共享,促进基本公共服务资源向基层延伸、向农村覆盖、向边远地区和生活困难群众倾斜"①。

"十四五"规划提出:支持港澳更好融入国家发展大局,"加强内地与港澳各领域交流合作,完善便利港澳居民在内地发展和生活居住的政策措施,加强宪法和基本法教育、国情教育,增强港澳同胞国家意识和爱国精神。支持港澳同各国各地区开展交流合作"②。

"十四五"规划提出:加强两岸人文交流,"积极促进两岸交流合作和人员往来,加深相互理解,增进互信认同。推动两岸文化教育、医疗卫生等领域交流合作,促进社会保障和公共资源共享,支持两岸邻近或条件相当地区基本公共服务均等化、普惠化、便捷化,促进两岸同胞共同传承和创新发展中华优秀传统文化。加强两岸基层和青少年交流,鼓励台湾青年来大陆追梦、筑梦、圆梦"③。

"十四五"规划提出:培养造就高水平人才队伍,"健全薪酬福利、子女教育、社会保障、税收优惠等制度,为海外科学家在华工作提供具有国际竞争力和吸引力的环境"④。

这些规划内容对高校非学历教育消费评价具有指导意义。比如"十四五"规划提出:建设体育强国,"坚持文化教育和专业训练并重,加强竞技体育后备人才培养,提升重点项目竞技水平,巩固传统项目优势,探索中国特色足球篮球排球发展路径,持续推进冰雪运动发展,发

---

① 《中华人民共和国国民经济和社会发展第十四个五年规划和 2035 年远景目标纲要》,https://www.ndrc.gov.cn/xxgk/zcfb/ghwb/202103/t20210323_1270124.html。
② 《中华人民共和国国民经济和社会发展第十四个五年规划和 2035 年远景目标纲要》,https://www.ndrc.gov.cn/xxgk/zcfb/ghwb/202103/t20210323_1270124.html。
③ 《中华人民共和国国民经济和社会发展第十四个五年规划和 2035 年远景目标纲要》,https://www.ndrc.gov.cn/xxgk/zcfb/ghwb/202103/t20210323_1270124.html。
④ 《中华人民共和国国民经济和社会发展第十四个五年规划和 2035 年远景目标纲要》,https://www.ndrc.gov.cn/xxgk/zcfb/ghwb/202103/t20210323_1270124.html。

展具有世界影响力的职业体育赛事。扩大体育消费，发展健身休闲、户外运动等体育产业"。该条文涉及体育消费教育。"十四五"规划虽然没有明确提到体育消费教育，但体育消费也需要通过教育培养消费技能和素质。不过"十四五"规划在提及专业竞技体育时已经提到基于技能的教育培训，如"文化教育和专业训练并重"，还有基于人才的教育和培训，如"加强竞技体育后备人才培养"。对于群众体育和体育休闲消费，同样也离不开技能培训和素质培养。比如要打好乒乓球，需要经过一定的培训。当前有很多社会培训机构在开设体育课程，人们在逐步提高体育消费水平，更好地享受健身休闲。

  本书以"十四五"规划为依据对教育、高校非学历教育进行国家大政方针阐释，以明确高校非学历教育消费的评价指向及评价合理性。以上"十四五"规划条文本书限于篇幅，不再一一阐释。

第三章 研究设计

如不特别说明，本书将高校非学历继续教育概念等同于高校非学历教育。第二部分在进行高校非学历教育消费分析评价时，为行文简便，在不引起歧义的前提下，在许多场合，将教育消费简称为"教育"。本书作为高校非学历教育消费评价的前沿和开创性研究，遵循基本评价规律，严格按照评价步骤和程序，理论分析和验证性分析结合，体现过程评价和分类评价思路。评价维度确定和指标体系设计是高校非学历教育消费评价的重要工作之一。评价内容由评价目标、原则及评价对象自身特点决定，并体现在各个评价维度中[①]。本书采用理论和实证相结合的方法，先确定评价内容，再从文献中借鉴评价维度及指标，将其初步筛选、整理、精练、体系化，形成理论上的评价指标体系。然后通过调研和专家访谈，用事实资料验证理论上的评价指标体系，这相当于从实证角度，得出有现实意义、可行的指标体系。由此得出的指标体系可用于现实评价（即在本书具体评价部分得到应用），同时，在具体评价时，指标仍然需要通过进一步验证，评价意义不大的指标将被进一步修改或者撤换[②]，这也意味着不具备现实意义或者可行性弱的指标暂时将不被用于具体评价，它们在后续评价中将被继续淘汰或者更新。

[①] 周勇：《复杂巨系统评价：现状、发展和展望（上）》，《评价通讯》2022年第1期。
[②] 周勇：《正确处理科研评价八对关系》，《中国社会科学报》2021年8月17日第1版。

一 评价对象界定

评价对象的界定既基于学理，也源于实践。本书关注评价对象的概念界定及内涵把握，强调从历史脉络和现实关系中定位评价对象。评价内容的确定一方面基于已有认识，特别是理论探讨；另一方面更基于治理目标和现实政策供给需要，主要依据国家规划、政府政策文件和高校、相关机构管理章程。

二 评价依据

评价依据主要分为理论依据和政策依据。评价一方面是一种认识问题、探索问题的方式，受到一定理论的指导。要评价某对象，必先了解某对象；要评判某对象，必先对其本质有认识[①]。因为是对评价对象运动规律的认识，所以有关该对象的认识理论能够指导评价。实践中有些作者对某对象并没有很深的认识，甚至在不了解的情况下即对评价对象进行评价，极易犯片面、肤浅错误。所以评价需要依据相关事物认识的专门理论，要内行评内行，切忌外行评内行。评价另一方面也涉及价值判断，反映一定的政策导向，或者可以说，评价一定程度上是为政策制定和实施服务，所以相关的政策文件也是重要的评价依据。从更广泛的依据来看，评价也是一种管理决策行为，对最终决策提出参考、结论性意见或者提供事实支撑，相关证据说明，所以要依据事实材料。本书在每个专题部分的评价依据一节，主要说明理论依据和政策依据，事实材料贯穿始终，所以不在特定章节单独说明。各专题评价部分均对各细分评价的依据进行了充分说明，以保证工作开展的必要性、重要性，从而具有研究意义。

---

① 周勇：《评价对象的"评价"》，《评价通讯》2022年第3期。

三 评价内容

评价内容的确定仍然主要依据理论和政策。与评价对象相关的政策文件一般会确定治理、管理和业务内容，这些内容就是评价内容，代表现实工作中，有关评价对象运行的政策规定内容。评价对象作为经济社会现象，关于其规律的探讨体现在一定学科或者某个专门性知识领域，对它的探讨围绕一个个问题点或者事实点，这些"点"就是评价内容。理论还为事物建立起了概念、观念、系统认识框架，也就是评价内容，代表理论思维中，有关评价对象人们认识其所需要关注的内容。评价内容是关于评价对象的认识体系，在评价时需要分层、分部门框定。本书对各细分评价所涉及的内容进行了分层分类整理。

四 评价维度

评价维度是为评价对象认识建立起系统框架，其与评价内容的区别是，它是后者的归纳、总结，而且是抽象为中性的标准。假如说评价内容是关于事实说明的一般规定，那么评价维度代表认识事物的途径。这个途径正不正确，或者说它仅是主观评定，是否与客观相符，还需要经过实证。因此评价维度的说明包括维度假设提出和维度实际经验验证。有可能理论上确定的维度在现实中并没有得到体现，或者说理论上认为正确而必要的维度，在现实中并不那么重要，也即评价的意义并不大。评价是一项实务性很强的工作，理论性强而现实意义不大的维度容易被人忽略。有些文献用评价指标体系表达评价维度，有些文献用评价标准表达评价指标的应用标准。总之，评价维度、评价标准、评价体系、评价指标体系间有紧密联系，但内涵和外延还没有被清晰界定，混用误用多。需要就维度提出具体、明确的操作性定义，本书所指评价维度是一个体系，包括一级指标、二级指标及更多次级指标。

(一) 评价维度假设提出

认识来源于实践或者受已有理论启发，评价维度假设的提出也如此，其提出依据已有理论、相关实践，或者两者的结合。

维度假设提出的方法很多，不少作者采用因素法，即将所有因素进行整理，然后分解为相互独立，不互相包含的各因素，以这些因素作为维度。如一项关于民办非学历教育机构办学风险的评价将风险因素分为资金筹集能力不足、师资队伍稳定性不足、制度规范性不够、办学经验积累不足四类。还有的直接依据相关理论探讨，通过归纳相关评价者所关注的评价点总结评价维度。评价维度假设的内容既包括评价维度项，也包括刻画维度的相关变量，维度及其刻画维度的变量与评价的对象价值判断均有紧密相关关系。如对办学风险进行评价，师资是评价维度之一，刻画师资的变量有本机构专职教师数和本领域专业教师数，所包含的相关关系是：本机构专职教师数越多，办学风险越小；本领域专业教师数越多，办学风险越小。本书坚持理论与实践相结合，通过梳理大量已有文献，结合前期探索性研究，提出各部分的评价维度假设。

(二) 评价维度假设验证

1. 事实材料来源

认识需要与时俱进，考察空间适应性，也就是说认识需要不断被验证于实践，对评价维度假设的验证也如此。验证的方式主要是实证。事实材料有四类来源：一是政府统计部门、社会统计机构发布的统计数据。二是问卷调查，既有大型综合调查，也有专题性调查。三是现场访谈，针对评价对象，进行专门的资料收集、情况调查、信息沟通。四是其他事实材料，包括新闻报道、社会案例、政府公布的文书，如司法裁判文书等。本书的事实材料主要来源于后两者。

2. 验证方法

最广泛而传统的验证方法是事实经验验证,即依据上述事实材料,印证相关维度,即定性验证。随着现代科学发展,研究手段的进步,当前更多采用数据模型法进行验证,即实证。不能说哪种方法更可取,具体采用哪种方法,所掌握的事实材料最终起着决定作用。本书作为高校非学历教育领域的开拓性研究,在统计数据不完善的情况下,综合运用了两种验证方法。

五 评价方法

（一）数据基础

中国关于高校非学历教育统计数据主要反映在进修及培训、资格证书、岗位证书等指标中。其中,进修及培训是指在高等教育学校（机构）进行的各类非学历教育。资格证书是指由各类高等教育机构举办的,招收具有高中毕业文化程度,从事专业技术工作或专业性较强的管理工作人员,经过学习及考试合格,取得达到岗位要求的专业知识水平的非学历教育。证书教育形式包括单科班和专业证书班。岗位证书是指由各类高等教育机构举办的,以提高本职工作能力为目的的非学历教育和培训活动。接受培训的各类人员按要求经考核合格,颁发岗位合格证书和上岗任职聘任书。岗位培训形式包括资格性培训和适应性培训。此外,还可以通过普通高校外国留学生中接受学历教育的比例计算普通高校外国留学生中接受非学历教育的比例。该指标是指普通高校接受学历教育的外国留学生数占普通高校外国留学生总数的百分比。外国留学生是指持外国护照在中国高等学校注册并接受学历教育或非学历教育的外国公民。该指标可反映留学生在中国接受高等学历教育的相对规模,可作为高等教育质量类指标。公式为:普通高校外国留学生中接受学历教育的比例＝普通高校中接受学历教育的外国留学生数/普通高校外国留学生总数×100%,可从《教育消费统计年鉴》获取数据,可分学校类型、分层次对指标进行分解，适用范围为国家级、省级、校级。普通高校外国留学生中接受学历教育的比例提高，表明中国高等教育对外国留学生的吸引力增强，高等教育的国际化水平提高。局限性在于，该指标值只能从一个侧面反映中国高等教育的国际化水平，可结合留学生的学历层次、所学专业及生源地等综合分析。如（1）普通本科院校外国留学生中接受学历教育的比例（％）＝普通本科院校中接受学历教育的外国留学生数／普通本科院校外国留学生总数×100％。（2）高职（专科）院校外国留学生中接受学历教育的比例（％）＝高职（专科）院校中接受学历教育的外国留学生数／高职（专科）院校外国留学生总数×100％。中国高校非学历教育统计开始的时间较晚，已有统计数据也不够完整，因此分析评价的样本量少，完整度较高的数据仅涵盖2009—2017年（见表3–1、表3–2），国家统计局未公布2017年至今的数据。相比高校学历教育，高校非学历教育的统计数据极为匮乏，可分析性较差。

（二）本书研究方法

教育在社会事务中较为基础，教育或者教育消费评价内容丰富，几乎涵盖经济社会相关认知的各个方面，而从上文分析可看出，已有宏观统计数据基础薄弱，微观数据获取也受到各种制约。首先，从经济上而言，数据获取需要成本，涉及复杂的社会协作，需要经费投入以及统计部门配合。其次，从方法和技术上而言，评价体系设计和指标设定需要不断探索，大量数据获取有赖技术手段的改进，比如只有信息、互联网、物联网、人工智能的发展，大数据的获取才具备更大的可能性。因此，教育评价内容的丰富性与教育评价数据的有限性之间有很大的矛盾，也由此，仅数据可得性这一方面就决定了，在进行教育或者教育消费评价时，需要定性与定量相结合，原则是尽可能利用客观而精确的数据进行评价，在数据或者评价方法力有不逮之处，定性评价不可或缺。起码在当前阶段，现有评价体系不要过分迷信定量评价，有限的定量评

表3-1 各级各类非学历教育注册生情况

指标		2017年	2016年	2015年	2014年	2013年	2012年	2011年	2010年	2009年
各级各类非学历教育注册生数（万人）		5465.67	5465.67	5287.37	5350.33	5593.21	5364.65	5838.22	5624.81	5700.67
高等教育注册生数（万人）		927.37	927.37	725.84	736.66	678.56	394.84	405.14	332.89	289.46
研究生课程进修班注册生数（万人）		1.22	1.22	3.48	5.64	6.93	7.38	6.71	6.5	6.86
自考助学班注册生数（万人）		23.01	23.01	28.98	37.62	40.53	39.74	47.04	59.5	69.65
普通预科生注册生数（万人）		4.54	4.54	5	4.45	4.25	3.77	3.23	3.2	3.06
进修及培训	注册生数（万人）	898.6	898.6	688.37	688.95	626.84	343.95	348.16	263.69	209.88
	资格证书培训注册生数（万人）	225.24	225.24	230.34	207.87	198	106.3	89.38	41.07	40.91
	岗位证书培训注册生数（万人）	218.83	218.83	188.33	211.66	171.31	69.62	97.63	36.45	69.82

续表

指标		2017年	2016年	2015年	2014年	2013年	2012年	2011年	2010年	2009年
中等职业教育	注册生数（万人）	4538.3	4538.3	4561.53	4613.67	4914.65	4969.81	5433.08	5291.91	5411.21
	资格证书培训注册生数（万人）	727.46	727.46	718.64	735.63	802.84	757.76	646.16	452.54	477.97
	岗位证书培训注册生数（万人）	1055.05	1055.05	1122.14	1070.45	1167.03	1050.01	844.18	524.93	536.89
中等职业学校	注册生数（万人）	331.81	331.81	343.14	375.95	398.69	402.46	411.96	366.91	398.19
	资格证书培训注册生数（万人）	140.62	140.62	150.4	161.73	175.77	176.98	163.09	105.15	110.72
	岗位证书培训注册生数（万人）	112.33	112.33	103.81	112.52	118.28	109.42	105.53	83.21	86.96
职业技术培训机构	注册生数（万人）	4206.49	4206.49	4218.39	4237.72	4515.96	4567.35	5021.12	4925	5013.03
	资格证书培训注册生数（万人）	586.84	586.84	568.24	573.9	627.07	580.78	483.06	347.38	367.25
	岗位证书培训注册生数（万人）	942.73	942.73	1018.33	957.93	1048.75	940.59	738.65	441.72	449.93

表3-2　各级各类非学历教育结业生情况

指标		2017年	2016年	2015年	2014年	2013年	2012年	2011年	2010年	2009年
各级各类非学历教育结业生数（万人）		5724.9115	5724.9115	5816.613	6004.7595	6274.1102	6315.5796	6519.6816	6698.9254	6644.4523
高等教育结业生数（万人）		980.8395	980.8395	907.5383	920.2798	933.7748	778.5349	677.1796	712.555	531.702
研究生课程进修班结业生数（万人）		0.9244	0.9244	3.126	3.4836	4.8329	5.0284	4.8873	4.829	4.6803
自考助学班结业生数（万人）		11.6214	11.6214	13.0855	14.9228	19.4882	18.4933	24.2067	19.4889	19.6768
高等教育	进修及培训结业生数（万人）	968.2937	968.2937	891.3268	901.8734	909.4537	755.0132	648.0856	688.2371	507.3449
	资格证书培训结业生数（万人）	223.4987	223.4987	242.6509	223.3496	235.1305	225.0573	201.7012	131.551	109.4037
	岗位证书培训结业生数（万人）	248.5345	248.5345	276.8653	251.7423	250.4684	215.9604	178.5514	106.9856	118.488

续表

指标		2017年	2016年	2015年	2014年	2013年	2012年	2011年	2010年	2009年
中等职业教育	结业生数（万人）	4744.072	4744.072	4909.0747	5084.4797	5340.3354	5537.0447	5842.502	5986.3704	6112.7503
	资格证书培训结业生数（万人）	763.78	763.78	775.9	828.3	869.3	863.1	761.43	579.26	601.47
	岗位证书培训结业生数（万人）	1126.67	1126.67	1224.08	1182.12	1278.2	1227.21	979.86	679.26	700.21
中等职业学校	结业生数（万人）	464	464	529.58	604.95	624.74	713.68	695.91	734.08	682.24
	资格证书培训结业生数（万人）	173.07	173.07	204.72	249	246.75	268.35	264.68	208.85	198.23
	岗位证书培训结业生数（万人）	154.76	154.76	169.65	185.82	204.84	208.81	201.9	172.9	169.33
职业技术培训机构	结业生数（万人）	4280.0768	4280.0768	4379.4966	4479.5293	4715.5968	4823.3605	5146.5876	5252.2921	5430.5125
	资格证书培训结业生数（万人）	590.71	590.71	571.19	579.3	622.55	594.75	496.75	370.4	403.25
	岗位证书培训结业生数（万人）	971.91	971.91	1054.43	996.31	1073.35	1018.39	777.96	506.36	530.88

价指标远远不足以涵盖所有评价内容，其导致的评价偏颇极易导致评价不公正，对评价对象造成损害，甚至误导教育发展，影响国家方针政策的执行。还值得说明的是，定性与定量评价相结合是科学认知的需要，定性评价在系统评价中大有可为，定量评价在还原评价中作用突出。基于当前中国非学历教育统计数据较为缺乏，同时非学历教育评价滞后于实践发展，与学历教育评价相比较为薄弱，本书从实际出发，更多基于文本分析，进行探索性研究，在评价体系构建上下功夫，同时紧盯现状，进行针对性的评价，以得出客观的评价结论，提出有益的政策建议。

六 具体评价

评价维度还要在具体的评价过程中进一步接受验证。很多情况下，研究者认为重要，并且已接受过实证的维度假设并不被新的实证情境所接受。因为认识局限，时空变化，作为系统性的判断，现实和理论，事实材料和假设间很难一一对应，所以包括维度及刻画维度的相关指标假设需要根据事实验证的结果进行重构。本书在每个细分评价部分都会首先说明"评价维度及指标体系"，在具体评价，尤其是通过访谈和其他事实验证后，一些评价维度或者指标可能并不具备现实意义，而被略去。同时，具体评价也是一个评价假设进一步丰富，评价内容进一步深化的过程，从其中会得到关于评价的更多具体内涵，对决策有直接的启示意义。

七 评价结论及政策启示

从具体评价中可验证许多假设，同时深化和丰富相关假设。但有些相关关系的最后验证只是事实的印证，得出评价结论需要遵循系统归纳法得出，并依据评价目标而确定。也就是说具体评价过程遵循分析法，即由总到分，是还原论方法，而评价结论得出遵循归纳法，即由分到总，是系统论方法。同时，评价结论和现有政策并不是简单的一一对应或者线性关系，不能期待任何一个评价结论在一定时期都具有政策价值，政策设计又是另外一个过程，需要依据评价结论，采取相关对策，特别是依据政策环境，对现有政策系统进行创新。本书不在评价结论和政策建议间简单画等号，更多是提出有意义的政策建议。

第四章 评价对象界定

教育是消费的一部分，除了符合消费的一般特征，还具有其特殊性。高校非学历教育更是消费的一部分，其消费特征相比一般高等教育更加明显。由此我们可以得出三个推论：第一，对教育应该进行消费评价；第二，对高校非学历教育应该进行评价；第三，在对高校非学历教育消费进行评价时，既要合乎一般教育规律和消费规律，又要关注特殊性，找出这种教育消费的特殊规律。因此，不能按照一般消费评价方法评价高校非学历教育消费，要深入本质，抓住其特征性因素进行评价。不少研究者对教育消费这一现象进行了深入探讨，试图理清教育消费这一概念。

一 教育被认为是一种消费形式

随着教育收费，成人付费教育大发展，教育越来越被认为具有消费属性，教育消费近年越来越多地被提及，教育也因此被纳入消费经济学框架进行研究，对教育的评价也因此有了消费维度。完全自费，甚至选择性收费水平高的高校非学历教育，消费特征越来越明显。

王右文、张艳（2020）认为，日常生活中的消费通常被定义为利用物品或者劳动来满足人的需求，同时教育也常被比作一种市场消费的材料[①]。

[①] 王右文、张艳：《农村家庭教育消费满意度研究——基于辽宁省农户调研数据》，《农业技术经济》2020年第4期。

学术界对于教育消费的定义并未达成统一，其中陶美重（2007）认为教育消费是一种精神文化的消费，属于服务消费。根据以往的研究，教育投资、教育支出（投入）和教育消费经常被混杂到一起，教育消费应包括子女教育支出，以及为提高自身业务竞争能力的培训及继续教育支出①。而教育投资与教育消费，是同一事物的两个不同方面，教育费用的支出（教育投入）具有投资和消费双重性质②。从教育经济学角度来看，学者通常会从广义与狭义两种角度去定义教育消费，广义上的教育消费主体不仅包括个人、家庭，同时也应该包括国家及企事业单位等，即国家作为教育消费中最为重要的一个参与主体，主要是通过各种财政、税收政策来推动教育消费，从而达到为国家提供人力资本的目的，最终保证国家经济的发展。狭义上的教育消费中消费主体主要以个人、家庭为主，通过教育提供者及教育部门提供的各种教育服务，来确保受教育主体可以得到文化知识、职业技能以及综合素质的提升等③。因此，可以认为教育消费是指为获取知识和技能，受教育者本人与家庭用于教育方面的货币支出。④

唐静思（2022）认为，在知识经济时代，为了提升自身素质，为了更好地发展，为了更好地服务社会而进行教育消费，教育消费已经成为现代人不可或缺的消费⑤。农村居民也意识到知识可以改变命运，他们对子女寄予很多的期望，包括身心健康、学习成绩、社会地位、未来收入等方面，希望通过教育可以使孩子和家庭改变生活现状，因此教育消

---

① 陶美重：《论教育消费的本质》，《教育与经济》2007 年第 4 期。
② 蔡庆丰、肖比诺、陈武元：《从投资"现在"到投资"未来"：金融素养对家庭教育投资的影响》，《教育发展研究》2022 年第 20 期。
③ 张光宏、李杰：《我国城乡家庭教育投资能力比较分析》，《农业技术经济》2011 年第 11 期。
④ 李春玲：《教育不平等的年代变化趋势（1940—2010）——对城乡教育机会不平等的再考察》，《社会学研究》2014 年第 2 期。
⑤ 唐静思：《教育期望中介作用下农户收入质量对子女教育消费的影响研究》，硕士学位论文，西北农林科技大学，2022 年。

费越来越受到农民的重视。"教育期望"一词最早出现在20世纪50年代，Sewell等学者最先关注教育期望以及职业期望，后续威斯康星学派基于WLS模型研究发现社会心理学因素会对教育期望产生影响，尤其对于不同教育投入的家庭会产生不一样的教育获得结果[①]。与以往文献的总结略有不同，还可将家长教育期望分为两个层面，一是学业成就期望，包括对子女的学业成绩、最高学历取得及未来社会地位的期许；二是品德及人际期望，品德指子女的操守、道德观念与行为表现，而人际关系指学生受欢迎的程度。家庭教育消费种类包括学费、课外班、兴趣班、文具、书籍等。家庭教育消费是指居民对文化教育服务的支出，包括学校教育支出（义务教育和非义务教育）和课外补习支出等。家庭教育消费在学前教育阶段、中学阶段和高等教育阶段一直扮演着"合理分担者"的角色。在义务教育阶段，家庭教育投入则是"个体需求满足者"，虽然政府提供全面的财政保障，但毕竟各地经济发展水平不一，财政保障水平也有差异，家庭教育投入还应该在满足子女的多样性教育需求方面发挥作用，如选择民办学校则需要缴纳较多的学费等[②]。由此看来，无论在哪个阶段的教育，都需要家庭教育投入的支持，对其进行优化和引导便成为教育改革与发展的重要内容。同时制约农村家庭消费的影响因素包括家庭收入、学费、父母年龄、父母受教育程度、子女个数、社会文化因素等[③]。

白晓莹等（2020）认为，教育消费相对不同主体有不同定义，如对大学生，叫拓展性教育；对在职人员，叫职业教育。随着大学毕业生就业难问题进一步加剧，众多大学生为了不断提高自己在劳动力市场上的

[①] 王甫勤、时怡雯：《家庭背景、教育期望与大学教育获得基于上海市调查数据的实证研究》，《社会》2014年第1期。

[②] 商海岩、秦磊：《城市化中的教育消费：差异、属性与影响因素》，《国家教育行政学院学报》2019年第6期。

[③] 唐静思：《教育期望中介作用下农户收入质量对子女教育消费的影响研究》，硕士学位论文，西北农林科技大学，2022年。

竞争力，开始热衷于进行除高等教育正规性消费以外的拓展性教育消费，从而提升自己的文凭和职位竞争能力。拓展性教育消费主要指除高等教育正规性消费以外的一些发展性消费，主要是学生为发展提高自己的一些课外自主消费，如考研、考取证书以及课外辅导资料书籍费用等。①

李源（2020）认为，在新时期的教育市场中，一些群众把高等教育看作消费，高校中的学习活动被等同于消费活动。当前中国大多数大学教学活动，不论是民办，还是公办，都需要学生支付一定费用，这种付费行为被认为与消费者用钱买东西是一样的道理，教育消费被越来越多地提及。在高等非学历教育市场中，高校或者相关机构属于知识的供给者和加工者，学生作为消费者有接受教育的权利，而且可以自由地选择学科、教育人员以及学习场所，有权了解高校的软硬件设施条件、师资、声望、规章制度以及专业学科的体系，也能够给高校教育管理者的各种教学活动提供各种学习反馈。可是学生这种消费者与其他消费者不同，学生不仅需要在高校中学习各种知识，同时需要承担一些义务，或者是接受各种教育考核，强化学生自身的综合素养。而且在教育消费理念的冲击下，高校内部机构和设施，如图书馆，为了满足当下的教育管理环境，强化学生的知识涵养，就需要实行管理服务模式变革和创新，获得更多的基础条件保障。②

徐灿（2019）认为，所谓教育消费是指为了提高个体的素质、获得知识与培养技能，教育消费者本人或是其家庭用于教育产品的各种支出和受教育者本人智力、心力与努力的付出。教育消费通过对人口资源的初级加工，将较低素质的人口资源转化成具有一定知识和技能的劳动者，将人口资源转化为人力资源，从而为新型城镇化提供基本人力保

---

① 白晓莹等：《大学生拓展性教育消费行为调查与对策研究》，《创新创业理论研究与实践》2020年第4期。
② 李源：《教育消费背景下高校图书馆管理服务模式的转变分析》，《智库时代》2020年第12期。

障,持续性的教育消费投入能对人力资源进行深层次加工和优势开发,使以知识技能和价值为表现形式的资本不断得到积累,提升其在城镇化经济发展的人力资本投入水平,为区域经济发展注入新鲜血液。自我教育消费是将一部分收入或储蓄用于自身素质的提高、自我知识技能的提升,这是一种主动的教育消费投入,即自我的终身学习。"按照恩格斯关于人的消费需要具有三种基本类型,即生存性消费需要、享受性消费需要、发展性消费需要的论述,以及马斯洛的需要层次五阶段理论,文化消费具有生存性消费、享受性消费和发展性消费等从低到高的三个层次,其中,最高层次的发展性消费亦即意味着自我发展、自我实现。"①自我教育消费投入属于发展性消费。② 教育消费通过对人口资源的初级加工,将较低素质的人口资源转化成具有一定知识和技能的人力资源,从而为新型城镇化提供基本人力保障,为区域经济发展注入新鲜血液。

二 教育消费与教育投资

商海岩、秦磊(2019)认为,文献中较少提到"教育消费"概念,一般用"教育支出"来代替。事实上,从物质消费的方式上可以将教育支出分为教育投资与教育消费。按照萨缪尔森的观点,教育投资是对教育设施、教育公共品和公共品的投资,具有收入回报的特点。当然,也有文献认为教育投资应该包括对人的投资,也就是教育消费应该属于教育投资。应该承认,教育消费不同于一般的消费,的确会通过人力资本获得回报,有类似投资的性质。但是教育消费毕竟是一种依托于教育设施的服务消费;而教育投资则是教育设施的购置,双方具有本质的区别,因此,不能将教育服务消费归为教育投资。马克思对教育服务支出

---

① 徐灿:《农村居民自身教育消费现状及其影响因素分析——基于湖南省视野》,《湖南科技学院学报》2019年第3期。
② 徐灿:《农村居民自身教育消费现状及其影响因素分析——基于湖南省阈视野》,《湖南科技学院学报》2019年第3期。

提了明确的概念，认为教育服务支出是一种消费，这种消费与报纸的订阅、音乐的欣赏一样，是属于精神产品消费的一种。教育消费本质上是一种针对教育服务的消费。教育过程是人力资本高度投入的特殊性服务过程，具有三个方面的特性，即教育物质消耗性、精神服务属性以及与一般消费的互补性。在市场经济中，教育消费的支出一般由私人部门承担，但是公益性、外部性的教育消费则由公共部门承担，中国目前实行的义务教育服务消费就是由公共财政负责支出。①

三 教育消费的属性

划分必需品和奢侈品的依据是消费的收入弹性，其中，奢侈品属性收入弹性大于1，必需品属性收入弹性小于1大于0。奢侈品消费与生存关联不大，但是一般开支的数额相对必需品要大一些。这里将教育消费的奢侈品属性定义为精神享受的教育消费，其目的是教育消费主体能够生产出匹配身份地位的精神文化。林晓珊认为，作为城市中产阶层的居民，因为工作机会的稀缺而产生"地位恐慌"，选择了奢侈品属性的教育消费，目的是通过精神产品消费，一方面提升家庭成员的素质，另一方面激励家庭成员奋斗。在快速城市化的进程中，家庭在子女教育方面不再拘泥于"望子成龙"式的技能教育消费，教育消费的奢侈品占比正在逐渐提升，比如当前一些"素质教育"项目在蓬勃发展。

必需品属性的教育消费是一种为了生存和工作通过系统化的教育掌握技能的消费。在城市化进程中，分工从供给和需求两个角度推进了教育的必需品属性消费：一是分工推动了新型人力资本的形成，新知识的生产者又不断催生新的教育服务提供者，为新劳动力提供更高质量的教育服务；二是分工提高了收入水平，当工作机会按照教育水平高低的顺序进行配置的时候，又促使家庭将更多的收入投入教育消费竞赛，推动

---

① 商海岩、秦磊：《城市化中的教育消费：差异、属性与影响因素》，《国家教育行政学院学报》2019年第6期。

社会教育消费的必需品消费。Duncan、Vernon（1999）①和 Lasonen（2009）②提出城市化推进教育消费的观点，演绎出城市推进分工，提升了教育消费的理论框架，指出城市化在教育消费中具有一定的推动作用。俞林等（2017）则从新生代农民教育消费实证入手，不仅考察了城市化对教育消费的影响，还进一步指出城市化中教育消费风险感知的调节效应。③ 教育消费是一种高度专用性的服务消费，对其风险的关注符合服务消费的一般规律。吴玲萍等（2018）分析了收入差距对教育消费的影响，指出低收入家庭的教育消费占比较高，反映了教育消费的刚性需求。④

从社会的发展趋势来看，城市是在不断进化的，表现为城市中工作的人不断地提高生产力，获取更多的剩余时间，去享受更多的精神产品。在教育消费方面，精神享受的教育消费比重不断提升是一个必然的趋势。总之，城市化水平提升了教育竞争的程度，促进了教育消费的分化，教育消费是居民一项重要消费，是家庭人力资本形成的重要渠道，也是家庭提升就业质量、享受美好生活的重要渠道。中国正处于提升生活质量、提高劳动生产率的关键时期，重视教育消费、提前布局教育消费已经是当前迫切的任务。⑤

刘湖（2011）认为，研究型教育消费是教育消费者在现有知识存量的基础上，通过研究型学习，探索和创造新知识的消费⑥。研究型教育

---

① Duncan Black and Vernon Henderson, "Theory of Urban Growth", *Journal of Political Economy*, Vol. 107, No. 2, 1999.

② Lasonen J., "Intercultural Education: Promoting Sustainability in Education and Training", *Work, Learning and Sustainable Development*, Springer Netherlands, 2009.

③ 俞林、许敏、赵袁军：《新型城镇化进程中新生代农民工职业教育消费意愿驱动研究》，《成人教育》2017 年第 8 期。

④ 吴玲萍、徐超、曹阳：《收入不平等会扩大家庭教育消费吗？——基于 CFPS 2014 数据的实证分析》，《上海财经大学学报》2018 年第 5 期。

⑤ 商海岩、秦磊：《城市化中的教育消费：差异、属性与影响因素》，《国家教育行政学院学报》2019 年第 6 期。

⑥ 刘湖：《我国教育消费合理化问题研究》，《消费经济》2011 年第 4 期。

消费不同于高等教育消费，研究型教育是教育部门利用现有教育资源，为实现科技创新、培养创造新知识的研究型人才而实施的研究型教育。人力资本和科技创新是影响一个国家和地区产业结构升级的重要因素，随着技术密集型和创新驱动型经济的发展，研究型教育消费将逐渐成为一个国家和地区企业发展、产业升级的重要推动力。1960 年，Schultz 最先提出教育具有消费属性和投资属性的双重性质。① Kindleberger（1986）认为教育是对文化产品的消费，但也可以看作是对生产能力以及未来消费能力的投资行为。② 余秀兰（2000）认为教育消费是一种投资性文化教育消费，根据消费经济学的观点，教育消费是对社会文化产品以及精神财富的使用和享受，而这种消费可以给消费者带来经济收益和非经济福利。③ 田芯、董震（2012）认为教育消费是指居民消费与教育相关的服务与产品的支出，既包括作为学生在校的消费支出，也包括成人为了获取和更新自身技能而进行继续教育的消费支出。④ 陶美重（2007）根据教育消费的主体将教育消费分为广义和狭义两种，广义的教育消费既包括教育消费者用于获取知识和技能的货币支出，这种类型消费的主体是居民个人，也包括公共财政对教育经费的投入，这种类型消费的主体则是政府；狭义的教育消费则仅指教育消费者用于获取知识和技能的货币支出，是一种私人行为。⑤

四　高校非学历教育消费界定

综合已有教育消费研究文献，结合调研和实践，可对教育消费作出

---

① Schultz T. W. , "Investment in Human Capital", *The American Economic Review*, Vol. 51, No. 1, 1961.

② Kindleberger C. R. , "Development of Economy", *Journal of Economic Literature*, Vol. 24, No. 4, 1986.

③ 余秀兰：《略论教育消费》，《高等教育研究》2000 年第 3 期。

④ 田芯、董震：《论我国教育消费的社会认同》，《东北大学学报》（社会科学版）2012 年第 6 期。

⑤ 陶美重：《论教育消费的本质》，《教育与经济》2007 年第 4 期。

相关界定。

(一) 学科视野中的教育消费

1. 教育学中的教育消费

根据教育部《学科分类与代码》，教育学一级学科下设教育经济学二级学科。教育能把可能的潜在的生产力转化为直接现实的生产力，是劳动力再生产和提高的重要手段之一，是提高经济效益的重要前提，也是经济发展的重要因素，它能够为社会带来巨大的经济价值，它还可以生产新的科学知识、新的生产力。对于更多由私人出资、学习者付费的高校非学历教育而言，它主要通过消费实现教育功能，服务经济社会发展。

2. 经济学中的教育消费

教育经济是指教育投资的有效利用及其经济收益。在经济大发展的客观需求作用下，人们逐渐意识到教育对经济发展的重要作用，认识到教育是加速经济增长的一个重要的甚至是决定性的因素。在发挥消费对经济增长基础性作用过程中，教育消费事实上发挥着重要作用。在生产端推动人才、技能、技术的供给，在需求端拉动系列消费，包括服务消费和商品消费；并对宏观经济目标的实现发挥直接作用，比如通过教育消费促进充分就业。还对高质量发展、新发展格局构建、新质生产力培育发挥重要作用，比如促就业、改善就业质量、促进人才和人力资源流动能够更有效地推动经济大循环。

3. 教育经济学中的教育消费

教育经济学也被视为研究教育和经济之间关系的经济学分支学科，研究对象是教育在经济和社会发展中的作用、教育投资的有效利用及其经济收益；是介于经济学、教育学、数学之间的边缘学科、交叉学科。研究内容主要有：(1) 教育的"生产性"；(2) 教育投资与国内生产总值、国民收入、财政支出之间的比例关系；(3) 教育投资在各类教育内部结构中的合理分配；（4）教育投资的经济效益①。经济是供给和需求的平衡，需要通过教育消费拉动和平衡教育供给。

4. 教育经济与管理中的教育消费

一般认为，教育经济与管理是一门新兴的边缘学科与交叉学科，属于社会学科范畴，是公共管理一级学科下的五个二级学科之一，主要是运用教育学、经济学与管理学的理论和方法，研究教育与经济的相互关系及其变化的发展规律，研究教育领域中经济投入和产出规律、教育消费的跨越式发展，以及研究教育发展中的管理规律的科学。教育是供求平衡、生产和消费均衡的结果，既需要对教育供给、教育消费进行管理，也需要对教育服务、教育理性消费进行管理。

（二）教育消费的内涵与外延

教育消费是指人们接受教育部门提供的各种服务，及对与教育相关生产制造部门提供的教育消费品的消耗。如上培训班是教育服务消费，购买学习用品是对教育产品的消费。广义的教育消费者包括国家、个人或者家庭、企业，其中，国家或者企业通过教育提供培养的人力资源或者人才进行教育消费，是一种间接消费行为，而个人或者家庭对教育既可以是间接消费，也可以是直接消费，比如对于出资的家长而言是间接消费，对学习者子女而言是直接消费。从最终受益者来看，归根结底，个人或者家庭、企业服务于国家，因而国家才是教育的最大消费者。同时，从出资来看，教育更多进行公共投入，在这个意义上，国家也是教育的最大消费者。

狭义的教育消费仅指个人或者家庭进行的教育消费，消费产生的效用是知识、技能增长，实现人才素质提升或者提高生活素养，愉悦身心，前者如技能培训，后者如舞蹈培训。对比广义的教育消费和狭义的教育消费，后者更加具有一般意义上的消费特征，比如更多由学习者付

---

① 何盛明主编：《财经大辞典》，中国财政经济出版社1990年版。

费，由消费者选择，更多是个体经济行为。鉴于教育消费当前在中国居民家庭消费中的较大比例，以及长期居高不下，需要对其消费性质、特征、行为、过程、后果等进行评价。

（三）高校非学历教育消费的内涵与外延

高校非学历教育消费除了具备一般的教育消费内涵，还有自己的特殊内涵。学历教育和非学历教育是高校教育发展的"一体两翼"。据2021年颁布的《普通高等学校举办非学历教育管理规定（试行）》，高校非学历教育是指高校在学历教育之外面向社会举办的，以提升受教育者专业素质、职业技能、文化水平或者满足个人兴趣等为目的的各类培训、进修、研修、辅导等教育活动。社会公众以私人出资或者公共投入方式接受以上教育服务就是高校非学历教育消费。狭义的高校非学历教育消费是指个人或者家庭进行的高校非学历教育消费。

第五章　中国高校非学历教育消费的评价框架

一　评价依据

消费既有国家机构和社会组织消费，也有公司和个人消费，本书更多指后者，而且基于私人花费。中国高校非学历继续教育消费评价依据也主要体现于理论和政策两方面。

（一）理论依据

1. 理论基础

（1）消费经济学

当把高校非学历教育看作一种消费形式时，它就可以被引入消费经济学进行分析。消费经济学是研究一定社会条件下，人们在消费过程中结成的经济关系（消费关系）及其发展规律的科学。消费关系的主要内容，从微观来说，包括不同居民集团以及不同消费者在消费过程中各自所处的地位及其相互关系，体现了消费水平、消费结构、消费方式等方面的差别和联系及其发展趋势；从宏观来说，包括社会消费水平、消费结构、消费方式等方面各自的发展和规律性等。[1]

20世纪20年代起持续10年的世界经济危机为世界经济的发展拉响

---

[1] 楚尔鸣：《消费经济学是一门独立的学科》，《消费经济》2006年第3期。

了警报，其中凸显出来的消费对生产力发展的制约，引出了经济学界理论新发展，其中尤以凯恩斯提出的经济学理论最为著名。凯恩斯认为"总消费量取决于总收入量，消费本身的变动被认为不具备主要影响"①。凯恩斯强调对消费需求要加以管理和调节，从而揭开了经济学发展的新篇章。然而凯恩斯的经济分析能够从宏观上、中短期解释消费行为，却在长期的和微观的消费行为上失去了准确度。1949年，美国经济学家杜森贝里提出相对收入理论，认为对当前消费产生影响的因素不仅有消费者现下的收入，过往消费水平的延续仍旧会对当前消费产生影响，进而对周围群体消费水平产生示范效应。杜森贝利相对收入假说成功完成了消费问题的研究由宏观到微观的进步。

  1954年，美国经济学家莫迪利安尼等提出了生命周期理论。他从收入与支出的角度对人生阶段作出了分类，他认为人的生命分为两个时期：收入小于消费的时期和收入大于消费的时期。收入大于消费时期有盈余，可以进行储蓄，收入小于消费时期，入不敷出，需要消费储蓄，人的一生就在储蓄与消费储蓄的过程中实现收入与消费的平衡。1957年，弗里德曼提出了持久收入理论。不同于生命周期理论以时间为分类维度，持久收入理论以收入的持续时间为分类维度：持久收入理论把消费者的收入分为暂时性收入和持久性收入两部分，与此相应产生了暂时性消费和持久性消费的概念。由于生命周期理论与持久收入理论都具有对未来收入及消费的前瞻性，因此，学界通常把二者共称为生命周期—持久收入理论。1978年，霍尔将理性预期引入了生命周期—持久收入理论中，推导出当期收入只影响当期消费，对未来消费不具备帮助作用。由于推导出消费具有不确定性，故称为随机游走理论。以学界的消费理论为依据，消费者在预算约束下将效用最大化，消费者提出自己的消费习惯及消费偏好，在满足这样的条件下，可以

---

① 教育部高教司组编，高鸿业主编：《西方经济学（宏观部分·第六版）》，中国人民大学出版社2014年版，第153页。

得出消费者的效用函数，进而推算消费者的需求函数，以此为依据研究消费者的相关消费问题。①

（2）层次消费理论

马斯洛（1943）将人的需求按从低到高的顺序进行排序，依次为生理需要、安全需要、归属和爱的需要、尊重需要、自我实现需要。② 一般情况下，较低层次的需求作为较高层次需求的基础，只有在它们得到满足后，较高层次的需求才有可能得到满足，而对于高层次需求的不断追求成为人们不断进行继续教育，提高自己能力、素养的驱动力。马斯洛的需求层次论为继续教育消费提供了重要的理论基础。

（3）终身教育消费理论

终身教育思想由法国学者保罗·朗格朗所倡导，其核心是"主张个人从出生到死亡一生的教育和个人以及社会的和谐统一"③。终身教育思想自 20 世纪 70 年代传入中国后，引起政府和社会各界的高度重视，以终身教育思想来指导并推动教育改革和实践的局面正在形成。同时，社会竞争的加剧，使更多的人重视自我发展和自我提高，终身教育观念逐渐深入人心，并内化成为一种自觉的行为和个人内在的需求。党的十八大提出了"完善终身教育体系，建设学习型社会"④ 的要求，可以说教育消费既是生产、工作需要，也是生活需要。

（4）教育投资收益理论

教育投资是一种有预期收益的投资，投资成本包括学费、生活费等

---

① 王丹：《从国富到民富：当代中国中间阶层培育问题研究》，硕士学位论文，长春师范学院，2012 年。

② 教育部高教司组编，高鸿业主编：《西方经济学（宏观部分·第六版）》，中国人民大学出版社 2014 年版，第 211 页。

③ 保尔·朗格朗：《终身教育引论》，周南照、陈树清译，王遵仲校，中国对外翻译出版公司 1985 年版，第 65 页。

④ 胡锦涛：《坚定不移沿着中国特色社会主义道路前进 为全面建成小康社会而奋斗——在中国共产党第十八次全国代表大会上的报告》（2012 年 11 月 8 日），人民出版社 2012 年版，第 12 页。

方面的直接成本和为接受目前教育而放弃收益的间接成本。教育收益是教育者知识技能、个人收入的提高和心理上的满足与成就感。本书使用的教育投资收益是指通过对相关受教育群体提供教育服务而带来的市场化、社会性收益，亦可理解为因教育而给经济社会主体带来可以用货币计量的收益。

（5）收入理论

收入影响教育消费。比如农户家庭对教育的心理期望导致了农村家庭消费的波动性显著上升，而农村社会资本网络的邻里效应以及"高收入水平—高教育水平—子女高收入水平"的代际交叠效应明显催化了农村家庭对教育的较高心理期望。农村家庭非理性的教育消费支出有可能将重新导致家庭经济的脆弱性并一定程度上抵消农户扶贫政策效果。因此，深入探究心理期望视角下农户家庭收入水平与其教育消费支出之间的关系，对于供给侧结构性改革视角下农村地区如何通过教育扩展和教育水平提升以缩小收入差距，丰富和发展以内需驱动的乡村振兴战略提供客观和具体的逻辑依据。

（6）人力资本理论

18世纪中叶，欧洲推行产业革命，之后整个人类历史进入到大工业时代，在此期间生产力也发生了根本性的变革：机械化生产替代手工生产，科学技术的发展替代传统工艺，专业技术培训替代师徒传教。人们掌握的知识、技术等能力因素在生产中愈发明显。当时古典经济学较为流行，开始研究劳动者在生产过程中起到的作用，进而分析教育对当时生产力的发展和财富获取的意义。英国古典政治经济学的奠基者亚当·斯密1776年首次提出：人的才能与其他任何种类的资本同样是重要的生产手段的观点，他还对人的经验、知识和能力在生产财富中的重要作用进行了详细的分析，并据此指出："学习一种才能，须受教育，须进学校……学习的时候，固然要花费一笔费用，但这种费用，可以得以偿还，赚取利润"①。

萨缪尔森指出，资本是一种产生出来的生产要素，一种本身就是经济产生的耐用投入品。经济学界普遍认同这样的观点：能够用于生产、再生产、提高生产效率的物质均称之为生产要素。舒尔茨认为，生产要素不仅包括土地、劳动力、物质资本，而且还包括人力资本。人力与物力的结合，可以促进生产力的提高。舒尔茨第一次从宏观角度提出了教育是经济增长的源泉和缩小收入差别的手段。他认为通过教育可以使人类习得技能，传承知识及经验，能够提高个人劳动熟练度，从而获得更高的报酬，减弱社会分配的不公平。舒尔茨认为个人收入的增长和收入差别缩小的根本原因是人们受教育水平普遍提高，是人力资本投资的结果。教育对个人收入的影响主要表现如下：首先，受教育年限的长短在普遍意义上决定了工资的差别。较长时间的教育能够使得工作者具备更加专业化的技能，具有更加稀缺的价值，从而可以取得更高的薪酬；其次，义务教育的实施，在普遍意义上削弱了贫富差距。舒尔茨认为随着义务教育普及年限的延长，随着中等和高等教育升学率的提高，社会个人收入不平衡状况将趋于减少。

从现实来看，教育确实是和人力资本直接挂钩的因素，随着信息时代的发展，教育对经济增长的贡献，将越来越显著。教育对经济有着短期的直接贡献，这主要表现在随着教育的必要性以及社会对教育的需求，我们不断在教育中增加的投资，在投资乘数的作用下，短期就表现出拉动经济增长，促使产业发展，获得良好经济回报。作为学生来讲，对自身进行各方面的投资，通过教育为自己未来进行规划，可以很直观地获得回报。考虑人力资本理论对教育消费的影响，可以帮助我们更好地理解现在选择性教育消费的种种问题及现象。②

---

① ［英］亚当·斯密：《国富论》，郭大力、王亚南译，商务印书馆2014年版，第289页。
② 师鸽：《普通高中学生选择性教育消费研究》，硕士学位论文，河南师范大学，2019年。

亚当·斯密认为教育让人们学会并熟练技艺，同时也隐含着教育的回报来自顾客对各种工艺制造产品的消费所带来的利润。凯恩斯提出消费函数的概念，将人们对影响消费因素的感性认识推向理性测算。以舒尔茨等人为代表的人力资本理论学者明确指出，教育具有提高劳动生产率、培养经济发展所需人才的生产功能。舒尔茨明确指出所有这些研究都忽略了教育的消费性价值，对教育这方面的收益所做的估计都低估了教育的真实价值。相关的研究主要源于西方国家。中国作为经济增长最为快速、教育规模急剧扩张、消费结构更新最为剧烈的国家，非学历继续教育应该得到应有的关注，但国内关于这方面的理论及实证研究还主要依从于西方，缺乏自己的独特创见，还没有真正开创中国特色非学历继续教育研究新思路、新模式、新气象，相关的学科体系、学术体系、话语体系缺乏建构。

（7）教育消费主义

教育消费主义是消费主义在教育领域的体现，即社会大部分成员崇尚将占有和消费教育商品与服务的符号象征意义作为自我价值取向标准的价值观念和行为方式。在教育消费主义盛行的社会里，社会成员判断教育是否合理、成功，是站在对教育这样一种商品与服务消费是否满足个体欲望，而不是社会发展的需要，并且这种判断成为社会成员的主流意识。教育消费主义的特征主要体现为：在教育决策方面，将社会个体接受教育的过程看作消费商品的过程；在处理教育所涉及的人与人的社会关系时，遵循市场交换的原则。在价值判断方面，单纯以教育的经济价值作为评价教育的依据。总之，持教育消费主义观念的人认为接受教育同买卖商品没有太大区别，二者具有相同的本质，那就是交换。

美国教育消费主义盛行，消费主义是当今美国文化研究里经常出现的词语。《消费社会》的作者鲍德里亚认为，消费构成当下资本主义社会的内在逻辑，在消费社会里，生活中的一切都成了消费品，教育也不例外。消费主义属于一个社会的社会风尚和生活方式问题。现代意义的消费主义就是起源于美国。消费主义在美国教育领域同样盛行。美国社会学教授德鲁奇在美国东部一所公立大学曾做过一个问卷调查，这个调查有力地证明了教育消费主义在美国的盛行。他问被调查的学生是否同意这样的说法："如果我自己付钱上大学，我就有权利从这个大学得到学位。"结果是大多数的学生同意，一部分的学生不很肯定，只有极少的学生认为这样的想法不对。德鲁奇又问："假如有一门课你明知不能学到什么东西但肯定能得到学分，你会不会选这门课，"大多数学生说他们肯定会选，只有少数学生说他们也许会选。另外，在德鲁奇的调查中，高比例的学生认为他们能否在课堂上专心听讲完全取决于教授的讲课内容是否生动有趣，而不是教授的学术水平以及对学生的责任心和严格要求等。①

（8）影子教育

广义上的影子教育包含一切学校教育之外可以增加学生成功机会的教育活动。这种宽泛的表述没有限制影子教育的教育主体，没有与学校教育公共服务因素的影响分离，进而存在掩盖影子教育不平等问题的状况。狭义上的影子教育则可定义为私人机构提供的各种教育活动。简而言之，影子教育特指由私人提供的学校科目补习且需要额外经济支出的教育活动。这种以个体付费且自主选择为特征的教育服务，不仅具有不利于社会流动的社会再制功能，也有悖于义务教育对教育公平理念的贯彻，因此便与社会公平话题联结在一起。随着影子教育的发展，其运作理念和成果正逐渐进入主流学校教育系统，甚至已成为影响学生学业成绩的重要因素。另外，影子教育的过度市场化、缺乏监管等问题相继出现。影子教育是在学校教育难以满足学生的教育需求时应运而生的，但现实中的影子教育不仅没有扮演好补充学校教育和促进学生发展的角色，反而给学生带来了压力，给家长造成了负担。一方面，影子教育已

---

① 封喜桃：《从美国教育消费主义看我国成人教育发展》，《成人教育》2007年第3期。

然成为公众讨论教育问题的众矢之的；另一方面，影子教育仍然热度不减，各种校外培训依旧开展得有声有色。可以说，消费社会对内在紧张的不断挖掘与对外在需求的持续包装，使得这种矛盾局面成为可能。作为一定的公共教育服务私人化的推手，影子教育与学生发展、教育公平以及社会流动等问题密切联系，而影子教育的发展形势已从"公开"转变为更加隐蔽的"地下"，类型越发多样且费用也日趋高昂。事实上，对影子教育的抑制化、问题化以及污名化，不仅难以解释影子教育问题的实质，也无法走出影子教育所引发的教育问题乃至社会的现实困境。而在消费主义充斥社会生活的当下，厘清消费社会建构下的影子教育以及其中教育参与者的行动样态就显得尤为重要[1]。

（9）教育空间理论

基于对空间的知觉和感觉，部分教育研究者转向了教育空间的研究，生产方式和教育活动方式在学校等物理空间中形成独特的空间体验，从而影响教育消费。理解教育物理空间特性才能准确地分析与阐释物理空间中的教育活动过程与现象。布迪厄认为教育空间要义在于其内涵一定不能只集中在有形有色的建筑物上或仅仅落在教师与学生身上，而是既有区位，又有区位负载的其他空间关系。教育空间集中体现了理解、体会和评价国家或地区教育制度，区域教育历史与传统，统治阶层与社会组织的教育力量和态度，以及决定其发展的政治与经济条件。可见，教育空间是社会空间及其综合影响的结果，教育空间形成过程是一种"社会—教育"作用过程；学校负载着社会关系和社会规范建构，学校空间建构中充满民间社会力量及文化与超地方政权的互动关系；互动关系形成固定物理空间、半固定人际与知识空间和不固定的体验与文化空间三部分，继而形成内向性教育和外向性教育空间，内向空间包括了所有教育活动直接参与者的空间，学生免受外部社会不良影响；外向空

---

[1] 吴彦彤：《影子教育的消费社会建构》，《教育理论与实践》2021年第1期。

间是由家庭、校外教育培训机构和各类社会公共教育场所等组成。因此，教育空间是城市空间的重要组成部分，物质形态上是各类学校群落，这些空间受到文化、经济、政治和社会的空间锻造与钳制。物理形态教育空间与教育实践活动、学生社区与城市产业区等相互作用，形成教育空间的经济与文化社会场域。

学校教育活动是社会运行的教育秩序，已成为社会生产规律，因而不会被随意地放弃或轻易变革。列斐伏尔指出空间是社会的产物，空间是既包含传统物质资料生产，又涵盖了社会关系生产的特殊生产要素。教育空间既有物理层（自然环境、建筑、设施等物质元素组成），又有社会层（教师、学生、家庭、邻近社区等构成日常生活关系），而且还有权力层（物理层的设计、建设与运维的国标，社会层遵循的政治制度与法律等）；既是封闭的（拥有门禁与围墙的校园、相对独立的运作体系等），又是开放的（与家庭、邻近社区、隶属城市或省政府互动）。教育空间的生产与消费是人类教育活动运行关系中密切相向的一体两翼，随着城市各类形式教育空间不断涌现，城市对教育空间产出的人才、创新与文化等需求日益高涨，即为教育空间消费。教育活动是一种空间存在，有特定教师—学生互动情景及其设施，遵循教育生产关系，较其他空间更具有独特的空间生产逻辑。相比基础教育学校空间，高等教育学校空间更容易受所在城市的区位及自身办学层次与学科结构影响，其生产与消费活动更加鲜活。

空间不只是社会发展的静止容器，它还鲜活地参与社会历史发展过程。教育空间既弥漫着教育活动主导的社会关系，又不断孕育新型教育社会关系。当人类教育活动还未形成一种独立的社会分工与空间场域时，教育空间也就没有受到范围、形式及标志性建筑的限制，教育活动没有场所、时间、政治等方面限定。因此，现代学校出现以前的教育活动及其场所，可归为原始教育空间；它与近代以来学校为代表的教育空间形态示意性、规制性相比，具有自由与拓展特征。现代学校是传承人类文明的"知识生产系统",学校承担着将不同年龄段人群与社会体系整合的重任。于是,现代学校尤其是高等教育空间往往拥有区隔于社会的规范和法则,既强化教育空间的独特逻辑秩序,又通过开放围墙使社会规则渗透至教育空间。纵使城市或区域对教育活动各方面需求波动不稳,现代大学仍与城市或区域经济社会相互影响。由此,大学校园与社区无疑是城市发展战略资源,大学生是城市未来公民和高技能阶层。他们不仅保持城市经济活动多样性,也是多元文化与娱乐设施的消费者。学生流动性是提升城市或地区之间的社会凝聚力的重要媒介,但是大学校园与学生社区的信息通常很少,学生社群是一个无形人群,在地方政策中被赋予很小的发声空间。大学和城市规划者之间缺乏主动沟通,仅有学生成为问题源头的时候才关注城市与大学、学生社群的关系。[1]

(10)符号消费理论

大约从2016年开始,符号消费重新成为教育研究的热门视角。[2] 与上一阶段对高等教育符号属性进行整体探讨有所区别,当下的研究进一步下探到教师、课程等层面。如张冬梅、张欣(2021)对高校教师荣誉的符号生产与消费进行了释义。[3] 操太圣(2020)通过讨论大学教育价值中的符号崇拜,揭示出"水课"产生的深层根源。[4] 还有学者研究了学生符号消费意蕴,当下学生消费观呈现出符号表征。符号消费不仅指消费产品本身,而且消费产品所象征和代表的形式、氛围、层次等,即通过对产品所代表的符号意义的消费,来表现个性、品位、生活风格、社会地位和社会认同。改革开放以来,青少年的消费观念发生了明显的

---

[1] 马仁锋、周小靖、窦思敏:《城市教育空间的生产与消费》,《宁波大学学报》(教育科学版)2020年第6期。

[2] 陈振中、颜印华:《消费社会的教育作为——改革开放以来我国教育消费研究述评及展望》,《中国教育科学》(中英文)2021年第5期。

[3] 张冬梅、张欣:《"帽子"缘起:高校教师荣誉的符号生产与消费》,《重庆高教研究》2021年第6期。

[4] 操太圣:《符号崇拜:消费主义文化视野中的"水课"批判》,《江苏高教》2020年第5期。

变化。受消费主义思潮的影响,大学生开始了从物的消费向符号消费的转变。① 具体来看,青年学生借助服饰、电子产品等为代表的日常消费品,以及旅游、影视、网络游戏等热衷的生活方式来展示和表达自我的符号系统。梁维科(2015)认为,智能手机品牌的选择是青年价值观在消费方式和审美品位上的集中体现②。朱强、张寒(2019)认为海外代购活动折射出把自我满足和精神至上放在第一位的消费主义开始流行。③

2. 近年中国教育消费理论分析

近年,中国学者对包括高校非学历教育在内的教育消费展开了较多研究。如王丹(2012)认为,教育投资起源于《国富论》中阐述的教育资本价值,即劳动力在接受过教育后,往往在生产中会产生较高效率。④城市存量和增量家庭都展开了一种"地位洗牌",或者说"地位捍卫行动""地位攻取行动",家庭要保护原有的地位和追求更好的生活,必须强化家庭的精神产品消费品位,激励家庭成员努力工作。从这一逻辑出发,城市化中的家庭教育消费应该分成两种属性:一种是必需品属性,是为了生存的教育消费;另一种是奢侈品属性,是为了融入城市、稳固家庭阶层品位、激励家庭成员努力奋斗的精神产品消费。

通过综合考虑教育消费的对象和教育消费的形式,可对教育消费给出分类,包括广义的教育消费和狭义的教育消费。从教育消费的对象划分,广义的教育消费的消费者包括国家、企业、个人、家庭等。狭义的教育消费的消费者仅仅指支付教育支出的个人消费者。从教育消费的形

---

① 付晓丽:《全球化背景下我国大学生消费价值观研究》,《中国青年研究》2009年第12期。
② 梁维科:《粉丝亚文化对青年消费价值观的影响——以"果粉"VS"米粉"为例》,《当代青年研究》2015年第1期。
③ 朱强、张寒:《符号消费:代购热潮下青年消费行为透视》,《中国青年研究》2019年第1期。
④ 王丹:《从国富到民富:当代中国中间阶层培育问题研究》,硕士学位论文,长春师范学院,2012年。

式上进行区分，国家作为主体，国家财政承担义务教育阶段的全部经费，承担高等教育阶段的部分经费，以此来为国家各部门和社会各界培养政治和经济等领域的优秀人才，从而促进中国综合国力的增强和整个社会的进步。个人作为主体，接受教育培训，可以进一步提升中国经济消费水平、提升国民素质等。教育消费属于精神文化消费，在消费经济学中被定位为消费中的服务。因此得出的教育消费包括学生在受教育阶段的货币支出，还有选择继续性教育或拓展性教育来提高自身在就业市场上的竞争能力的货币支出。本书中的教育消费是指为了获取知识和技能，受教育者本人在教育领域的各种货币形式支出。

选择性教育消费。北京大学课题组将教育消费定义为选择性教育消费和非选择性教育消费，选择性教育支出＝赞助费（择校费）＋课外学习班费用＋家教支出，非选择性教育支出＝学杂费＋书本文具费＋衣食住行等教育消费。魏新和邱黎强（1998）把教育支出分为基本教育支出、扩展教育支出、选择性教育支出三类。基本教育支出是指学生求学期间所需要支付的在学校期间的必要花销，扩展教育支出是指目的性明确的家教费用、补课费、培训班费用、课外书籍费用、辅导班费用等，选择性教育支出是指学生为了受到更好的教育而支出的捐资费、择校费。可将选择性教育消费认定为：（1）学生为获取更加优质的教育资源向学校提交的赞助费（择校费）；（2）以提高学业成绩为主要目标培优或补差活动导致的课外补习费，主要为课外辅导费、家教费；（3）学生在教育过程中自愿付出的书本、文具费。"选择性教育消费"亦可称为择校、择教、择材料。①

中国成人教育领域存在教育消费主义倾向。很多中国人不愿意用"教育消费主义"这样的词语来描述中国成人教育的整体状况，认为这样的评价过于尖锐或苛刻，这从一个侧面反映了"教育消费主义"正在

---

① 魏新、邱黎强：《中国城镇居民家庭收入及教育支出负担率研究》，《教育与经济》1998年第4期。

中国教育优秀文化传统中寻求生存与蔓延。第一,"买卖"问题严重。在成人教育领域,存在用钱买教育证书的现象。人们往往认为高质量的教育应该是高消费的教育,而高消费的教育必然带来高质量的教育,通过高消费的教育得到的证书是有价值的。因此,许多人心甘情愿地用钱来换可能的"最有价值的证书"。第二,将就业与升职作为接受教育的唯一动机。目前中国学历教育主要有自学考试、函授教育和正规学校教育三种教育形式,函授教育是最具有消费主义色彩的。作为中国特色教育的自学考试改革中,将地方自学考试逐步纳入全国自学考试,可以说是一定程度上抵制了教育消费主义在中国的快速蔓延。但是,自学考试学生作弊现象仍然是令政府十分头疼的一个问题。而在成人非学历教育领域,消费色彩则更加浓厚。

马仁锋等(2020)认为,人力资本作为城市发展的重要性决定因素,要求城市给予大学和学生社区积极政策。[①] 国家或地区教育规划往往忽视该问题的"城市"维度,未关注人力资本的高度流动性,并且需要城市积极吸引与服务。大学及高等研究机构已被认定为人力资本形成和科学知识生产增强区域发展的决定因素,但是鲜有城市将大学和城市文化/人力资本生产联系转化为战略共同点,继而服务大学校园、学生社区和城市之间的所有接触领域。新型社会经济环境,需要增强城市与大学、社区之间的协同性,创造知识提升大学服务城市竞争力的能力。但这种依赖性不是单向的,大学与学生社区日益嵌入城市专业化分工,显然大学所在城市的企业和风险投资者是学校与学生社区各类日常活动的主要赞助者之一。

作为当代城市关键节点的大学与学生社区,日益成为城市社会经济发展"问题"的响应源,无止境的知识生产追求成为大学与学生社区的主要任务之一。谨慎的城市规划会让大学校园与学生社区进入良性的发

---

① 马仁锋、周小靖、窦思敏:《城市教育空间的生产与消费》,《宁波大学学报》(教育科学版)2020年第6期。

展循环，最具吸引力的路径是让大学与学生社区更好地发挥教育和研究作用，形成城市创新与人才集聚"磁铁"，这有利于培育更具吸引力的城市氛围，最终成为城市经济社会稳定的"增长引擎"。如何促进大学校园、学生社区与参与城市发展的相互作用，成为制约以大学校园及学生社区为内核的教育空间与城市系统互动过程的平衡难点。大学与企业有直接联系，如大学服务于私营部门的技术开发、技术咨询和人员培训等，会成为社会资源。同样，大学也聘请私营部门从业人员进行教学活动。于是，教育空间"向真实世界敞开"，提供实用的专业知识服务于企业越来越高的创新追求。企业也和它们所在城市有直接联系，因为企业创造就业机会和税收服务社区与城市，同时也要求城市提供或资助基础设施。显然，以高等教育机构与学生社区为核心的教育空间和城市之间的联系，往往发生在作为"城市品牌"的大学校园中，于是教育空间直接或间接参与城市动态竞争力的培育。高等教育往往"嵌入"城市创新经济，提升城市人力资本的社会资本，影响城市决策和本地企业生产力，甚至以涓滴效应影响社区发展。这些互动过程不仅仅是机构之间，更是大学教师、学生和企业家、居民等不同行为主体之间的交织。换句话说，基于相互承认、对话、合作实现的"一体化"互动构成基础制度，将有助于教育空间推动城市可持续发展。[1]

青年学生消费文化从某种程度上来说，凸显了当代青少年强烈的主体意识和行动取向，即在个体消费过程中将具体的物作为表达与传递符号价值的媒介，生成关于自我的身份标签及关系意义系统。如青年学生借助符号消费活动建构自我认同青年学生的消费活动，不仅意味着花钱买实用性的东西，也意味着表达与建构自身独特的社会身份，因此，要从自我认同的角度来理解青年学生的符号消费行为。陈振中、张成林

---

[1] 马仁锋、周小靖、窦思敏：《城市教育空间的生产与消费》，《宁波大学学报》（教育科学版）2020年第6期。

（2018）认为符号消费的本质是身份认同和阶层重构。① 班建武（2009）也论证了这一观点，身份认同构成了青少年符号消费的主要目的。② 除了借助符号消费活动与社会生活进行日常互动，青年学生还在虚拟世界践行着符号消费法则来建构自我认同。朱丽丽、何珂（2015）的研究发现，网游亚文化族群在对虚拟外观的消费中追求背后的符号价值，构建自我在网游虚拟世界中的角色形象与社会身份。③

3. 一般讨论

需要结合消费服务的本质、方式，对教育消费服务的特殊性进行分析。非学历教育是消费服务，既有一般服务的基本特征，又有自己的特殊性。教师是特殊的服务者，具有一些一般服务者特征，但更多的是教导者、引导者、知识传授者、分享者。由于教育还具有事业和社会属性，所以不能把老师简单地看成服务者，更应是知识权威，精神领袖。如研究生导师，是通过指导而完成服务。或者说，对服务的内涵要深化，服务不仅仅是劳务服务，提供简单的体力、手工支持，如宾馆服务员的工作，还有智力服务，即脑力劳动。不仅仅是物质服务，还有文化服务。从供求来看，供是提供服务，求是接受服务。单纯从供求无法区分服务的形式，如到底应该是"上帝"般的服务，还是平民般的服务。但根据市场权力可以区分服务形式，垄断或者市场优势地位决定服务形式。市场权力来自稀缺性，所以有供给市场和需求市场，当供给垄断时（如招生指标带来的垄断），需求方没有选择的权利，供给虽是服务者，需求方虽是顾客，但实际上，这时的顾客不再是"上帝"，垄断的供方才是"上帝"。所谓顾客为王、为"上帝"，只有在竞争市场才可能出现，这时候供方没有垄断优势。所以对于非学历教育，高校既然在学历

---

① 陈振中、张成林：《符号消费视角下当代大学生消费亚文化的建构》，《黑龙江高教研究》2018 年第 2 期。
② 班建武：《符号消费与青少年身份认同》，《教育学术月刊》2009 年第 7 期。
③ 朱丽丽、何珂：《网络游戏迷的个体心理机制：投射与补偿》，《当代传播》2015 年第 4 期。

证书、经费支持上没有优势，其作为供给者必然缺乏垄断竞争力。高校接受学员的挑选，甚至高校为获得生源，很少有挑选学员的余地，所以形成了事实上的需方垄断。特别是有些高校教育资源有限，作为供给者谈判能力弱，学员在一定程度上成为需要悉心对待的顾客。

综上所述，服务的本质是进行物质以外的供给，包括劳务、智力等，有各种服务的方式和丰富的内涵。教育及其内容通过受教育者流向市场，从而创造价值。教育育人为本，只有有了学生，教育才有服务市场的机会。或者说只有通过学员消费，非学历教育才能贡献社会。

（二）政策依据

党和国家日益重视教育和教育消费的相关问题。在方针政策方面，党的十八大就已经提出要努力办好人民满意的教育，全面实施素质教育，深化教育领域综合改革。党的十八届三中全会将推进文化体制创新作为全面深化改革的重要领域，提出完善文化管理的体制、建立并不断健全中国现代文化市场体系、构建现代公共文化服务体系以及提高中国的文化开放水平。党的十九大、十九届二中和三中全会进一步把教育消费和文化产业提到了一个新的高度。党的二十大提出继续教育要面向终身学习。要统筹好不同类型教育、不同部门教育，包括教育及其相关领域、机构的工作，如统筹好职业教育、高等教育、继续教育协同创新，推进职普融通、产教融合、科教融汇。要统筹不同学科，比如在继续巩固传统学科基础上，推进学科创新建设；加强基础学科、新兴学科、交叉学科建设。统筹不同成分教育，比如引导规范民办教育发展。围绕与高校非学历教育相关的教育消费，国家近十年来出台了系列国家政策文件。

2012年教育部《关于加快发展继续教育的若干意见》提出，要广泛开展社会生活教育。以提高城乡社区成员综合素养和生活品质为目的，开展内容丰富、形式多样的道德规范、科技文化、文明生活、休闲文化和健康教育，满足其多样化、个性化的终身学习需求，丰富精神文化生活，提高生活幸福指数。重视发展老年教育。积极开展青少年校外教育。东部地区和中心城市城乡社区成员参与有组织社区教育的比率达到60%以上，中西部地区达到40%以上。

2015年《国务院办公厅关于加快发展生活性服务业 促进消费结构升级的指导意见》提出，要大力发展教育培训服务。以提升生活性服务质量为核心，发展形式多样的教育培训服务，推动职业培训集约发展、内涵发展、融合发展、特色发展。加快推进教育培训信息化建设，发展远程教育和培训，促进数字资源共建共享。鼓励发展股份制、混合所有制职业院校，允许以资本、知识、技术、管理等要素参与办学。逐步形成政府引导、以职业院校和各类培训机构为主体、企业全面参与的现代职业教育体系和终身职业培训体系。

2018年《完善促进消费体制机制实施方案（2018—2020年)》明确提出，消费是最终需求，促进消费对释放内需潜力、推动经济转型升级、保障和改善民生具有重要意义，其中第七条更是强调要加强教育领域的消费建设。

2018年《中共中央 国务院关于完善促进消费体制机制 进一步激发居民消费潜力的若干意见》提出，要发展教育培训消费，深化教育办学体制改革，推动教育向社会开放、向产业开放。大力支持社会力量举办满足多样化教育需求、有利于个体身心全面健康发展的教育培训机构，开发研学旅行、实践营地、特色课程等教育服务产品。抓紧修订民办教育促进法实施条例，完善民办教育分类登记管理制度。

2019年《国务院办公厅关于进一步激发文化和旅游消费潜力的意见》提出发展假日和夜间经济。继续教育主要在八小时之外和双休日展开，是假日消费的重要内容。

2019年《关于培育建设国际消费中心城市的指导意见》提出，要加快培育和发展健康、养老、托育、家政、教育、培训、文化、体育、旅游、美容、养生、中医药等服务消费产业，将教育消费纳入国际消费中心城市建设重要内容。

2021年《商务部等12部门关于推进城市一刻钟便民生活圈建设的意见》提出，鼓励发展特色餐饮、运动健身、保健养生、新式书店、教育培训、休闲娱乐、老年康护、幼儿托管等品质提升类业态，将继续教育培训作为城市生活圈建设重要内容。

上述文件中，以2018年《中共中央 国务院关于完善促进消费体制机制 进一步激发居民消费潜力的若干意见》为标志，表明中国教育中的一些特定门类正被认为是服务业，接受某些形式的教育被认可为一种消费行为。该意见提出了壮大消费的七个增长点，其中教育培训消费单独作为一个增长点被着重强调。加快在教育领域和文化领域的建设，适当地鼓励和促进包括高校非学历教育在内的教育消费已成中国当前重要任务。

二 评价内容

综合相关理论，依据政策文件，可确定中国高校非学历教育消费如下方面评价内容。

1. 消费文化

对中国高校非学历教育消费理念、观念等进行评价，比如对从学历型消费观到发展型消费观，从数量消费到素质消费的转变等进行评价。

2. 消费条件

对中国高校非学历教育消费所赖以支持的经济发展水平，如人均产出、经济结构、城镇化水平、设施水平等进行评价。

3. 消费投入

对中国高校非学历教育消费财政支出、基建投资等进行评价。

4. 消费能力

对中国高校非学历教育消费中人均消费水平、人均收入水平、基尼系数、高中毕业生数、本科毕业生数、硕士毕业生数、教育经费占GDP

的比重等进行评价。

5. 消费技术

对中国高校非学历教育消费技术应用及消费技能等进行评价。

6. 消费行为

对中国高校非学历教育消费动机、表现等进行评价。

7. 消费水平

对中国高校非学历教育消费水平进行评价，比如对注册人数、（毕业）人数、人均受教育年限等进行评价。

8. 消费质量

对中国高校非学历教育消费满意度、先进性、适用性、针对性、利用程度等进行评价。其中先进性相对于国内标准或国际标准。

9. 消费结构

对中国高校非学历教育消费的结构状况进行评价。比如生存型消费占比，可用仪器、衣着和居住类消费支出占八大类消费支出的比重衡量；发展型消费占比，可用家庭设备用品和交通通信消费支出占八大类消费支出的比重衡量；享受型消费占比，可用文教娱乐和医疗保健类消费支出占八大类消费支出的比重衡量。

10. 消费环境

对中国高校非学历教育消费经营环境，包括运营基础、虚拟运营环境、教育经费支出、设施分布、互联网普及率、品质管理、诚信管理等进行评价。其中互联网普及率可用互联网上网人数占总人数的比重衡量，品质包括产品品质、服务品质，诚信包括守法行为、履约能力、诚信经营。

11. 消费贡献

对中国高校非学历教育消费服务城镇居民再就业，服务农民技能水平提升，服务非农转化，服务脱贫攻坚或者乡村振兴，服务农民工进城，服务创新，服务创业，服务产业转型升级，服务产学研一体化，服务边境安全等进行评价。

12. 消费潜力

对中国高校非学历教育消费未满足的消费、可激发的现实消费等进行评价。

三 评价维度及指标体系

对高校非学历教育消费的评价暗含在相关学术研究和政策文件表述中，笔者搜集近年文献，对这些评价逐条进行主题词编码，以获取学界和政策界所关注的评价维度和指标。初步得出200多个编码。然后再对这些编码进行归纳整理（见表5-1），共得出14个维度，包括消费主体、消费文化、消费行为、消费矛盾、消费环境、消费结构、消费规制、消费市场、消费国际化、消费动因、消费发展、消费空间、消费风险、消费效应。表5-1指标栏中包含有重复或者意思类似的评价项，但它们来自不同的评价者或者文献，重复或者同类评价项越多，表明该评价项越受关注、重要性越高。

表5-1

编号	维度	指标
1	消费主体	消费主体（者）、机构
2	消费文化	消费理念、消费目标、庸俗消费观、素质消费观、师生关系（教育消费独有的一些内容）、教师权利、"教育消费"教育、消费心理、消费价值
3	消费行为	功利化、非理性、消费困境
4	消费矛盾	教育目的和消费目的的矛盾、现实和期待矛盾、教育严肃性和消费随意性矛盾、学历和非学历教育属性矛盾
5	消费环境	就业环境、消费设施—图书馆、教育投入、财政职能、消费信贷

续表

编号	维度	指标
6	消费结构	消费结构、消费结构升级
7	消费规制	规制、消费监管
8	消费市场	消费市场、消费选择、农村消费、消费多样化
9	消费国际化	贸易性、来华国际消费服务体系、专业设置、消费支出、消费满意度、消费带动、评价
10	消费动因	城镇化因素、收入因素、社会动因—地位提升、社会动因—阶层背景、社会动因—选择性倾向、城市化因素、影响因素、消费支出
11	消费发展	区域平衡、消费的层次基础、消费的可选择性、消费公平性
12	消费空间	消费空间、消费区域
13	消费风险	消费风险
14	消费效应	正效应—服务城市发展、正效应—教学实践促进、正效应—学科促进、正效应—教育学促进、正效应—经济拉动、正效应—生活促进；负效应—致贫效应、负效应—挤出效应、负效应—负面心理、负效应—挤出效应、负效应—公平效应；中性—经济影响、中性—社会活动功能

高校非学历教育消费与一般产品和服务消费相比，有其特殊性，而且中国特色的高校非学历教育消费也与西方教育消费有所不同，这两类特殊性决定了中国高校非学历教育消费有其特殊的评价取向。对比前文所提出的评价框架可看出，评价范围大同小异，但其评价内容重点不同。

可对表5-1进一步调整和归纳总结成表5-2。其中消费规制体现了政策环境，故可将消费规制维度合并到消费环境维度中。消费结构属于广义的消费市场内容，故消费结构维度可合并到消费市场维度中。新的评价维度精练成12个，包括消费主体、消费文化、消费行为、消费矛盾、消费环境、消费市场、消费国际化、消费动因、消费发展、消费空间、消费风险、消费效应。

表 5-2

编号	维度	指标
1	消费主体	消费主体（者）、机构
2	消费文化	消费理念、消费目标、庸俗消费观、素质消费观、师生关系（教育消费独有的一些内容）、教师权利、"教育消费"教育、消费心理、消费价值
3	消费行为	功利化、非理性、消费困境
4	消费矛盾	教育目的和消费目的矛盾、现实和期待矛盾、教育严肃性和消费随意性矛盾、学历和非学历教育属性矛盾
5	消费环境	就业环境、消费设施—图书馆、教育投入、财政职能、消费信贷、消费规制、消费监管
6	消费市场	消费市场调配、消费选择、消费多样化、消费结构
7	消费国际化	贸易性、来华国际消费服务体系、专业设置、消费支出、消费满意度、消费带动、评价
8	消费动因	城镇化因素、收入因素、社会动因—地位提升、社会动因—阶层背景、社会动因—选择性倾向、城市化因素、影响因素、消费支出
9	消费发展	区域平衡、消费的层次基础、消费的可选择性、消费公平性、消费结构升级
10	消费空间	消费空间意识、消费区域、农村消费、
11	消费风险	质量风险、学业风险、健康风险、就业风险、收益风险和政治风险
12	消费效应	正效应—服务城市发展、正效应—教学实践促进、正效应—学科促进、正效应—教育学促进、正效应—经济拉动、正效应—美好生活促进；负效应—致贫效应、负效应—挤出效应、负效应—负面心理、负效应—非公平效应；中性—经济影响、中性—社会活动功能

值得说明的是，要得出最终评价指标体系还需要进一步的实际验证。笔者通过访谈、实地调研、专家访谈，最终完成此项工作。

第六章　中国高校非学历教育消费评价的必要性及标准

高校非学历教育消费评价作为一项开创性研究，需要依据一定的维度，遵循科学的评价流程，设计合理、现实可行的指标体系，要求对评价指标设立的必要性及标准进行详细说明。

一　中国高校非学历教育消费主体评价的必要性及标准

主体是产业或者事业的能动因素，体现为个体意义上的"人"，或者机构意义上的"拟人"，有时也叫法人。无论是生产，还是消费，都需要人，前者是作为劳动者的人，后者是作为消费者的人和作为消费服务提供者的人。生产可以一定程度上不以人为中心，甚至远离人，但消费必须以人为中心，人必须接触消费对象。生产经济在运行过程中可以不断减少人，但消费经济的运行必须有人，而且人员消费参与越多越好，这是人口与生产经济和消费经济显著不同的地方，是新时期人口对经济影响研究的重要视角和出发点，高校非学历教育消费也不例外。这里的消费主体从消费供求角度提出，既包括需求方的消费者，也包括供给方的消费机构等。高校非学历教育的消费者是学员，消费供给机构是校内办学部门及社会合作办学单位。高校非学历教育消费尤其是国际消费已经成为西方一些国家和高校的重要创收产业，更多针对国际消费者，他们兴办的教育消费服务业往往适应了国际消费者需求，充分把握了国际消费者流向。高校非学历教育消费发展需要紧密结合人口因素，发挥人和机构的主观能动性，因此主体评价很重要，包括消费主体（者）、消费机构等方面。对其评价重在消费人口特征的变动及消费组织的演变。

二 中国高校非学历教育消费文化评价的必要性及标准

要激发高校非学历教育消费，需要培育相关文化，同时高校要做好非学历教育消费供给，也需要文化转型。比如消费关系—师生关系是一项重要的文化，需要正确定位教师和学员之间的关系，并促进形成两者的良性关系。两者是教和受教、权威和跟随、引导和被引导的关系，在专业和学业领域两者地位不对等。一定程度上，正是因为这种不对等，教师才有资格成为教师，学生才应该是学生。也正因为地位不对等，才需要相应的行为规范。这和服务员、顾客之间的关系不同，顾客是为了获得消费服务，而学员是为了获得知识，以餐馆服务为例，顾客是为了满足吃喝需求，并不是为了向厨师学做饭，向服务员学服务技巧，否则餐馆就变成了培训学校。当一个人是餐馆食客时，他可能需要获得"上帝"般的礼遇，但当这个人是在厨师学校学习时，他就不再是"上帝"了，他事实上已经不是"上帝"，如果他还以为自己是"上帝"，不愿意努力学习，不仅学不到知识，老师既没办法，也没有兴趣和动力教好他。能力缺乏者就应该向有能力者学习，尊师重教，这是老师和学生之间的第一位关系；当然教师也应该关心、爱护学生，但这是第二位的，而且也绝不意味着教师除了专业授课，还要在学校无微不至"伺候"、事无巨细服务学生（或者说这种消费服务关系应该交由教学辅助人员承担，不应该由专业教师承担），因此需要正确评价消费关系—师生关系。

树立不偏离教书育人本质、有利于教育全面发展、保障求学者权益的教育消费观念很重要，因此要对消费观念—庸俗消费观进行评价。高校非学历教育是为了培养人才，不是为了获取证书、学历；是为了长知识、强技能，而不是求取一纸文凭；应追求教育本质，而不仅仅是教育的外在形式，因此需要进行消费动机评价。随着学历教育越来越普及，非学历教育不再过多以证书为追求目标，纯粹追求技能和素质提高成为教学和求学趋势，需要进行消费观念—素质消费观评价。在消费领域，保护消费者权益一直是热点问题；在教育消费领域，求学者的教育消费权益保护也广受关注。但与一般消费市场不同的是，作为教育服务供给方的教师，其权利同样容易受到侵害，没有一定的权利作保障，教师无法履行教育之责，需要保护他们的相关权益，而且当前已经屡屡出现教师权益受忽视的现象，急需强化教师权益保障，因此有必要进行教师权利评价。

  学校要在整个终身教育体系的各个环节开展正规系统的消费教育，这是消除盲目消费、逐步实现科学教育的有效形式。消费教育是以消费为主题而开展的教育。消费教育是关于怎样满足消费、如何消费、如何实现可持续消费的教育，是各国政府和国民都应关注的重大问题，是影响后代人生活质量的问题。开展消费教育可以促进消费者转变观念、扩大消费需求，可以增强消费者维权意识、伸张消费正义、保护消费者合法权益，可以建立文明消费方式，实现可持续消费。对一般消费应进行教育，对于教育这种特殊的消费形态，同样也离不开教育，因此需要进行消费教育评价。

  教育消费研究体现了知识界对教育消费的关注度，同时教育消费研究也是政策环境、市场动态的反映，中国知识界、政策理论界、经济实践之间一直保持着紧密的协作关系，"将文章写在大地上"就是要求理论为现实服务，理念研究和政策分析互动。教育消费理论研究能够促进教育消费政策分析，从而为有利的政策文件出台、良好的产业环境营造发挥作用，因而有必要对教育消费研究进行评价。教育消费研究评价重点评价教育消费研究是否促进了教育消费发展。

高校非学历教育消费文化评价涉及消费理念、消费目标、庸俗消费观、素质消费观、师生关系（教育消费独有的一些内容）、教师权益、"教育消费"教育、消费心理、消费价值等方面。各方面评价重点不同，如消费理念评价重在评价高校非学历教育是否在学历教育之外进一步提升学生（学员）社会适应能力与价值创造能力，在造福社会的同时实现自我发展，是否认同业余学习、在职学习、终身学习价值。消费目标评价重在评价高校非学历教育是否有利于学员技能水平提高、就业促进、素质强化；给学生带来知识技能、情感观念等素养的全面提高。消费关系—师生关系评价重在评价学生是否尊师重教、教师是否友爱关怀学生。教师权益评价重在评价《中华人民共和国教师法》等相关法律规定赋予的教师权益在高校非学历教育过程中是否得到充分保障。

三 中国高校非学历教育消费行为评价的必要性及标准

消费行为是指消费者的需求心理、购买动机、消费意愿等方面心理及现实表现的总和，其最主要的行为表现是购买，核心问题是消费者购买动机的形成。消费行为是消费研究的重要维度，也应是高校非学历教育消费评价的重点内容。功利化行为影响学习效果，不利于非学历继续教育培养水平的提高，有必要对高校非学历教育消费行为—功利化进行详细评价。非理性导致高校非学历教育偏离教育本身发展规律，学员受非理性影响不能正确对待学习过程中出现的各种问题，甚至思想意识混乱，鉴于非理性行为危害大，需要对高校非学历教育消费行为—非理性消费行为予以评价。高校非学历教育还存在一些行为怪圈，这些难以解释，甚至自相矛盾的行为不利于高校非学历教育的发展，需要对高校非学历教育消费行为—困境进行评价。

高校非学历教育消费行为评价涉及功利化、非理性、消费困境等方面。各方面评价重点不同，如高校非学历教育消费行为—功利化评价重点评价高校非学历教育和学习行为是否功利、偏离教书育人的基本宗旨。高校非学历教育消费行为—非理性消费行为评价重点评价高校非学历教育是否基于教育规律、学习条件恰当设定目标，行为是否有逻辑依据。高校非学历教育消费行为—困境评价重在评价高校非学历教育是否存在一些似是而非、自相矛盾、久因不绝、严重影响发展的现象。

四 中国高校非学历教育消费矛盾评价的必要性及标准

教育消费在中国一直饱受争议，但在实践中，人们无论承认或者支持教育消费与否，均存在认识和实施过程中的系列矛盾。要解决这些矛盾必须承认教育消费，直视具有特殊属性的教育消费，在此前提下解决系列矛盾问题。认识矛盾是解决矛盾的重要一步，因此需要对高校非学历教育消费矛盾进行专门评价。比如高校非学历教育消费相关各方都有自己的目标和利益诉求，需要正视各类矛盾，协调彼此关系，共同推动教育消费发展，有必要对消费矛盾—教育目的和消费目的矛盾进行评价。教育的现实与人们对教育的期待之间有一定的差距，需要对消费矛盾—现实和期待矛盾进行评价。教育是一项严肃而专业的事业，但消费具有生活服务和社会活动特征，教育供给和消费需求满足之间存在矛盾，因此需要对消费矛盾—教育严肃性和消费随意性矛盾进行评价。学历教育和非学历教育性质不同，且后者更加多元化，在同一所大学举办这两类教育，容易引起冲突，如果不能转变观念，执着于传统教育理念，就会极大地不利于非学历教育消费，因此需要对消费矛盾—学历和非学历教育属性矛盾进行评价。

高校非学历教育消费矛盾评价涉及教育目的和消费目的矛盾、现实和期待矛盾、教育严肃性和消费随意性矛盾、学历和非学历教育属性矛盾等方面。各方面的评价重点不同，评价标准在于高校是否为解决各类矛盾而进行努力，相关矛盾是否有可能得到妥善而长效的解决。评价内容包括这些矛盾的认识进展和解决方案。

五 中国高校非学历教育消费环境评价的必要性及标准

消费环境是指消费者在生存和发展过程中面临的、对消费者有一定影响的、外在的、客观的因素,包括自然环境与社会环境两方面,对高校非学历教育消费环境的评价重在社会方面。当前消费环境极大地制约着高校非学历教育,需要对其进行评价。比如就业环境是重要的高校非学历教育消费环境,社会如何看待人力资源,用人单位招聘录用人才和劳动力的方式,对形式上的学历证书、教育门第及实质上的人才素质、技能操守持何种看法,影响着高校非学历教育消费,因此需要对高校非学历教育消费环境—就业环境进行评价。高校非学历教育消费要防范负面的消费主义行为,有效的政府规制不可或缺,因此需要对政策规制环境进行评价。图书馆是高校非学历教育的重要设施,图书馆学习是高校日常学习的重要组成,学生从高校所获得的教育资源很大程度上来源于图书馆,所以需要对适用非学历教育的图书馆及其利用程度进行评价。

高校非学历教育消费环境评价涉及就业环境、消费设施—图书馆、教育投入、财政职能、消费信贷、消费规制、消费监管等方面。各方面评价重点不同,如对消费环境—就业环境评价重点评价人才和劳动力需求方是否重视真才实学,不唯学历文凭。教育投入评价重在评价高校非学历教育是否适应独特需要,以一定投入模式提供适当的教育供给,教育投入是否能够支撑一定的服务模式,各部门间、学历教育与非学历教育间是否能够协调资源。教育消费的财政职能评价重在评价高校非学历教育财政支出应是否公私分明,强调公共属性,淡化私人属性,服务于公共教育消费发展。

六 中国高校非学历教育消费市场评价的必要性及标准

市场能够广泛而有效地配置高校非学历教育资源,激发高校承办非学历教育的积极性,给予非学历教育消费者更多、更经济的选择。同时，需要反垄断，推行公平竞争，让广大求学者有机会学习。假如说体制内的学历教育只能让少数人获益，那么，要通过市场化的非学历教育，让更多的人获得更多的非学历教育红利。鉴于市场对高校非学历教育发展的重要性，需要对高校非学历教育消费市场进行评价。比如投入影响产出，教育的经费来源决定教育的性质，高校非学历教育经费主要来自学员自费，这一投入特征是理解非学历教育的重要视角，因此需要对高校非学历教育的收费特性进行评价。选择名校、高水平学校应该付出相应的费用，根据义务教育就学条件，某些人不大可能进入名校，但通过支付费用，往往是高额费用，他们能够如愿以偿，这相当于高校非学历教育的择校费用。这一选择性倾向在学习申请中表现得越来越明显，需要对高校非学历教育消费性质—选择性进行评价。市场是配置资源的有效手段，中国教育尤其是高校非学历教育消费资源需要改变单一的公共供给、计划调配模式，更多由市场供给，充分发挥市场的作用，因此需要对高校非学历教育消费市场调配进行评价。

高校非学历教育消费市场评价涉及消费市场调配、消费选择、消费多样化、消费结构等方面。各方面评价重点不同，如对高校非学历教育消费性质—选择性评价重在评价高校非学历教育消费是否产生教育选择的支出，包括对学校、专业、教师、场地等的选择。高校非学历教育性质—收费性评价重在评价高校非学历教育投入是否更多依赖社会投资和私人收费，而不是一味依赖财政支出。

七 中国高校非学历教育消费国际化评价的必要性及标准

消费国际化是一国消费规模扩大、发展强大消费经济的重要方式。当前中国正在建设国际消费中心（城市），高校非学历教育消费国际化应是消费中心（城市）建设的应有之义，同时高校非学历教育国际化也是中国高等教育提高发展层级、与国际接轨、打造国际竞争优势的重要举措，因此需要对高校非学历教育消费国际化进行评价。比如随着中国日益走向世界的中心，既是为了分享中国发展成果也是为了促进世界共同发展，非学历国际教育越来越重要。它既是一项国际事业，也是一类重要的国际消费贸易。世界大国同时也应该是国际教育大国，世界强国也应该是国际教育强国，这已经被美国、英国等发达国家的情况所证明。世界经验也表明，要壮大国际教育，不仅要发展相关事业，更要充分利用市场，发挥产业、消费双重作用。高校是中国国际教育的重要主体，是中国国际文化传播的主阵地，需要对其国际教育的可贸易性进行评价。

为发展高等非学历教育，应在政府、高校主导下，建立包括权益、入学、交流、就业等在内的服务体系。发达国家教育服务贸易强，很大程度上与其服务体系完善有关。例如，澳大利亚是第一个将保护留学生权益纳入法律框架的国家，并且根据不同时期的情况动态调整政策。美国的留学生网络申请系统非常便利，所有申请过程都可以在网上完成，各大学的招生官每年都会到世界各地做宣传活动、选拔优秀人才。来华留学生来自不同的国家和文化群体，如"一带一路"共建国家涉及不同的地域、宗教，留学生面临申请、语言、文化、就业等各种问题。因此，对来华国际教育消费服务体系进行评价很有必要。"加快一流大学和一流学科建设"被写入党的十九大报告，而党的二十大报告更是对中国的高等教育、继续教育、终身学习进行了部署，彰显了党中央对高等教育工作的高度重视，即应将包括非学历教育在内的高等教育纳入中国新发展格局，推进国内国际双循环。专业是促进高校非学历教育服务贸易增长的重要因素，所以需要对高校非学历教育国际教育的专业设置进行评价。中国教育要走向世界，需要对接国际教育体系，既要按照国际标准来发展，也要按照国际标准来评价，在发展中体现国际规范，因而需要对中国国际教育评价进行再评价。

高校非学历教育消费国际化评价涉及贸易性、来华国际消费服务体系、专业设置、消费支出、消费满意度、消费带动、再评价等方面。各方面评价重点不同，如高校非学历国际教育贸易性评价重点评价高校非学历国际教育贸易是否能够更多发挥市场配置资源的作用，通过发展国际消费壮大相关产业，建设国际教育强国。来华高校非学历国际消费服务体系评价重点评价高校非学历教育是否有完善的国际学员权益保障、便利的入学手续、活跃的文化交流、宽松的就业环境等。高校非学历教育国际消费专业设置评价重在评价高校是否以一流为目标，加快推进世界一流大学和一流学科建设，用国际视野、国际标准强化非学历教育专业设置。

八　中国高校非学历教育消费动因评价的必要性及标准

教育消费有其驱动因素，高校非学历教育消费以一定的时代为背景，是经济社会发展的必然产物，把握广阔的战略背景是做好高校非学历教育消费发展决策的重要一步，需要对高校非学历教育消费动因进行评价。比如高校非学历教育消费需求主要受到家庭的经济资本、文化资本、社会资本、个体特征、预期回报、高校的学费、教师素质以及财政教育经费等诸多因素的影响，需要对这些影响因素进行评价。城镇化是工业和服务业发展的结果，工业和服务业发展带来了收入水平的提高和消费人口的聚集，也推动了作为生活素质型消费的教育发展。同时，城镇化也进一步推动了工业和服务业发展，对高层次产业人力资源提出要求，从而推动了作为发展型消费的高校非学历教育发展。因而无论高校非学历教育从供给角度还是需求角度，都有其发展的城镇化因素，需要对高校非学历教育消费的城镇化因素进行评价。

收入是教育消费的基础，但消费是一个很大的范畴，包括许多层次、多个领域，收入增长可能带来整体消费的增加，但并不一定带来某个特定领域消费的增加，尤其是高层次消费，其对收入增加的敏感性在收入增长的初级阶段可能并不高，需要对非学历教育发展的收入因素进行定性和定量评价。随着知识爆炸、颠覆性创新，一些传统产业、工作岗位加速衰亡，与此同时新兴产业、全新岗位不断出现，这需要人们重新学习知识技能，学历教育后的非学历教育不是可有可无的，而是必需的，这不是为了发展，而是生存的必要。理论上一个人读完大学后虽然可以再修第二专业，但当前教育实践中并不多见，一个人大学毕业后不大可能再参加高考，因此，这种重构的知识技能学习只能通过高校非学历教育完成。随着知识爆炸、技术进步、经济社会发展日新月异，知识和技能贬值和更新速度加快，这种现象越来越多，因而有必要进行评价。学历教育往往是专业主体性教育，但在现实应用、前沿跟踪、进一步理论深化方面难以企及。学生毕业后，在后续的职业生涯中需要进一步扩充相关知识，包括专业知识、动态知识等，尤其是实际知识和技能的补充，这种补充很大程度上依赖非学历继续教育完成，因此有必要对高校非学历教育性质—扩展性进行评价。

中国有"学而优则仕"的传统观念，教育和社会地位之间有着很强的相关关系，社会地位作为比较现实的人生目标，触发了许多人参与高校非学历教育消费，需要对这一社会动因进行评价。阶层背景是一个人获得高校非学历教育的重要原动力，非学历继续教育在义务教育或者学历教育后进一步展开，尤其是高层次非学历教育，是一个人在一定基础上，对更高教育目标和人生目标的追求。也即没有一定的阶层背景，难以追求一定的非学历继续教育，因此，需要对促成高校非学历教育的阶层背景进行评价。高校非学历教育体现了一定的社会选择性倾向，是特定社会成员进行一定选择的结果，需要对这些选择性倾向进行评价。

高校非学历教育消费动因评价涉及城镇化因素、收入因素、社会动因—地位提升、社会动因—阶层背景、社会动因—选择性倾向、城市化因素、影响因素、消费支出等方面。各方面评价重点不同，如对收入因素评价重点评价收入增加是否有利于促进高校非学历教育消费。高校非学历继续教育消费社会动因—地位提升评价重在评价高校非学历教育是否有利于提高求学者的社会地位。高校非学历继续教育消费社会动因—

阶层背景评价重在评价阶层背景是不是求学者高校非学历教育消费的出发点和基础，包括经济背景、社会背景、政治背景、文化背景等。高校非学历继续教育消费社会动因—选择性倾向评价重点评价高校非学历教育消费是否遵循一定的社会选择逻辑。高校非学历教育消费支出增长因素评价重点评价收入水平、价值取向、收费制度、供给规模扩大是否促进了高校非学历教育消费支出。

九　中国高校非学历教育消费发展评价的必要性及标准

消费发展有其阶段性和过程规律，把握好发展现状是制定正确消费政策的前提。发展高校非学历教育是一项系统工程，当前中国高校非学历教育消费发展迅速，各类办学机构纷纷建立，由此也带来了扩张过快、规范不足的问题，把握历史、现状及其中的脉络，需要对高校非学历教育消费发展进行评价。如教育需要区域平衡发展，不平衡发展不利于整体教育水平提高，中国要实现不同区域高校非学历教育平衡发展，因而有必要评价教育消费的区域平衡。在社会崇尚学历文凭的背景下，求学者会优先学历教育。也就是说只有在学历教育满足，或者学历教育没有机会时，求学者才会选择非学历教育。在这个意义上，非学历教育是一种发展型消费，对个人而言是一种更高层次的消费，只有满足一定的层次性前提，它才可能发展，因而有必要对发展的层次性进行评价。当收入水平和消费能力低时，教育的可选择性弱，换言之，教育可选择性大往往意味着教育消费水平高，市场规模大。为把握教育消费市场，需要对教育可选择性进行评价。相比学历教育，非学历教育虽然市场、产业、私人属性更强，但依然离不开一定的公共性，同时，中国高层次非学历教育更多依靠体制内的高校，一定程度占用了公共资源，所以需要强调其公平发展属性。因此，需要对高校非学历教育公平性进行评价。作为消费行为，高校非学历教育存在消费者选择问题，选择的项目、学校、学习方式等，决定着受教育者的学习效果，因此需要对高校非学历教育消费选择进行评价。

高校非学历教育消费发展评价涉及区域平衡、消费的层次基础、消费的可选择性、消费公平性、消费结构升级等方面。各方面的评价重点不同，如对教育消费的可选择性评价重点评价高校非学历教育是否推动了经济发展、人们收入水平提高，同时教育消费有可选择余地增加。教育消费区域平衡评价重在评价高校非学历教育是否促进区域平衡发展。教育消费公平性评价重点评价高校非学历教育是否在效率基础上，兼顾公平，让更广泛的社会阶层和人群都有接受高校非学历教育的条件。

十　中国高校非学历教育消费空间评价的必要性及标准

消费空间是消费活动所达到的空间范围，强调个人的主动行为，是居民在使用城市商业设施、参与购物、休闲等消费活动过程中形成的一种无形空间。空间也影响着高校非学历教育消费，一定的区位、场景、气氛是求学者参与非学历教育的重要因素。教育消费空间在中国的研究才刚刚起步，作为影响高校非学历教育的重要因素，需要对其进行评价。比如教育消费者置身于一定空间，其空间意识决定了消费属性，需要对高校非学历教育消费空间意识进行评价。

高校非学历教育消费空间评价涉及消费空间意识、消费区域、农村消费、城市消费等方面。各方面评价的重点不同，但都依据一定的地域特色、区位特征、场景因素。

十一　中国高校非学历教育消费风险评价的必要性及标准

消费风险是消费过程中消费者预感到的可能出现的危害。这种危害有时实际上并不存在。对消费风险从不同角度有多种分类法，如功能风险、安全风险、价值风险、舆论风险、短缺风险五分法，还有知识本身的风险、文化风险、健康风险、经济风险、功能风险和社会风险六分法。在不同的购买行为中，消费者对风险的觉察是不同的。如消费者对一般生活必需品，主要考虑短缺风险；对高档耐用消费品，主要考虑价值风险。① 教育是一种有风险的文化消费活动，教育消费可能给消费者带来经济、精神及健康等方面的损失。教育消费风险的形成既有供给主体的因素，也有需求主体的因素，还受到教育自身规律和实施方式的影响。高等教育消费风险可以分为6种类型，即质量风险、学业风险、健康风险、就业风险、收益风险和政治风险。② 非学历教育相比学历教育更缺少国家财政支持、高校重视、社会认可，风险度更高，因而需要对高校非学历教育消费风险进行评价。

高校非学历教育消费风险评价涉及质量风险、学业风险、健康风险、就业风险、收益风险和政治风险等方面。各方面评价都重在风险产生和规避，比如个人和家庭是否确立高校非学历教育消费风险意识，进行理性消费。高校非学历教育机构是否能够保证服务质量，减少学员教育消费风险。政府是否有效监管并建立高校非学历教育消费维权机制，充分发挥市场的调节作用，鼓励学员自由选择。

十二 中国高校非学历教育消费效应评价的必要性及标准

教育消费效应与教育效应不同，不仅内涵不同，而且外延也不同。对高校非学历教育消费效应的评价有利于全社会更加全面地认识高校非学历教育，不仅增进重要性的认识，更增进发展规律的认识。效应也是任何事物评价都要涉及的重要内容，对高校非学历教育的评价也不例外。一个城市的发展往往都是聚人为市，进而化市为城，其最终发展的目标与根本都是围绕人，因此人往往是一个城市的主体和发展的要素，同时人也是教育的核心对象，因此教育—人—城市有着密切的关系，教

---

① 辛自强：《面向教育实践的心理发展理论——再论林崇德教授的学术思想》，《中国教育科学》（中英文）2019年第6期。
② 陶美重、任奕菲：《高等教育消费风险及其规避研究》，《内蒙古社会科学》（汉文版）2015年第6期。

育是推动城市经济硬实力建设的关键推动力，也是城市文化软实力建设的主要贡献者，教育更是推动城市营销软实力建设的重要策源者。[①] 因此，需要从城市发展的角度对非学历教书育人功能进行评价。

教育是一项经济活动，教育消费需要付出成本，但没有达到预期目标的教育消费可能让求学者不但不能收回成本，还可能蒙受损失，经济条件恶化。因此在大力发展高校非学历教育的同时，也需要对可能引起的社会致贫进行评价。高校非学历教育消费可能促进其他类型消费，比如人力资本水平提高，带来更多收入，从而实现更多其他类型的消费，但在评估高校非学历教育消费的整体消费影响时，不可忽视可能带来的高储蓄低消费现象，以及在一定时期内教育消费对其他消费产生抑制，从而给整体消费带来负效应，因而需要评价高校非学历教育的消费挤出效应。激发内需、促进消费、发挥经济发展的动力作用，也是发展高校非学历教育的重要目标。也就是说高校非学历教育发展的成效既有教育和社会成效，也有经济成效，需要对其经济影响进行评价。

教育作为一种消费活动已自然而然地渗透到各层级主体的日常实践之中。消费文化的传播，固然为教育带来了挑战，但也为受教育者提供了新的知识来源、内容和形式，因为消费升级需要学生理解生命意义和人生价值。此时，教育消费有助于学校直面社会及文化结构性变化，从教育目标实现、教育内容拓展、教育方法改进等方面，优化教学实践，因此需要对教育消费促教学实践进行评价。学科是教育中的分类系统，教育以学科为基础。教育消费关涉"教育与社会发展""教育与人的发展"等具有普遍性、普适性的问题，[②] 因此包括非学历教育在内的消费能够促进学科发展，需要对此进行评价。

---

① 王永进、衣卫京、席阳：《设计教育助力国际时尚消费中心城市建设的研究》，《服装设计师》2022年第1期。
② 陈振中、颜印华：《消费社会的教育作为——改革开放以来我国教育消费研究述评及展望》，《中国教育科学》（中英文）2021年第5期。

消费社会的形成及急剧扩张下的消费文化氛围使得人们的价值观念、教育方式等都发生了很大变化，只有不断对教育消费主题下表现出的现象进行整理、加工、反思，才能看清教育的真相，因此需要对非学历教育的教育学影响进行评价。[①] 学校作为教育空间的主体，在承担教育功能的同时也作为人类其他社会活动的重要场所。特别是随着教育的平民化与社会化，大学大门更多向社会敞开，高校非学历教育直接沟通大学与广大社会，有必要对此进行评价。非学历教育是培养公民生活素养，帮助人们掌握与生活相关技能的重要途径，因此需要对高校非学历教育消费的生活促进进行评价。

高校非学历教育消费效应评价涉及正效应—服务城市发展、正效应—教学实践促进、正效应—学科促进、正效应—教育学促进、正效应—经济拉动、正效应—生活促进；负效应—致贫效应、负效应—挤出效应、负效应—负面心理、负效应—公平效应；中性—经济影响、中性—社会活动功能等方面。各方面评价的重点不同，如服务城市发展评价重点评价高校是否能够通过非学历教育培养合格的市民，促进市民消费素质提升，并激发其更高层次、更大规模市民消费，不断壮大城市消费。高校非学历教育负效应—致贫效应评价重在评价高校非学历教育有没有改善求学者经济状况，是否恶化了求学者家庭经济条件。高校非学历教育负效应—挤出效应评价重在评价高校非学历教育是否导致居民家庭一定时期更高的储蓄、更少的消费。高校非学历教育的经济影响评价重在评价高校非学历教育是否促进了经济增长。高校非学历教育负效应—负面心理评价重点评价求学者和社会是否正面、健康、积极、建设性地看待高校非学历教育。

---

① 陈振中、颜印华：《消费社会的教育作为——改革开放以来我国教育消费研究述评及展望》，《中国教育科学》（中英文）2021年第5期。

第七章　中国高校非学历教育消费的具体评价[*]

一　中国高校非学历教育消费的主体评价

（一）消费主体评价

中国已跨入消费社会[①]，面对物质的极大丰富，社会大众在关注商品和服务使用价值的基础上更加注重象征价值。消费社会也带来了教育的变革，尤其是在成人教育、继续教育、非学历教育领域，人们接受教育的行为逐渐转变为一种消费行为，个人对接受某种教育的选择成为教育发展的重要驱动力。学生的身份由"产品"（由生产者即学校主导，如将高中毕业生生产加工成大学毕业生）转变为"顾客"（由顾客主导，学校服务好），接受职业教育、非学历教育变为选择职业教育、非学历教育。主体身份的转变带来了新型教育消费关系、公共教育责任和义务的转变。

---

[*]　注：本章大量评价内容依据于调研和访谈，故行文难免有口语痕迹。此外，本章的评价更重在对评价对象争议、价值或状态的研究。

[①]　胡鞍钢、周绍杰、鄢一龙：《开启第二个百年奋斗目标（三）——"十四五"时期发展面临的国内外环境》，《经济导刊》2021年第1期；赵蒙成、刘晓宁：《论职业教育的消费价值及其政策意蕴》，《江苏高教》2019年第2期。

(二) 机构评价

对于企业而言，通过选送员工参加课程或者技能培训学习，是开发人力资源、强化竞争力的有效途径。对于个人而言，获得最新的信息，参加课程或者技能培训班，掌握更前沿的知识和技术，强化基础素养，无疑更有利于职业发展。高校非学历教育往往提供其他学习方式所不可替代的教育服务和内容，是重要的知识传播、技术培训、能力再造产业。正因为经济社会意义重大，市场潜力巨大，有着不可估量的利益空间，越来越多的高校正通过各种方式，包括线下和线上、短期和长期、理论和实践、校内和校外等，开办非学历继续教育课程班培训班。高校非学历教育机构为弥补学校学历教育、经费的不足，为促进继续教育、终身学习、职业教育发挥了巨大作用。但这些机构也存在一些问题，比如对于非学历教育准入标准不够健全，教学评估在非学历教育中还不够常态化，特别是与学历教育中的学位、学制管理存在一定的不适应，非学历教育是否应该建立，或者说如何建立与学历教育类似的管理系统一直存有异议。也没有相应的法规进行清晰约束，这容易给一些投机者以可乘之机，教学质量难以保障，教育消费权利易受侵害。有的求学者受虚假宣传影响，盲目进行教育消费，面对违规办学机构难以主张自己的消费权利。

在《高校非学历教育事业评价》中[①]，已经对机构进行了详细评价，在此不赘述。

二 中国高校非学历教育消费的文化评价

(一) 消费理念评价

当前，越来越多的消费者认同高校非学历教育，且能够坚持正确的消费理念，他们在学历教育、基础教育之外追加了学历教育投资，有效

---

① 周勇：《中国高校非学历教育事业评价》，中国社会科学出版社2023年版，第36页。

提高了知识、技能水平，个人素质得以增强，事业得以进一步发展。但不可忽视的是，受传统文化、应试教育、学历文凭热的影响，某些非学历教育学员，不是从教育本身的价值出发追求知识、技能和素质水平提高，而是对继续教育较为功利，想要通过高投入来换取高回报。还有人热衷于社会关系，或者间接追求学历文凭，比如想借此认识相关人士，为获得学位创造条件。更有人一旦申请学位之路无望，就抱怨、攻击校方，狭隘地认为自己付出了学费，学校应该给学历文凭证书。还有的人适应了应试教育模式，不考试就没有学习的积极性。实际上，教育投入绝非简单的经济投入，更多的是身心投入，认真学习、专心致志；同时教育回报与教育投入之间也绝非简单的线性关系，求学者应有风险投资意识，但现实中许多学员对此存在片面或者错误理解。

（二）消费目标评价

为提高技能，强化自身素质而参与高校非学历教育的社会人员越来越多，这些求学者积极向上，目标明确，追求更高层次的知识和技能水平提升，进入高校后珍惜学习机会。但仍有人不能端正学习态度，目标动机不纯粹，意图通过非学历教育获取只有通过国家统一研究生考试才能获取的正式学历学位。一定程度上而言，进行非学历教育有利于获取学历，比如自学助考、研究生课程班，国家也为同等学力申请学位留下一定的政策空间，但需要清晰的是，进行非学历教育学习不等于获得文凭证书，两者没有直接的关系。研究生课程班学员如果想获得学历学位证书，还必须通过国家统一考试。当前，求学是为了拿文凭证书的人还较多，甚至还有人接受非学历继续教育就是意图用钱买证书。

（三）消费观念—庸俗消费观评价

社会上仍有将高校非学历教育消费看作接受教育的社会成员与提供教育的社会机构之间的交换关系，教育者与学生是平等的、各负其责的市场主体。将教育看作纯粹的商品，消费对象，教育机构为社会培养所需公民的任务变成创收任务,学员学习的过程变成拿文凭学历证书,获取社会资源的过程,在这个过程中,求学求知不是最重要的,能不能获得文凭证书最受关注。有的社会成员经常使用"教育消费 consuming education"这样的术语来形容高校非学历教育,一旦高校非学历教育不作区分地被作为一种和一般消费服务无异的消费对象来看待,它便毫无疑问地成为一种商品,只不过是一种既不同于有形物品,又不同于无形服务的特殊商品。把教育看成纯粹商品是十分错误的,因为教育的本质是一般商品所不能完全包含的,它的许多价值也是一般商品所不能承载的,它承担着为社会培养所需公民的任务,这是教育自产生以来的一贯特性。社会服务属于公共属性,是一般仅关乎纯粹市场属性的商品所难以涉及的。

(四) 消费关系—师生关系评价

在传统尊师重教文化的影响下,中国高校非学历教育师生关系整体和谐,处在正常的关系轨道。但也应该防范可能的危机,高校非学历教育消费关系正被一定程度扭曲,教师作为社会权威的地位在丧失,一方面是因为教师过于迎合社会、市场和学生,降低了自己的身份和地位;另一方面是因为学生对应该如何学习、如何对待教师的无知,把教育消费完全等同于市场消费,要求教师做服务员。教师和学生双方都有可能产生负面影响,把学生变成和市场一般消费者一样的顾客,把教师变成像普通市场工作人员一样的服务员,服务员不敢教训顾客,只能拼命迎合顾客,最终学生得不到教育,由无知变成更加无知。服务员不敢怠慢、得罪顾客,知识从神坛跌落,教育成为证书的化身,最终可能导致教师教无可教、学生学无可学,甚至整个教育系统崩溃。虽然这样评价有点极端,但是有极大的警醒意义。

(五)"教育消费"教育评价

当前,关于高校非学历教育消费的"教育"虽然没有被高校纳入专门的课程开展，但相关理念、知识、信息已在高校传播，大学生对高校非学历教育并不陌生。包括政府、社区、企业、社会团体和行业组织在内的机构也注意传播相关高校非学历教育的信息和知识，特别是新闻媒体，通过大量报道向社会公众介绍高校非学历教育。总体而言，中国当前对高校非学历教育消费的教育还很有限，从需求方来看，很多学生把高校非学历教育消费看作拿学历证书，还有人把教育消费仅仅看作在学校学历教育中应该完成的任务，离开学校后就应该专心于工作。这种观念在农村教育消费中非常普遍，农村地区继续教育消费极其有限，一方面农村缺乏高层次的职业教育，另一方面农村居民非学历教育消费投入及意愿低[①]。个人成长应该有职业规划，因此，也应有继续教育规划，个人应该树立继续教育消费观念，学习如何进行继续教育消费。从供给方来看，学校及社会应对公民继续教育消费进行指导，当前，这方面的消费教育有待跟进。有的教育工作者认为教育仅限于校内、学生在校期间，因此，相关的教育设计仅限于学生毕业前，学校只要求学生在校期间好好学习，没有鼓励学生完成学历教育进入社会成为劳动者后，还应进行非学历继续教育。学校还缺乏对毕业后校友的继续教育跟踪，也没有更多承担起对校友的继续教育服务，对继续教育消费的教育还是不足。

（六）消费研究评价

在进入 21 世纪以来的很长一个时期，教育消费一直是研究热点。国内关于教育消费的研究经历了引入探索、蓬勃发展和内涵深化三个阶段。研究内容主要集中在教育消费升温的原因、高等教育消费及其产业化发展、私人教育消费的勃兴、国民教育消费与社会分层的关系、青年学生符号消费景观等方面。教育消费研究有助于丰富教育研究的内容，扩大研究视野，促进学科融合，完善学科体系。中国教育消费

---

① 尽管农村居民对子女义务教育和学历性大学教育投入意愿高。

分别于 2000 年前后、2008 年和 2013 年形成了三个小高峰。1999 年开始的高校扩招是中国教育发展中的里程碑式事件，是中国高等教育从"精英教育"向大众教育转变的关键节点。教育规模和组织上的快速扩张将更多主体纳入教育消费活动范畴，并把对教育消费的关注和研究提到一个新的高度。此时，研究主要围绕高等教育扩招展开，形成两个研究分支。一是关注政府高等教育消费对国民经济的影响、教育消费对于扩大内需的可行性研究、高等教育产业化问题等。如蒋鸣和（1998）对抑制需要还是扩大供给这两种教育发展思路进行探讨。① 曾坤生、潘军（2000）从加入 WTO 的视角讨论中国高等教育的发展原则和路径。② 二是随着中国教育结构的变化，教育已经成为居民家庭个人消费的新热点，学者从教育消费数量及质量、存在及衍生问题等不同维度进行了讨论。如张文剑等（2000）对各类家庭人均收入、家庭教育消费结构及各个不同教育阶段的家庭支出负担率等问题进行了实证分析。③ 丁小浩等（2022）对居民家庭高等教育开支的挤占效应进行了研究。④ 在此基础上，也有学者对教育成本、家庭教育储蓄等议题进行了讨论。特别说明的是，2000 年是关于教育消费研究的巅峰时期，再次验证了教育研究与社会发展、国家政策之间具有直接的联动关系。2008 年正值改革开放 30 周年，教育的消费性概念及价值重新进入研究者的视野，在当年召开的中国教育学会教育经济学分会上，多位学者以教育消费为主题撰写论文并进行了集中研讨。如张立新、苗薇薇

---

① 蒋鸣和：《抑制需求还是扩大供给——我国教育发展思路的探讨》，《上海高教研究》1998 年第 4 期。
② 曾坤生、潘军：《加入 WTO 与中国高等教育产业发展学术研讨会概述》，《经济学动态》2000 年第 7 期。
③ 张文剑、陈复华、陈建平：《关于教育消费的实证研究》，《教育与经济》2000 年第 3 期。
④ 丁小浩、杨素红、陈得春：《教育与收入不平等——对教育库兹涅茨曲线的一个实证检验》，《北京大学教育评论》2022 年第 3 期。

(2008)① 和陶美重、任奕菲（2015）② 分别对中国高等教育消费面临的困境及其突破进行了论述。事实上，自 2004 年以来，每年的中国教育经济学年会，基本都有学者对教育消费进行思考。除此之外，在中国伦理学会、中国商品学会等主办的中国会议上，也均有学者从不同视角对教育消费进行探讨和分享。2012 年，中国财政性教育经费支出占 GDP 的 4%，这一突破对于后续深化教育消费研究有着很强的针对性和指导性。基于此，部分学者积极围绕教育开支及教育保障等内容展开研究。③ 教育消费研究在中国近年较为平淡，这从发文量可以看出。在国家政策层面，中国已经出台了多个文件，要求推进包括教育、培训在内的服务业发展，激发教育消费内需，而且对职业教育、继续教育、终身教育赋予越来越重要的地位。但在此背景下，中国教育消费尤其是高校非学历教育消费的研究依然未能引起应有的重视。

（七）消费心理评价

绝大多数社会公众对高校非学历教育持平常心理、冷静心态，一方面了解者多，根据自己的需要参与者多，不盲目跟风；另一方面已经参加学习者也能够理性对待整个学习过程。

曾经有一段时间，大多数高校把非学历继续教育招生工作委托给校外机构，某些机构把市场开拓摆在首位，违规违法现象时有发生，比如招生广告存在某些不实、夸大信息，甚至制造消费紧张感。人们在这种人为制造的紧张感下，极易产生教育焦虑心理，往往不自觉地增加了教育消费支出。此外，近年来，教育市场逐渐引起了金融领域的关注，金融创新强化了教育消费场景的应用，网络教育平台与线下教育机构加大

---

① 张立新、苗薇薇：《论高等教育的消费属性》，《商场现代化》2008 年第 4 期。
② 陶美重、任奕菲：《高等教育消费风险及其规避研究》，《内蒙古社会科学》（汉文版）2015 年第 6 期。
③ 陈振中、颜印华：《消费社会的教育作为——改革开放以来我国教育消费研究述评及展望》，《中国教育科学》（中英文）2021 年第 5 期。

与金融机构的合作力度,推出教育贷等金融产品,进一步激发了人们的消费热情。

(八) 消费价值评价

现阶段中国总体上已进入消费社会,消费者对消费品从聚焦使用价值转向更加注重象征价值,消费的目的由主要满足物质生活需要转向更加注重身份建构以及社会地位提升。人们接受非学历教育成为一种消费行为,在校或者毕业学生是高校非学历教育的重要消费主体。然而有的高校非学历教育服务产品内在价值含量有限,吸引力欠缺,高校非学历教育消费呈现政府重视、民众轻视的不平衡状态,不能满足学生自我实现的需要。问题的根源是办学单位不能满足社会需要,办学质量得不到保证,社会大众对非学历教育仍有固化歧视和负面认知①。

三 中国高校非学历教育消费的行为评价

(一) 高校非学历教育消费行为—功利化评价

付出成本,追求收益符合市场经济的基本规律。与一般商品供求不同的是,教育除了追求直接的财务收益,更追求知识教化。中国高校非学历教育教师更多延续了学历教育的师风,追求非学历教育的社会效益,把非学历教育作为一项公共事业来追求。学员也整体上尊师重教,追求知识。但当前中国高校非学历教育无论是作为教育供给方的学校、教师,还是作为教育需求方的学员,用人单位均存在一定的功利化倾向。某些高校更多地把非学历教育看作创收手段,甚至有的高校把继续教育机构等同校办产业对待,工作人员是营销人员,教师是简单知识宣讲人员,主管是企业经理,学生则按人头被当作牟利工具。不重视师资积累,不能按照继续教育、职业技术教育要求培养、选择师资,

---

① 赵蒙成、刘晓宁:《论职业教育的消费价值及其政策意蕴》,《江苏高教》2019年第2期。

教师教学不是为了教书育人,而是为了完成课时量,拿高额课酬。而许多学员学习也不是为了获取知识、获得真才实学,而是把精力放在交朋纳友、钻营学历文凭获取捷径上、构建社会关系网络,应有的学习探讨很少。

(二) 高校非学历教育消费行为—非理性评价

作为成年人,绝大多数高校非学历教育学员均能够理性进行教育消费。同时作为私人付费教育,意味着学员们需要在有限的收入支出范围内作出消费取舍,即为了继续教育必须放弃其他形式的消费活动。付费性质决定了教育消费者要作为理性人进行理性选择,但也存在部分学员非理性消费问题。

有的校内外机构,进行不当宣传,神化高校非学历教育,从而误导学生教育消费。有的学员也听信精英、总裁、领袖培养等虚假、夸张宣传,对高校非学历学习进行非理性选择。有的人虽然意识到了自己的错误选择,但是因为虚荣心作祟,不愿意承认自己错误,一错到底。有的人出于追求学历文凭的想法参加学习后,不能根据现实情况及时调整目标,把追求文凭变成追求知识。还有的人甚至对外妄称自己在名校读研读博,吹嘘交往的圈子多么高层次,从而陷入一种非理性的高校非学历教育消费状态。

(三) 高校非学历教育消费行为—困境评价

中国高校非学历教育消费环境整体健康、宽松、有序,但不可否认的是,当前部分高校非学历教育消费还存在多重困境。一是竞争困境。对于招生宣传的夸张,很多学员还是很清醒的,但他们身边的许多人都参加学习,而且学习之后自我感觉良好,尽管其中不乏夸张成分。这些学员不甘"落后",甚至美其名曰跟上时代,自己也加入学习,盲目模仿。二是证书困境。教育主管部门对社会人士通过非正规学习申请学位给予了一定的政策激励,比如同等学力申请硕士和博士,但相比学制内学习，社会人士申请学位的门槛和要求高，一般人很难达到。有人满腔热情参加学习后，发现拿到学位的希望非常渺茫。还有热衷于学历文凭的人，面对证书困境，备受打击。有的人只好自我安慰，转而求学，希望通过学习提高知识和素养水平。

四　中国高校非学历教育消费的矛盾评价

（一）消费矛盾—教育目的和消费目的矛盾评价

大多数高校非学历教育学员能够做到教育目的和消费目的的统一，即正确处理好高校非学历教育公共属性和市场属性的对立统一。不少人纯粹为追求知识和技能水平提升而来，不以学历学位证书获取为目标。还有些人参加课程班学习后，通过国家统一考试，并积极创造相关条件，达到政策要求，最终获得学位证书。但当前高校非学历教育消费仍不可否认一定程度上存在实现教育根本目的与成人快速获取证书功利目的的矛盾，也就是求知目标与身份地位目标之间的冲突。高校非学历教育举办的目标是满足成人继续教育要求，与大学本科生、硕士、博士研究生教育的培养目标有较大差异。前者松散、实用、非学术、不系统，后者集中、专业性强、要求理论基础扎实、应系统学习。前者是为了提高一线实践能力。后者是为了提高学生知识和研究水平，学历学位更多用来衡量后者，前者成果只能用培训经历、合格证书来体现。更本质地说，高校非学历教育消费的是知识，而不是学历学位证书。

（二）消费矛盾—现实和期待矛盾评价

高校非学历教育作为一种供给，其数量和质量是有限的。大多数高校非学历教育学员立足现实状况，利用已有条件，认真上课，踏实学习，不会不切实际地追求过于理想化的学习或者功利目标。当然也有不少高校非学历教育学员对教育机构期待过高。这种期待既包括能够获得的知识和技能，也包括学历证书。由于非学历教育并非高校发展重点，所以学员在大学校园内难以得到应有的重视，不能获得和学历教育学生一样的待遇。同时非学历教育从经费到教育资源都缺少投入，面向实践的教学质量难以充分保障，这更增加了学员期待与现实之间的失落感。还有，非学历教育不再有学历学位证书颁发的直接机会，更使学员的证书需求难以得到满足。凡此种种，均可能构成高校非学历教育消费现实和期待的矛盾。

（三）消费矛盾——教育严肃性和消费随意性矛盾评价

中国高校非学历教育学员在课堂或者其他校园生活中，一般能够做到既严肃又活泼。但现实中也存在不少参加高校非学历教育培训的人员，虽然有一定的学习需求，但仅为浅层次的学习兴趣，学知识是其次，增长见识、获得社交机会并进行一定的消遣是主要初衷。因此，在高校非学历教育过程中，课堂不够严肃，氛围闲适、随意、不爱学习者干扰了爱学习者。老师难以进行高深知识讲授，有的学员喜欢插科打诨式的教学，有的学员在校园内行为举止不严谨、任意喧哗，甚至还有学员把社会上的一些江湖习气如称兄道弟、帮派团伙等带进本应文明的校园。

（四）消费矛盾——学历和非学历教育属性矛盾评价

中国高校普遍将学历教育和非学历教育看作整个大学教育的"一体两翼"，更看到了非学历教育对学历教育的重要补充和支撑作用，因而认可非学历教育，积极创造条件为学员们提供更好的学习条件。但也有部分高校不能宽容对待非学历教育学员，不能适应这些学员的学习需要、学习条件、学习基础、学习偏好，只用单一的学历教育标准来要求多元化的非学历教育和学员。例如，更多采取课堂教学，较少实践教学；教材较多沿用学历教育教材，无论是教学时间安排，还是学习层次，都没有适用非学历教育学员。又如，用学历教育标准要求非学历教育学员，忽视其职业技能水平提升要求；把社会成人学生当成在校大学生管理，学校教辅老师和学员之间沟通不够。

五 中国高校非学历教育消费的环境评价

（一）消费环境—就业环境评价

随着市场业务竞争加剧，人力资源市场中高学历人员供给增加，用人单位越来越重视求职者的专业水平及实际工作技能。但也应看到学历门槛观念还在左右着人才招聘，许多用人单位招聘时还过多关注学历证书，而忽视求职者专业知识、实际技能、职业态度和观念。人才的本质在于其知识、技能，其劳动能力、贡献力，用人单位对人才本质的忽视，导致不能颁发学历证书的高校非学历教育得不到应有的重视，发挥不出应有的教育培养功效。用人单位片面看重学历证书，也导致部分求学者在参加高校非学历教育后，只关注能否通过间接方式拿到证书，而没有动力去努力学习。甚至有人违法违规，包括寻租、舞弊，意图通过造假获得证书。

（二）消费设施—图书馆评价

图书馆是大学教育的主要园地，甚至是学子们最重要的精神殿堂。当前，图书馆在中国高校非学历教育中发挥了重要作用，但也有学校还没有赋予非学历学员图书馆借阅、访问和学习的权利。不能充分或者没有能够获得图书馆服务也是非学历教育学员学习不满意的重要因素。图书馆没有向社会展示其存在的价值，没有在非学历教育中发挥辅助作用。这一方面与某些学校管理层只把非学历教育看作创收手段，不注重相关教学资源的配置相关；另一方面与图书馆因循守旧、服务意识和能力没有跟上相关。有的高校图书馆既没有主观意愿为非学历教育学员提供服务，也没有主动调整方案培养服务能力。

(三) 教育投入评价

作为教育成本分担与补偿的组成部分，家庭①对教育特别是非学历继续教育的投入在教育成本中起着关键的作用，也是中国教育投入的重要来源。目前中国形成国家、社会、家庭分担教育投入的机制，总体上而言，越是义务教育、基础教育、学制内教育、学历教育，国家投入越多；越是职业教育、高层次教育、学制外教育、非学历教育，社会和家庭投入越多。家庭教育投入与父母文化程度（对在校大学生而言）有关，也就是说父母文化程度越高，越重视家庭教育投入，家庭教育投入越大。家庭教育投入也与家庭经济收入有关，也就是说家庭收入越高，家庭教育投入越大。教育投入存在地区差异，其关键是家庭经济收入存在地区差异。教育投入的内容结构存在差异，一般劳动者更多投入职业证书培训等非学历教育，而高级人才、高层次人力资源以高端培训、高级课程班、研修班、研讨会为主。学习层次越低，购买文化用品和书籍、来往通勤、必要生活费用等的支出比例越高，学费相对低；反之学习层次越高，购买文化用品和书籍、来往通勤、必要生活费用等的支出比例越低，学费相对高，且学费弥补用于教学成本的比例低，更大的比例在于择校费用，严格意义上而言，这部分支出是因为占用学校品牌资源而支付的费用。当前，从各利益相关方来看，国家对高校非学历教育的投入还不够，导致国家对这一领域的基础性、主导性作用有所下降，社会办学乱象、家庭投资盲目现象有所出现。比如投资盲目，存在不顾成本盲目投入和不切合实际需要乱投入的问题。又如对于一些课程班，有的人是抱着拿学历或者学位的目标就读，完全没有顾及自身能力和条件是否匹配。还有的人所学非所用，学习的目的就是拿一个证书，或者获得一段学习经历。

---

① 在此采用宏观经济用词，家庭是居民家户，自费参加高校学习的个人属于广义的家户成员。

(四) 消费的财政职能评价

当前中国教育财政仍然执行着私人教育消费的替代支出功能，教育财政的基本职能明晰不够。[①] 从长期趋势上看，公共财政应该承担更多的教育投资职能和基础教育、学历教育职能，其他类型的教育消费会逐渐走向市场化，由私人承担。教育财政将通过明晰职能，理顺体制，做好应该做的事情。教育投资是高度专用性的投资，无形损耗快、风险大，但是与教育的质量正相关，具有正外部性。作为教育公共品的提供者，教育财政应该专注于建设先进教育设施的投资，培训高水平教师的投资，这种投资既包括学历教育投资，也包括非学历教育投资，应为教育消费多样化发展和教育质量提升提供财政基础和培育引导资金。

(五) 消费监管评价

新时代中国教育消费属性的分化越来越明显，如奢侈品消费和必需品消费的分化。教育主管部门越来越重视新时代家庭教育消费的新特点，改变观念，不拘泥于教育必需品服务，也不轻视教育的奢侈品属性，将教育消费与当前人民对生活质量、就业质量、国家、社会、产业、个人发展的新需求联系起来，重视高校非学历教育。教育服务是具有现实生产性、高度专业化的服务，比起一般服务，信息不对称性更强。近年具有奢侈品属性的高校非学历教育消费逐渐兴旺，各种线下和线上培训项目不断涌现，教育服务也在进一步规范。教育主管部门承担起新时代教育产业管理的责任，及时针对市场中各种教育新业态严格标准，制定准入门槛，使得市场能够提供高质量的教育服务。

---

① 商海岩、秦磊：《城市化中的教育消费：差异、属性与影响因素》，《国家教育行政学院学报》2019年第6期；全国预算与会计研究会总课题组：《推进我国财政体制科学化问题系统研究总报告（二）：实现政府整体财政责权界定的科学化（上）》，《预算管理与会计》2017年第2期；潘懋元、别敦荣、石猛：《论民办高校的公益性与营利性》，《教育研究》2013年第3期。

（六）消费信贷评价

随着金融的快速发展、社会对高知人才的需求加大，在可预见的未来，注重自我提升的非学历教育贷款将会成为教育消费信贷体系中的重要支柱之一。教育消费信贷覆盖面较国家助学贷款广泛。国家助学贷款只专注于大学生的学费与生活费资助领域，但目前市面上教育消费信贷产品已能够覆盖教育过程中的各个阶段，由胎教到职业培训均可提供贷款，包括高校非学历教育。仅"百度有钱花"一家，就涉及 MBA 课程、语言教育、IT 培训等多个领域的教育产品；"蜡笔分期"在 2015 年携手"驾考侠"，推出了分期付款考驾照的服务；"贷贷熊"则与一般公司合作推出有偿入职培训课程的贷款项目。教育消费信贷丰富了金融市场消费信贷产品种类，增加了市面上现有贷款产品数量[①]。由《2018 中国消费信贷市场研究》披露，消费金融规模增长极快，占境内贷款的比重由 2010 年的 1.7% 上升至 2018 年的 6.3%，但是除去房地产贷款这一大项目，其余消费贷款仅占五分之一[②]；与此同时，中国居民的消费需求与消费观念正在经历更新换代，从有形的物质性商品转向无形的服务性商品。两相结合可以看出，中国的消费金融领域极具潜力而又尚显空白，教育消费信贷产品近年来的大量涌现，满足了一定的消费者群体需求，对消费金融市场的开拓和进一步繁荣起到一定作用[③]。

[①] 邰雪妍、张月、黄安琪、彭威、胡政寓：《基于互联网的教育消费信贷产品设计和营销研究》，《时代金融》2019 年第 21 期。
[②] 邰雪妍、张月、黄安琪、彭威、胡政寓：《基于互联网的教育消费信贷产品设计和营销研究》，《时代金融》2019 年第 21 期。
[③] 邰雪妍、张月、黄安琪、彭威、胡政寓：《基于互联网的教育消费信贷产品设计和营销研究》，《时代金融》2019 年第 21 期。

六 中国高校非学历教育消费的市场评价

（一）高校非学历教育消费性质—选择性评价

教育选择性消费主要是择校费、赞助费等选择性支出。改革开放以来，中国高等教育大发展，政府公共教育经费逐年增加，为越来越多的人提供了高等教育机会，但在学历教育之外，中国高校非学历教育供给还有待增加，区域和人群教育资源分配还不够均衡，从而造成公民受教育程度与质量的差异，由此派生的选择性教育需求，只能通过支付赞助费方式得到满足。大学越是高水平，越能够吸引高层次非学历教育消费人士，如北京大学、清华大学、中国人民大学等顶尖名校举办的非学历教育受到社会的热捧。实践也证明，一个人越是有名校情结、有高层次学习经历需求，越可能进行选择性教育。很多课程学费昂贵，两三天培训学员要花费上万元，有的学校对课程班学员收费几十万元，除去学习成本和一般教育回报，学员所花的大部分费用实际上用于择校，属于选择性支出。在教育资源，尤其是名校高层次非学历教育资源极其稀缺的背景下，选择性费用支付也是市场供求的结果。而且资源越稀缺，学校、专业、教师名气越大，学费中选择性支出比例越高。

（二）高校非学历教育性质—收费性评价

教育投入能够带来大收益，高校非学历教育消费也不例外。也正因为高校非学历教育投资收益大，当前越来越多的人自费进行高校非学历教育消费。同时，平均每人一生参加高校非学历教育消费的时间和频率也大大增加。当前中国人才选拔方式较为单一，在人员录用环节，主要依据教育经历。因此，不仅家庭有强烈动机购买教育服务，以提高子女学业成绩和升学竞争优势，在子女完成义务教育和学历教育后，还有强烈的动机继续购买教育服务（一般为高校非学历教育培训课程产品），以提高个人能力、素质，构建职业竞争优势。从满足个人发展需求以及市场经济运行规律来看，为了弥补公共教育的不足，国民教育消费从单一的公立教育消费开始向私人教育消费领域拓展，这在高校非学历教育中体现得尤其明显。①而且越是高层次的非学历教育，收费特征越明显。当然在一些技能培训，尤其是脱贫攻坚、农村转移就业、职业教育等领域，还有一些基于公共支出的非学历教育，但作为消费，高校非学历教育可更多发展收费性项目。

（三）消费市场属性评价

当前高校非学历教育市场化趋势明显，随着高层次就业市场提供的岗位越来越有限，市场需求越来越饱和，高校非学历教育消费出现积极和消极两种倾向。一方面，改革开放几十年来，中国教育消费全面发展，逐渐形成了以公办教育为主体、多种办学形式并存的新型教育体制，教育市场化发展迈上了新的台阶，高校非学历教育走上了一条市场化、规模化发展之路，人们自费学习的积极性越来越高。另一方面，过度市场化也引发了一系列负面效应，社会公众的继续教育焦虑心理被过度激发，从而扩大了继续教育消费的盲目性。面对巨大的需求，出于营利目的，大多数教育机构把市场开拓摆在了工作首位。与学历教育市场总容量逐年下滑、高校教育消费逐步从增量竞争转变为存量竞争阶段不一样，非学历教育市场方兴未艾，目前还在市场成长期，大量潜在需求有待转化为现实需求。

（四）消费结构评价

近年来中国教育调结构，旨在实现均衡教育。均衡教育的含义很广，不仅在区域间、学科、层次间，更在学历教育和非学历教育间。随着中国高校非学历教育的发展，高校学历教育和非学历教育均衡性不断增强，但中国教育消费存在一定结构性失衡。一个表现是教育消费大多集中在应试教育层面，以追求学历证书为目标，对于不以应试为条件和

---

① 陈振中、颜印华：《消费社会的教育作为——改革开放以来我国教育消费研究述评及展望》，《中国教育科学》（中英文）2021年第5期。

目标，注重知识应用、综合能力提升的高校非学历教育，发展还很有限。另一个表现是投入较多集中在基础教育阶段，针对高等教育的消费产品供给相对较少，高校针对非学历教育的消费产品供给更少，远远不能满足社会需要。这有教育发展主观能动性的原因，也有客观的市场制约。一方面，高校往往不把非学历教育当主业，只是把其作为一个附属部门看待；基本上不对其进行投入，更多的是利用学历教育剩余资源、闲置资源。另一方面，在整体教育消费市场中，高等教育非学历消费产品的消费群体规模还相对较小，教育机构也不愿意研发相关的教育产品。总体上看，大多数高校的非学历教育消费主要以考研、英语、职业教育等培训为主，只有少数高层次大学能够开办课程班，进行短期高层次培训。

（五）消费多样化评价

与以往单一的高等教育消费、课外辅导、升学择校、艺术培训的教育消费渠道不同，如今的教育消费有了更多的新兴增长极，诸如科学教育、艺术教育、自然教育、生命教育、食物教育等教育消费形式，同时非学历教育成为教育消费新热点。为这些多样化教育消费提供教育产品和教育服务的教育机构不断涌现，越来越多的大学扩大非学历教育规模，丰富了非学历教育消费产品。同时，城镇居民的教育消费也呈现多元化的特点，参加高校非学历教育学习尤其是高层次知识技能学习的学员越来越多。

七 中国高校非学历教育消费的国际化评价

（一）非学历国际教育贸易性评价

高校非学历教育国际贸易是中国服务贸易的一部分，近十年来其规模有所扩大，额度不断增加。中国对外国来华留学生收费标准与外国对中国留学生收费标准存在明显差异。一直以来，中国将留学生教育作为公共产品发展，相关政策规定留学教育"不得以营利为目的""坚持公益性原则"。目前,中国留学生教育费用仍参考1998年制定的《自费来华留学生收费标准》。根据该标准,不同学历层次来华留学生学费标准不同,其中本科生、硕士研究生、博士研究生收费标准每年分别为1.4万—1.6万元、1.8万—3.0万元、2.2万—3.4万元,理科、工科、农科类比照文科相应类别学费标准上浮10%—30%,医学、艺术、体育科类比照文科相应类别学费标准上浮50%—100%。加上留学期间的住宿费、保险费、生活费,年均留学费用基本为6万—10万元。《自费来华留学生收费标准》对高等院校招收留学生收费标准具有较强的指导意义,但由于物价上涨、货币贬值,高等教育成本不断提高,较低的收费标准难以弥补教育成本的上涨,也很难发挥教育服务贸易在市场经济中的作用。

(二)来华国际消费服务体系评价

中国高等非学历教育留学服务体系建设初具规模,各项工作在进一步推进,在重管理的同时强化服务,且更多进行开放式办学,构建满足留学生多方面需求的社会化服务体系,为留学生生活、交往提供重要空间,让其文化娱乐、情感交流等需求得到满足。比如留学生来华申请、学校英文网站设置以及留学生兼职配套程序更便利。多数高校留学生的上课地点、教材和培养方案都和国内学生有较大差别,在充分考虑安全因素、兼顾差异的同时,更多对留学生开放社团组织及各类志愿者服务和实践活动。留学生曾经主要由国际交流中心或者留学生活动办公室负责,与中国学生分开管理,但目前正打破部门分割、促进留学生和中国学生交流融合。国际学生来中国留学的吸引力曾经有所减弱,但现在有所增强。①

---

① 张裕东、姚海棠、周家宇:《"一带一路"背景下中国境外消费教育服务贸易存在问题及发展对策》,《天津商业大学学报》2021年第1期。

（三）国际消费的专业设置评价

根据《中国留学发展报告（2017）No.6》数据显示，来华留学生攻读专业主要分为两类：发达国家留学生倾向选择中医、汉语等具有中国特色的专业，发展中国家留学生则更多地选择经济管理、工科、历史、法学等中国具有比较优势的学科。① 中国高校在国际上具有优势的专业还较少，需要通过学科建设，不断提高教学和研究水平，以更多的优势学科吸引外国留学生。

（四）国际教育消费支出评价

对东盟留学生的调查显示，消费支出方面，除了公费生，东盟留学生最大的支出为学费与相关学习费（学习资料及文具消费）这一项，平均为每年11012元。其次为生活费，包括衣食住行各项费用，其中，交通费用和住宿费占比最高，主要是每年往返中国的机票、火车票和船票，加上住宿费。这一项最高的是马来西亚留学生，最低的是越南留学生。排第二的是餐饮费，包括吃饭、水果零食等的费用，远远超过了日用品、电话费等的费用。旅游娱乐费用则在消费支出中相对占比最少。② 总体来看，国际学生在中国高校非学历教育消费支出并不高，这与中国学生在海外高校非学历教育支出较高形成反差。

（五）国际教育消费满意度评价

当前，中国高校非学历教育国际消费整体较为满意。③ 一项满意度调查数据显示，东盟留学生对湖南3所高校各方面表示比较满意，满意度高低依次为：学校环境与硬件设施＞校园安全＞课外业余活动＞知识技能培养＞食堂餐饮质量与价格＞教学质量＞奖学金获取＞专业

---

① 王辉耀、苗绿主编：《中国留学发展报告（2017）No.6》，社会科学文献出版社2017年版，第59页。

② 周莉华、刘瑶：《东盟留学生跨境消费对湖南高等教育服务贸易的影响》，《中国管理信息化》2020年第22期。

③ 由于缺乏非学历教育的专门资料和数据，在此以整个教育为口径进行评价。

教学计划与课程设置＞学费与杂费收费标准。依据满意度差距理论分析与检验，湖南东盟留学生跨境消费期望值与总体满意度值只有0.05之差，说明湖南东盟留学生跨境消费期望与总体满意度一致，总体较满意。从跨境消费满意度调查可知，大多数东盟留学生跨境消费的总体满意度与期望值差距较小，越来越多的东盟留学生来中国求学。访谈结果也显示，一些东盟留学生会考虑继续在湖南深造，说明东盟留学生跨境消费满意度对湖南教育服务贸易的规模有正向促进作用。①

（六）国际教育消费带动评价

高校非学历国际教育能够带动消费支出，比如东盟留学生人数和跨境消费支出是湖南高等教育服务贸易输出额的重要组成部分。通过计算可知，东盟留学生人数和跨境消费各项支出越多，高等教育服务贸易输出额则越高。因此，跨境消费支出对高等教育服务贸易输出额有正向影响作用。根据东盟留学生跨境消费支出研究可看出，跨境消费不仅提升了东盟留学生个人的自主学习能力、环境适应能力、专业知识水平等，而且带动了湖南高校周边房租、餐饮、旅游等产业的发展，因此，跨境消费对湖南教育服务贸易的效益有正向影响。

（七）国际教育标准借鉴评价

目前中国很多高校积极借鉴国外知名高校的做法，在教学管理模式、课程设置、科研成果、教学资源等方面对接国际标准，取得了较好成效。教育部学位与研究生教育发展中心组织的第四轮学科评估结果显示，近5年来，在基于论文及其被引次数的国际学科评估中，进入世界前1%的学科从473个增加到745个，学科进入世界前1%的高校从133所增加到187所。但是，在借鉴国际学科评估标准的同时，有的高校也出现盲目跟风、全盘推行量化考核体系的现象。国际标准和中国本土文

---

① 周莉华、刘瑶：《东盟留学生跨境消费对湖南高等教育服务贸易的影响》，《中国管理信息化》2020年第22期。

化还没有有效融合,这既不利于高校教师、学科的个性化发展,也大大降低了部分教师的工作积极性。①

八 中国高校非学历教育消费的动因评价

(一) 城镇化因素评价

城镇化是中国高校非学历教育发展的重要动因。研究显示,中国城镇化与城镇居民文娱教育存在倒"U"形关系,其中的重要机制是,城镇居民人均可支配收入对城镇居民文娱教育消费具有显著的促进作用,城镇居民人均可支配收入是增加城镇居民文娱教育消费的重要影响因素。更高的人均可支配收入让城镇居民在满足日常生活开支之外,进一步增加了非基本消费,衣、食、住消费在总消费支出中的占比降低,教育等高层次消费的占比提高。②

(二) 收入因素评价

收入对包括高校非学历教育消费在内的居民消费支出的显著影响无论是在理论还是在实践上都得到了一致性认同。③李佳丽和张民选(2020)的研究表明家庭教育消费与家庭收入不仅有直接关系,而且人均家庭教育消费随家庭收入等级和每户全年收入水平的提高而持续增长,并呈阶梯式上升趋势。④ Gloede 等 (2015) 认为家庭收入、家庭规模、家长受教育程度等不同因素都会显著影响家庭教育消费支出⑤,而

---

① 张裕东、姚海棠、周家宇:《"一带一路"背景下我国境外消费教育服务贸易存在问题及发展对策》,《天津商业大学学报》2021 年第 1 期。
② 孔瑞、张莉:《城镇化、收入对城镇居民文娱教育消费影响分析》,《北方经贸》2021年第 12 期。
③ 王右文、张艳:《心理期望视角下农村家庭收入水平对其教育消费支出的影响研究——以辽宁为例》,《科学决策》2021 年第 10 期。
④ 李佳丽、张民选:《收入不平等、教育竞争和家庭教育投入方式选择》,《教育研究》2020 年第 8 期。
⑤ Gloede, O., Menkhoff, L., Waibel, H. Shocks, "Shock, Individual Risk Attitude, and Vulnerability to Poverty Among Rural Households in Thailand and Vietnam", *World Development*, Vol. 71, 2015.

Iriondo 和 Pérez-Amaral（2016）发现家庭教育消费支出在不同收入水平中存在较大的弹性差异①。中国农村经济生活水平的不断提升不仅促进了农村家庭的平均消费水平，也推动了农村家庭教育支出的迅速增长。研究发现自从 20 世纪 90 年代以来，中国家庭教育支出平均每年以 29.3% 的速度增长，明显快于家庭收入的增长，也快于国内生产总值的增长。② Hilmer 和 Hilmer（2012）③、Koch 等（2015）④ 研究发现中国居民家庭消费随着收入变动而变动，呈现非平滑性特征。晁刚令和万广圣（2016）认为夫妻双方都在城市打工的家庭因为家庭收入的增加而可能增加包括教育在内的消费。⑤

（三）高校非学历教育消费性质—基本性评价

围绕新兴学科、专业、产业、岗位，高校增加了大量课程培训项目，吸引了社会人士前来学习，如物联网等新兴培训项目。对照基本消费的性质，可说明，高校非学历教育远非许多人所认为的可有可无，或者说只要接受了学历教育，非学历教育可以不参与。非学历教育越来越成为必要性教育，是终身学习的重要形式，对于重塑人们的职业形象、推进新兴产业发展具有不可或缺的重要意义。

（四）高校非学历教育消费性质—扩展性评价

与义务教育阶段主要基于学业成绩压力、升学考试与高等教育之间

---

① Iriondo, I. and T. Pérez-Amaral, "The Effect of Educational Mismatch on Wages in Europe", *Journal of Policy Modeling*, Vol. 38, Issue 2, 2016.

② 王右文、张艳：《心理期望视角下农村家庭收入水平对其教育消费支出的影响研究——以辽宁为例》，《科学决策》2021 年第 10 期。

③ Hilmer, M. and C. Hilmer, "On the Relationship between Student Tastes and Motivations, Higher Education Decisions, and Annual Earnings", *Economics of Education Review*, Vol. 31, Issue 1, 2012.

④ Koch, A., Nafziger J., Nielsen H. S., "Behavioral Economics of Education", *Journal of Economic Behavior & Organization*, Vol. 115, 2015.

⑤ 晁刚令、万广圣：《农民工家庭生命周期变异及对其家庭消费结构的影响》，《管理世界》2016 年第 11 期。

的利害关系而生成的需求不同,非学历继续教育消费主要基于职场压力,同时也是工作能力强化、追求个人价值实现的需要。当前科技创新和产业演化日新月异,产业技术渐进式进步,新兴产业从萌芽到发展,都需要业界人士扩展相关知识和技能领域。改革开放以来,中国更多把这种业余学习看作"充电",由"充电"需求而带来的高校非学历教育消费规模巨大。

(五) 高校非学历教育消费社会动因—地位提升评价

教育具有影响人们社会流动与社会地位的功能,正因为看重这种功能,人们愿意继续接受高校非学历教育,希望通过获得更高层次的知识、技能或者学习经历而得到更多的社会认可,以及向更高社会阶层流动的机会。实践中很多人也确实借助高校非学历教育而提高了社会地位,获得了更好的工作。教育经济学研究也发现,包括高校非学历教育在内的个人家庭教育投资的动机不外乎两点:一是获得精神上的满足;二是通过投资与接受教育来完成其劳动力再生产,提高经济收益和社会地位。

(六) 高校非学历继续教育消费社会动因—阶层背景评价

中国高校非学历教育,尤其是高层次非学历教育学员,普遍具有一定的经济、社会、政治,或者文化背景,也因此,具有企业董事和公司高管等经济身份的学员较多,具有资深产业从业经历等行业身份的学员较多,拥有一定学历和技术背景等文化身份的学员较多。在诸多背景中经济背景更为重要,毕竟教育资源稀缺,择校费昂贵。也就是说,高昂的费用导致社会成员有较高的学习门槛,处于富裕阶层的成员即使初始学历不高,也可以通过高额付费的方式获取高层次非学历教育机会。此外,处在一定的社会阶层中人们自然而然会产生相应社会阶层关于教育的想法,这也是一些企业家想提高受教育水平,或者有一段较高层次教育经历的原因。各种高校非学历总裁班、精英班广受社会人士欢迎,就适应了用"经济资本"购买"教育资本""发展资本"的逻辑。这种逻辑也相当于投入者借助既有经济收入，以教育消费为中介，获取人生更多的资本。

（七）高校非学历教育消费社会动因—选择性倾向评价

高校非学历教育消费包含多个领域，城乡区域之间、成员不同社会身份之间，存在教育消费领域的不同。同时区域、城乡之间存在教育消费不均衡现象。有研究指出，城乡家庭教育消费结构不均衡，农村倾向基础教育支出，城市家庭则倾向选择性教育支出和自愿性教育支出。各社会阶层在子女基本教育消费上的差异不大，但在扩展性教育消费与选择性教育消费上差距明显。社会分层对教育消费的影响不是基于校内基础性消费而产生的，而是通过私人教育消费中的扩展性消费和选择性消费而体现的。[①] 而高校非学历教育更多属于私人的扩展性和选择性消费，应更多从扩展性和选择性的角度建设培养体系。

（八）高校非学历教育消费支出增长因素评价

收费制度改革是中国高校非学历教育消费支出增长的重要外因。20 世纪 90 年代国家实行非义务阶段教育收费制度，收费水平一定程度上超过一般家庭的承受能力，当然，这与经济发展、生活水平的提高以及物价水平上涨有一定的关系。虽然近几年来国家对教育投入增长较快，但财政总支出中预算内的教育消费支出还不能完全适应教育发展的需要，不足部分转为由居民家庭承担。居民教育消费的价值取向是高校非学历教育支出增长的重要内因。当今社会高学历、高职称、高技能人才的收入较高且普遍受到重视，在就业和晋升方面优势明显，对居民消费观念起到很大的诱导作用。居民生活消费形成教育偏好，更愿意在子女教育以及自我终身教育、非学历教育上进行大量投资。

---

① 陈振中、颜印华：《消费社会的教育作为——改革开放以来我国教育消费研究述评及展望》，《中国教育科学》（中英文）2021 年第 5 期。

居民教育消费价值观是支撑其教育消费不断走高的主观基础，教育消费支出在家庭生活消费支出中占据了相当大的比重。高等教育规模的扩大是高校非学历教育支出增长的重要供给因素。高等教育规模的扩大给越来越多的人提供了上大学或进行继续教育的机会。为了适应社会主义市场经济的快速发展和对各类人才的需求，国家自1999年以来开始扩大高校招生规模，使越来越多的人能够接受高等教育，包括非学历继续教育。由于非学历教育比学历教育收费更高，前者较少需要国家财政补贴，相关的支出更多由受教育者个人承担，从而导致家庭支出的大幅增加。

九　中国高校非学历教育消费的发展评价

（一）高校非学历教育消费区域平衡评价

总体而言，中国高校非学历教育区域平衡性在不断增加，但要滞后于学历教育消费的平衡性恢复。中国教育消费一直以来存在城乡、发达地区和欠发达地区、东中部和西部地区发展不平衡问题，改革开放以来的一个时期，这种不平衡性在加剧。但随着劳动力流动、区域经济一体化，又呈现区域间教育发展的收敛性趋势。以城乡教育消费为例，随着国家对"三农"问题的日益重视，农业副业化、农户兼业化日益显现[①]，张屹山等（2015）发现中国农村居民的工资性收入在2013年首次超过经营性收入并成为农户的第一收入来源[②]。随着农户可支配收入的增加，农民对子女教育的心理期望也逐渐增强，即希望子女不再依靠繁重的体力劳动为主，而凭借智力有更好的工作，逐渐开始认同教育，进而衍生出关于子女教育的强烈心理期望。同时，城乡收入差距的不断缩小也激

[①] 王右文、张艳：《心理期望视角下农村家庭收入水平对其教育消费支出的影响研究——以辽宁为例》，《科学决策》2021年第10期。

[②] 张屹山、华淑蕊、赵文胜：《中国居民家庭收入结构、金融资产配置与消费》，《华东经济管理》2015年第3期。

励农村家庭进行和城镇家庭一样的教育消费，根据决策中的前景理论，农民期望子女也能接受较高的受教育水平。随着中国居民高等化的受教育结构变化对居民素质结构提升的影响越来越大，人力资本积累预期收入水平的示范效应日益彰显。农民在城市兼业中见证了城镇家庭对子女教育的重视与具体教育行为，在城乡教育水平比较中，一方面产生追求更高收入的渴望以期给子女更好的教育；另一方面产生一致性攀比而导致非理性的心理期望。依据期望陈述理论，随着农村家庭工资性收入和占比的逐渐扩大①，农村居民认为有能力给子女提供更好的教育水平，随之提升对子女教育的心理期望。

在教育文娱消费支出方面，农村居民、城镇居民消费差距度在不断缩小。不论是基于彻底摆脱贫困，还是合理化收入分配结构的目标，都需要建立在各地区良性协同发展的基础之上。具体而言，中国居民在这两个项目上消费差距的不平等程度都体现出组间不平等程度变小，而组内不平等程度变大的趋势。这反映出，就全国整体情况而言，上述两项消费的不平等程度在一定时间范围内都有所下降，在具体区域之中，各省份的情况却出现了组内的分化。富裕的东部沿海地区组内差距在缩小，区域内部各省份之间做到了很好的协同发展，但是在富裕地区与较为贫困的地区之间，以及贫困地区分组内部，相应地都出现了发展不平衡的情况。②

中国高校非学历教育当前也同样存在区域差异，而且差异程度远大于学历教育。从供给来看，大学主要建在城市，优质高校主要集中在中心城市，而优质高层次非学历教育主要集中在北京、上海、广州、深圳这样的一线城市。从需求来看，高端培训的生源更多在发达地区，

---

① 蓝震森、冉光和：《农村可持续消费增长潜力问题及对策研究》，《农业经济问题》2017年第3期。
② 孟佶贤、方毅：《居民消费中"教育文娱"、"医疗保健"的支出差距——基于泰尔指数的测算和分解分析》，《北京交通大学学报》（社会科学版）2020年第2期。

而职业技能型培训需求地区差异相对较小，而且越是偏远、落后地区，因为平均受教育水平低，所以一般技能性培训需求大。

（二）高校非学历教育消费层次基础评价

国家经济水平提高是高校非学历教育消费规模扩大、层次提升的前提。改革开放初期，落后的经济对教育消费形成了极大的制约，教育现代化面临投入不足、办学条件差、教师待遇偏低等问题。一个国家能够投入多少教育经费与其GDP紧密相关。经济和收入水平是教育消费的直接促进因素，教育消费层次提升以经济发展为背景。改革开放以来，中国经济步入高速发展轨道。根据国家统计局数据，中国GDP从1978年的1495.41亿美元增长到2019年的14.36万亿美元，41年来，经济增长近百倍，直接为教育消费创造了良好条件。公共教育支出占GDP的比重是评价一国教育消费的重要指标，同时反映一个国家和政府对教育的重视程度以及全社会发展教育的努力程度，岳昌君和邱文琪（2021）证实，中国早在2012年这一指标值就已经达到4%，且后来连续8年保持在4%以上，[1] 这表明中国公共教育投资比例已经进入了与经济发展水平相适应的国际平均值区间内。可见，正是国家经济水平的提高，使得政府有更大的能力开展教育消费，通过合理资源配置承担教育责任。[2] 当前，中国义务教育已经从普及化向优质均衡阶段迈进，高等教育逐步实现普及化。可以说，随着大学扩招及成人教育的发展，中国学历教育得到了满足，且满足的层次越来越高，相应对内涵更加丰富且多样化的高校非学历教育提出了更多、更高的要求。

（三）高校非学历教育消费多样性评价

刘社建（2002）通过建立教育消费函数后发现，高校非学历教育消

---

[1] 岳昌君、邱文琪：《面向2035的我国高等教育规模、结构与教育经费预测》，《华东师范大学学报》（教育科学版）2021年第6期。

[2] 陈振中、颜印华：《消费社会的教育作为——改革开放以来我国教育消费研究述评及展望》，《中国教育科学》（中英文）2021年第5期。

费水平随收入水平的增长而超前增长。①虽然各区域的收入水平存在差异，但总体上，中国人均GDP从1978年的176美元增长到2019年的突破1万美元大关，居民可支配收入快速增长，从而扩大了消费选择空间，提高了消费选择能力。可将教育消费划分为两个部分，即生存性教育消费和享受性、发展性教育消费。生存性教育消费是指为了工作和适应社会而必须接受和选择的教育；享受性、发展性教育消费是一种满足人们发展兴趣爱好、提高生命质量的消费活动，具有个别性和选择性。随着可支配收入的提高及公共教育的普及，国民进行教育消费活动的思想观念发生了积极转变，教育的生存性价值和发展性意义得到重视。一方面，生存性教育消费得到更完全的满足，直接的表现是持有大学学历者越来越多，在求职中学历越来越成为必要因素，而非充分因素。另一方面，享受性、发展性教育消费兴起，人们根据自己需要，更自由地选择自己的教育消费，教育不仅仅是为了谋生存，还可能让人们生活得更加美好，更有利于实现个人价值。整体上而言，受益于政府对公共教育消费的投入，基本教育权利得到保障和满足，在此基础上，除了生存所必需的"应试教育"，国民教育消费开始关注艺术培养、兴趣拓宽、人格发展等个性化的"素质教育"领域。教育消费不仅为了生存，也在于获得快乐和幸福，在于变得高尚和完善。高校非学历教育也同样体现了这一生存性、享受性、发展性多样化的发展特征。②

（四）高校非学历教育消费公平性评价

高等教育曾经是一种"拥挤性的公共产品"。然而，随着中国高等教育快速发展，其毛入学率由1980年的1.1%增长至2020年的54.4%，中国2003年进入高等教育大众化阶段，2018年迈入高等教育普及化阶段。有研究证实，更高的入学率意味着更大的公平（原先许多没机会深

---

① 刘社建：《教育消费的经济学分析》，《经济经纬》2002年第6期。
② 陈振中、颜印华：《消费社会的教育作为——改革开放以来我国教育消费研究述评及展望》，《中国教育科学》（中英文）2021年第5期。

造的人能得以深造）。① 通过发展非学历高等教育消费，社会受教育面扩大，从而消费带动了教育保障，实现各阶层、各区域的人们更公平地获得高等教育。就整个教育而言，九年义务教育更加公平，高中、本专科层次一般性教育公平有所改善，但高层次尤其研究生阶段教育不公平现象仍然存在。高层次教育包括高层次专业学术教育和职业技术教育，前者主要培养高级研发人才，后者培养对象为高级技术、管理人才或者技工。包括高端非学历教育在内的高层次教育都还是稀缺资源，如一些高端培训和课程班收费昂贵，一般的城乡工薪阶层难以承担，偏远及欠发达区域人员求学成本更高，学员群体往往非富即贵。②

（五）高校非学历消费选择评价

当前选择接受高校非学历教育者越来越多，这说明消费选择的主体性在增强。对于在职人员而言，这种选择有较高的财务成本和机会成本，也说明高校非学历教育给社会提供了值得尊重的价值，给受教者带来了收益。同时也应看到，这种效果因人而异，不同的选择导致不同的收益。比如有的人的选择导向是求学，因而会进入课程教学有保障、学业优势明显的学校学习。有的人的选择导向是获得功利性的证书，因而在选择时不顾专业和学校，只要容易学、少花成本和精力，最好有捷径取得证书就行。教育部规定，高校非学历教育不得与学历文凭挂钩，持这类导向的学员教育选择的空间越来越小，大多以失败告终。还有的人受虚假招生宣传的影响，有盲目选择的倾向，以为一加入学习即可获得身份提升、朋友圈子接纳等各种好处，最终事与愿违。还有轻率选择的倾向，没有根据自己工作的条件和个人财务状况选择合适的学习方式。

---

① 陈振中、颜印华：《消费社会的教育作为——改革开放以来我国教育消费研究述评及展望》，《中国教育科学》（中英文）2021 年第 5 期。
② 陈振中、颜印华：《消费社会的教育作为——改革开放以来我国教育消费研究述评及展望》，《中国教育科学》（中英文）2021 年第 5 期。

（六）产业结构升级评价

不同层次的教育在经济社会中承担着不同的职责，包括学历和非学历教育在内的更高层次的研究型教育消费能够促进产业结构升级。研究型教育消费对产业结构升级的促进作用主要通过其自身的消费属性、人力资本外部性以及技术创新性等方面来体现[①]。产业发展处在经济实践的前沿，随着产业技术不断进步，产业不断转型，高校非学历教育通过人才培养、技术转移、技能培训，助力产业结构升级。

十 中国高校非学历教育消费的空间评价

（一）高校非学历教育消费空间性评价

不由公共拨款，而由私人投入的学杂费强化了高校非学历教育的消费属性，高校需要在市场上争夺生源决定了其空间生产需要以满足学生与家长的诉求为基础。同时，高昂的学杂费也强化了受教育者在择校行为上的消费属性，高校非学历教育和教育领域其他市场性消费行为类似，如在某校教职工大会上，校长多次提醒教师："在处理家校关系时，除了要记住你们是教师，他们是学生家长，还要记住他们是消费者，是购买你们服务的人。"[②] 参加学习者也普遍认为，"因为我们出了这么多学费，所以学校就应该……"[③] 这一逻辑背后体现了学员把学校看作消费空间。学员把学费昂贵的高校，尤其是高层次高校想象成阶层跨越空间和教育投资的消费空间，同时学校也成了记忆性和符号性的场域。学校通过神话生产（如精英、总裁等）来满足学员对差异化消费空间的诉求。继续教育部门通过挪用学历教育中的"大学神话"和"科技神话"

[①] 刘湖、高晨泽：《研究型教育消费与中国产业结构升级关系的实证研究》，《长安大学学报》（社会科学版）2019 年第 6 期。

[②] 王蕾：《学校神话视角下教育消费空间的生产——以浙江 Z 民办学校为例》，《教育研究与实验》2020 年第 6 期。

[③] 王蕾：《学校神话视角下教育消费空间的生产——以浙江 Z 民办学校为例》，《教育研究与实验》2020 年第 6 期。

核心素材，借由神话的叙事、拼接将其具体化，继而通过重构自身的神圣性，最终完成其背后以特定空间为基础的商业逻辑和教育消费逻辑。[1]

（二）高校非学历教育消费城乡评价

来自农村地区的高校非学历教育学员相对较少，这不完全是因为收入差距所致，一个重要的原因是农村继续教育消费观念落后。改革开放以来，农村地区富裕者不在少数，且农村人口基数大。尽管农村居民重视孩子的基础教育、学历教育，但这并不意味着他们对自己的继续教育也同样重视。农村居民成人教育消费较低，一般停留在生存性消费需要上，即使收入状况稍好的居民也更多以享受性消费需要为主，对较高层次的发展性需要投入不多。相比之下，城镇居民除了重视子女的学历教育，还重视自己的职业教育、继续教育。城镇居民的文化教育消费内容很丰富，除了看书、读报、观剧、观影、参观文化场馆等传统的消费，还有网络化、数字化的现代文化体验消费、创意空间消费，而农村居民连传统的文化教育消费都很少。

（三）高校非学历教育区域空间评价

中国高校非学历教育具有区域空间差异。各地经济发展程度不同，对比《中国教育统计年鉴》相关年份教育发展数据可发现，中国教育消费的区域差异较大。整体上，北京、上海、浙江、广东的教育消费高于其他省份；西部省份中的特例是陕西，由于高校较多而使得教育消费较高；人口大省河南、山东，尽管收入水平并不低，由于城市化水平低，教育消费水平仍不高；收入、城市化水平"双落后"区域，如云南、内蒙古等省份教育消费水平一直较低。各省份教育消费的差异演化趋势明显。无论是基尼系数还是泰尔指数，教育消费的总体差异性在逐渐缩小，全国尽管收入不同，但教育消费在各省份的差距逐渐缩小，由于收

---

[1] 王蕾：《学校神话视角下教育消费空间的生产——以浙江Z民办学校为例》，《教育研究与实验》2020年第6期。

入的差异，基尼系数缩小是以教育消费支出比例差距扩大为代价的，即经济不发达区域相对付出的更多。通过分析教育消费变化对可支配收入变化的弹性，可发现，各省份的教育消费弹性前期相对较小，2012年以后弹性的均值变大，部分区域超过了1，这说明部分区域教育消费已经是奢侈品属性。尽管教育消费的收入弹性在增加，但就具体区域而言，落后区域的教育消费水平依然不高，教育消费分化还较为明显。[①]

（四）高校非学历教育农村消费空间畅通性评价

影响居民高校非学历教育消费投入的因素有经济和非经济因素。从个体、群体层面来看，影响农户自身教育消费投入的因素主要有个体层面的年龄、价值观和态度、经济条件，以及群体层面的从众压力等。这些个体、群体层面的经济和非经济因素直接影响农户自身高校非学历教育消费的意愿及行为。农民的价值观和对待事物的态度受所处社会生活环境和个人的经济地位以及文化教育水平的影响，而且一经形成后具有相对稳定性、持久性。持"学习是小孩子的事，自己年龄大了，觉得没有必要学习"之类想法的农民不在少数，虽然部分农民进城务工生活，接触新事物、新思想、新观念后，也会改变某些固有看法，但只要回到故土，且在家乡进行长期生活，新生的价值观又会被冲淡。在调查中还可以看到，年龄也是一个重要的影响因素。农民普遍将学习看作是青少年的任务，没有终身学习的意识和理念，许多人完全可以免试进行非学历教育，但很少有人愿意尝试。农民彼此之间长期来往所形成的稳定的邻里关系及熟人社会，对他们的教育行为影响非常大。群体规范及群体压力虽然不是强制执行，但它通过个体的心理负荷来影响个人认知、判断和选择等。当个体生活在一个群体中时，他总是渴望被所生活的群体接受和尊重，在行为和观点方面会尽量保持与群体一致，特别是在见识

---

① 商海岩、秦磊：《城市化中的教育消费：差异、属性与影响因素》，《国家教育行政学院学报》2019年第6期。

不够、信息匮乏时，遇到不确定情境采取什么样的行为和态度时，最容易受到周边人的影响。

十一 中国高校非学历教育消费的风险评价

当前，中国高校非学历教育消费风险整体可控，尤其是随着2021年教育部办公厅印发《普通高等学校举办非学历教育管理规定（试行）》，明确高校应严格规范非学历教育招生行为，自行组织招生，严禁委托校外机构进行代理招生，有效降低了全社会的高校非学历教育消费风险，但不可避免仍存在一些风险因素。

（一）质量风险评价

非学历教育作为高校教育的后来者，虽然发展滞后于学历教育，但近年获得巨大发展，特别是随着网络信息化时代的到来，借助数字手段，非学历教育质量水平大为提升，但仍有一定的质量风险。部分学员在接受高校非学历教育后，没能达成预期的学习质量目标。原因多方面，既有学校教学质量不过关、不过硬，教育产品提供与学员需求不一致的原因，也有学习者自身的原因，如好高骛远，不切实际想要达成较高的学习目标；学习不认真，导致学习效果差。学习质量不高也导致了部分高校非学历教育社会满意度不高。学员投入较高经济和时间成本，而学习效果不佳时，往往面临质量风险。

（二）学业风险评价

非学历教育虽然不能获得国家正式认可的毕业证和学位证，但每个办学机构可以自行颁证，以证明学习培训经历。大多数学员能够完成培训，顺利获得证书。但证书作为一种评价手段或者资格，代表一定的水平，有一定的获取标准和门槛，并不是每一个学员都能够获取。高校非学历教育学员面临着不能够完成预定的学业并达到相应的学业标准，因而无法获得相应证书的风险。不同的教育阶段都有相应的学业要求，并为达到一定学业标准的学习者提供证书或文凭。证书在早期是一种行业从业资格，后来发展成为一种学历和知识水平等级的标志。在现代社会，证书或文凭依然是某些行业从业的必备条件。所以，证书或文凭是教育消费者所追求的目标之一。高校非学历教育消费过程要求作为学员的消费者参与其中，包括消费者自身消费能力和消费者努力程度在内的各种因素都可能导致学业风险的形成。

（三）健康风险评价

高校非学历教育学员还面临教育消费过程中出现的各种不利于消费者身心康健事件的可能性，包括身体风险和精神风险。教育过程始终渗透着人的感情因素，或愉悦，或消沉，甚至有心理伤害的可能，如理想与现实的落差过大、重要考试失利、教师不良言语的刺激等都可能对消费者构成心理伤害。

（四）就业风险评价

高校非学历教育学员更可能面临就业风险，因为他们是非脱产学习，繁忙的学习难免影响工作主业。即使是脱产学习，也可能学习完成后不能够当期就业，或者非理想就业，这些都是就业风险。由于教育结构与市场需求不可能完全匹配，就业风险始终存在。加之中国就业竞争激烈，作为非学历教育学员，就业压力可能更大，风险较大。

（五）收益风险评价

高校非学历教育收益风险既包含经济方面的风险，也包含非经济方面的风险。经济方面的风险是相对于高等教育消费支出而言的预期收益降低的可能性。总体来说，中国高等教育收益率偏低。研究显示，在20世纪90年代中期，中国高等教育的个人收益率不足8%，而同期的世界平均水平是15.7%。[①] 高等教育结构性过剩，大学师资整体水平不高，

[①] 陶美重、任奕菲：《高等教育消费风险及其规避研究》，《内蒙古社会科学》（汉文版）2015年第6期。

质量不佳，文凭贬值都是构成收益风险的要素。非经济收益是一种消费性收益，教育的消费性收益被视为个人一生因教育而增加的非货币收益，这一收益往往也面临风险。特别是对于高校非学历教育，在得不到社会和用人单位认可的情况下，学员收益风险大。①

（六）政治风险评价

高校非学历教育政治风险是指通过教育形成的政治思想观念与社会主流意识形态不相适应而可能影响个人顺利就职和职业发展的一种风险。意识形态在教育领域的渗透是不可避免的，这种风险在国际教育交流之间经常出现。目前，中国跨境教育消费日益旺盛，教育领域的文化渗透和政治交互影响是这一风险形成的主要背景。

（七）风险影响评价

中国高校非学历教育消费存在质量风险、学业风险、健康风险、就业风险、收益风险、政治风险。尽管高校非学历教育消费可能遭遇意想不到的各类风险，但这丝毫不影响这种教育消费日渐成为现代人生存和发展的基础性消费，高校非学历教育终有一天成为人们消费的"必需品"[87]。

十二 中国高校非学历教育消费的效应评价

（一）服务城市发展评价

高校非学历教育已经被纳入中国城市发展体系中，比如如何做一个好市民，提高生活素养已经成为高校非学历教育培训的课程，高校非学历教育讲座大量在社区举办。尤其对于农村居民的市民化，农民工的非农转化，高校非学历教育发挥了重要作用。但当前从城市发展角度实施的高校非学历继续教育整体上还有限。社会对人们如何成为一个合格的

---

① 陶美重、任奕菲：《高等教育消费风险及其规避研究》，《内蒙古社会科学》（汉文版）2015年第6期。

市民，如何增强其生产技术能力，提高其消费素质，帮助其更有效地融入社会缺乏相应的教育。以市民身份参与高校教育学习正是高校非学历继续教育的重要特征，但当前高校举办的非学历继续教育，在管理上没能遵循市民教育消费规律，导致既想管又管不好、不管问题又多的困境；在教学上不能切合市场教育消费需求，过分强调书本和专业知识，与社会实际脱节，对城市公民社会发展没能发挥应有的导向作用。高校非学历教育服务城市和区域经济发展乏力在新时期还有新的表现，当前中国各地正在建设（国际）消费中心（城市），这项建设工作正面临人才瓶颈。而高校非学历教育是培养消费经营、管理、从业人才，提高消费服务水平的重要途径。例如，可通过共建共享远程教育学习平台、加强远程教育教学理论学习、优化远程教育学习平台课程资源、加强学习支持服务、运用大数据进行管理等对策，助力各地建设国际旅游消费中心。

（二）高校非学历教育负效应——致贫效应评价

教育可能致贫的观点获得了多项研究确认，2008年修订的《中华人民共和国义务教育法》在降低家庭学杂费支出方面成效明显。但是，受制于高等教育的扩招政策和收费制度改革，中国半数以上居民仍然对高等教育缺乏承受能力。[①] 在"再穷不能穷教育观念"影响下，中国现行包括非学历教育在内的高等教育学费制度与家庭收入不相关，由于可支配收入间存在差异，所以农村地区及低收入家庭的高等教育消费负担问题最为突出。为了间接获取高层次非学历证书，不少经济条件一般的人士不切实际地进行昂贵的非学历教育消费，有的人不仅没有增长知识和技能，进一步取得文凭证书的愿望也落空，无助其职业生涯发展；不但没有能够改善收入状况，还导致全家节衣缩食，降低了家庭生活水平。

---

① 何智蕴、董乃涵：《中美家庭高等教育消费不平衡比较》，《比较教育研究》2007年第5期。

（三）高校非学历教育负效应—挤出效应评价

在有限的收入水平下，居民增加非学历教育消费就要减少其他类型的消费，为了支付非学历教育消费，就必须在未来消费和前期储蓄之间作权衡，其结果是不但教育消费前很长一段时间的消费挤出，在接受教育期间及教育完成后一段时间，消费都将减少。通过考察高等教育改革与居民消费之间关系后可发现，高等教育改革对居民消费具有显著的挤出效应，使得学习者的家庭消费倾向下降，而这种影响主要集中在教育支出的前后十年。[1] 为了对冲超额需求带来的高校非学历教育消费增长，许多人或者家庭采取增加预防性储蓄、缩减其他类型的开支等手段来维持一定的教育消费水平。事实上，有研究人员早在2003年就指出了这一悖论，教育启动扩招消费政策实施之初虽然较精确地估计到居民用于教育的消费，却忽略了它会导致更高的教育储蓄，有违于当初教育拉动消费来降低居民储蓄的初衷。[2]

（四）高校非学历教育的经济影响评价

高校非学历教育虽然在高校教育中并没有被作为发展和投入的重点，却是创收的重点，很多学校的科研费用、学历教学补助、员工福利都严重依赖非学历教育办学收入，因此非学历教育是国家公共拨款之外，最重要的校园经济来源。高校非学历教育对教育服务供给带来需求，有利于完善高等教育、优化师资队伍、强化人才培养，同时一定程度和范围内带动了社会消费，包括学习消费、用品消费、后勤消费、研学旅游消费等。高校非学历教育是私人教育消费，刘湖等（2009）的实证结果表明，与政府教育消费支出对经济增长质量的提升作用并不明显

---

[1] 陈振中、颜印华：《消费社会的教育作为——改革开放以来我国教育消费研究述评及展望》，《中国教育科学》（中英文）2021年第5期；朱清贞、徐书林、李云峰：《政府教育投入对居民家庭消费的"挤入效应"》，《江西社会科学》2019年第5期。

[2] 陈振中、颜印华：《消费社会的教育作为——改革开放以来我国教育消费研究述评及展望》，《中国教育科学》（中英文）2021年第5期。

相比，私人教育消费支出对经济增长的数量和质量均存在显著的促进作用。①

(五) 高校非学历教育消费研究促进实践评价

从教育目标来看，教育消费研究旨在培养学生在尊重的基础上多元发展的价值取向。在学校教育中，受教育者消费理念及消费亚文化是一个复杂的范畴，不能也不应该被简单地定义。多元的教育消费亚文化体现着不同主体对象对历史与未来的思考，从侧面反映出当代受教育者的认知和鉴赏水平、创造性等综合能力在显著发展。

从教育内容及教育管理来看，教育消费研究有助于改良课程组织形式以推进教学内容现代化。《国民财商教育白皮书（2021年）》显示，财商素养是当代人的必备素养之一，而中国对财商教育的重视程度还不够。② 学校教育是受教育者的消费观、财富观、价值观塑造的关键时期，因此，对于学校教育而言，开展教育消费研究，是直面实践困境的挑战，即如何对消费理念、消费亚文化进行去糙取精，处理好其可行性与限度的问题。

从教育方法来看，教育消费研究是以立德树人为宗旨对受教育者进行德育。为了弥补消费社会可能带来的享乐主义与主流价值观之间不断扩大的鸿沟，需要学校细化品德教育手段，作为沟通和干预机制将消费、教育、意义、实践等联系起来。不少研究者提倡将符号消费视为德育资源之一，从消费教育的角度来破解学生被"物化"的价值观。这一研究和实践思路以"消费教育"为突破口，提高学生价值判断能力，最终是为了引领学生从消费领域的个性化表达向更具有大局观和社会责任

---

① 刘湖、于跃、张家平：《教育消费结构、收入差距与经济增长》，《陕西师范大学学报》（哲学社会科学版）2019年第3期。

② 张莫：《国民财商教育白皮书：应多方联动构建多元化投资者教育体系》，《经济参考报》2021年1月29日第6版。

感的公共事务参与方向延伸，培养具有独立精神的人。① 由此可见，为推进中国高校非学历教育及其消费，需要展开相关研究。

（六）高校非学历教育消费的学科促进评价

对包括高校非学历教育在内的教育消费进行全方位、深度的思考，不仅是教育命题，也是各个学科的命题，涵盖社会、家庭、个体等要素，涉及大众传媒等变量，以及其中错综复杂的互动关系。以教育学为基本立场，以学科交融为手段，打破学科研究内容和研究方法的边界，充分发挥各学科尤其是人文社会科学的研究视点、理论支撑和方法技能优势，带动各个学科共同去关注并认识教育消费现象的复杂性、教育消费活动的动态关联性以及教育消费主体的变化性，从而完善各个学科的研究，促进各个学科的建设。消弭人为区隔的学科壁垒，借助教育消费研究，可以把各个学科尤其是人文社会科学联系起来，如社会学对文明及消费社会变迁的洞察、人类学对个体消费动力机制的探索等，打造具有活力和解决力的人文社会科学集合体。②

（七）高校非学历教育消费的教育学促进评价

高校非学历教育消费可从多方面促进教育学发展。一是促进教育学学科体系性发展。通过对教育消费活动进行管窥，理解其中体现的系统运行与个体行动之间的互动性、共通性等内在逻辑，形成超越个体的局限性且具有体系化学科特征的研究路径。首先，以历史研究为基础，从教育与消费整体过程中呈现的特殊现象和具体经验出发。其次，经过转化、抽象和反复检验，揭示出教育消费的实质性内涵与社会发展规律、结构特性，提炼出可用于分析、解释教育消费本质的相关概念。最后，在分析的螺旋式上升过程中，汇聚散点的理论成果，形成系统化、全景

---

① 陈振中、颜印华：《消费社会的教育作为——改革开放以来我国教育消费研究述评及展望》，《中国教育科学》（中英文）2021年第5期。
② 陈振中、颜印华：《消费社会的教育作为——改革开放以来我国教育消费研究述评及展望》，《中国教育科学》（中英文）2021年第5期。

式的教育学理论研究框架。二是促进教育学学科内部交叉性融合。通过揭示消费亚文化的变迁机制、运作结构等，促进教育经济学、教育社会学、教育人类学、教育技术学等相关学科研究，扩大现有教育学学科群的研究范畴。三是促进教育学本土化、特色化的内源式增长。教育学学科常被诟病的一点在于"引进性"有余，"原创性"不足。因此，对教育消费进行研究的意义在于，立足中国居民家庭教育活动和经验，通过强调反思性、批判性来加强学科建设，发展系统化、本土化的"原创"教育学。这一目标的实现，既指向纯粹意义的理论体系建构，又要求提炼形成教育政策并进行实践探索。将教育消费作为对社会的其他资源进行调控的手段，形成平衡互惠的经济关系。[①] 上述评价虽针对教育消费，但对于高校非学历教育消费的产业类似。

（八）高校非学历教育消费的社会活动功能评价

中国现代大学校园都具有较为丰富的绿化、文体设施，一般是所在区域的文化中心区，特别在省级及以下层次的区域，大学设施层次在当地堪称一流，除了服务教育，还尽可能服务于广大市民和城市文化教育消费需要。以宁波为例，当地高校设施水平高，能够满足城市居民对自然环境、文体设施需求，作为教学、科研、交流的物理场所，也可以发挥城市功能。同时，经济发展迅速，迫切需要高质量的大学与科研院所驱动城市社会经济发展。加强教育空间与城市的互动，提升创新资源储备，丰富区域发展多样化内涵，对宁波可持续发展至关重要。此外，既需要依靠教育空间生产高素质劳动者，又需要依赖教育空间塑造文化特色鲜明的城市与区域常住人口群体。中国教育空间发展影响城市经济社会活动的人力资本供给，是培育人类知识再生产的核心，高校非学历教

[①] 陈振中、颜印华：《消费社会的教育作为——改革开放以来我国教育消费研究述评及展望》，《中国教育科学》（中英文）2021年第5期。

育既可奠定企业人力资本，又能引导国家社会创新。①

(九) 高校非学历教育消费的负面效应——负面心理评价

目前，高校非学历教育求学者整体积极向上，但也有极少数人消费中还不乏一些负面心理。这些负面心理可归纳为以下几类。

出人头地心理。仍有人认同"万般皆下品，唯有读书高"，把自己个人发展寄托在抽象的读书上。教育增长知识，提高能力本身并没有错，但如果功利化对待教育，知识就会单薄化，而且在一定程度上知识并非个人发展的充分必要条件，阻碍很多人发展的因素可能不是知识，而是其他的社会历练，或是创新能力和个人品德修为，这些都不是单独通过学校教育能够造就的。

起跑线心理。许多父母宁愿节勤俭节约，不仅为子女提供学历教育消费，还为子女提供非学历教育消费，认为不能让孩子输在起跑线上。很多家庭的教育支出严重超出可承受范围，但带来的学习效果很有限。

从众心理。很多社会人士本身对高校非学历教育没有要求，但看到周围的同事、朋友、亲戚等都参加学习了，自己也跟着报了班。由于没有特定目标，学习很盲目，真正的收获也少。

攀比心理。有的人参加高校非学历教育是为了提升自己的身份地位，误将其作为升职的条件。

虚荣心理。不少人由于学历教育水平或者层次不高，没有能够获得本科或更高层次学历，或者没有能够进入名校学习，因此参加高校非学历教育的初衷是：即使不能在高层次大学参加学历教育，也要花钱买一个学习经历。

投机心理。有的人参加高校非学历教育是为了拉关系、混圈子，妄图加入所谓的"上流社会"得到贵人相助。

---

① 马仁锋、周小靖、窦思敏：《城市教育空间的生产与消费》，《宁波大学学报》（教育科学版）2020年第6期。

（十）高校非学历教育消费的经济拉动评价

包括高校非学历教育在内的城乡居民教育消费需求对经济具有拉动作用。根据国际经验，教育投资对 GDP 增长的直接贡献率一般不低于 4%，在发达国家可以达到 6.7%。城乡居民教育消费需求对经济的直接拉动作用表现在教育产品需求旺盛，随着教育消费支出的增加、学校规模增大和学生人数增多，直接导致师资数量的增加、校舍面积的扩大及设备投资的加大；同时，教育产品的附属品，如校车、学区房等也将带动相关产业的发展。城乡居民教育消费需求对经济的间接拉动作用表现在社会受教育程度的提高和劳动者素质的提升，这将促进劳动率的提高、劳动者收入以及国民收入的增加，有利于产业结构的调整与优化。政府可以进一步满足人民群众对教育的需求，修订九年制义务教育政策，在普及九年制义务教育的基础上上下双向延伸，即向下延伸普及幼儿园教育，向上延伸普及高中教育。同时，制定高等教育规划，完善高等教育政策，实施高等教育分层策略，全面推行包括高校非学历教育在内的大众化高等教育。

（十一）高校非学历教育消费挤出效应评价

包括高校非学历教育在内的城乡居民教育消费扩大对其他消费具有挤出效应。假设城乡居民收入一定和消费结构及消费总支出不变，扩大教育消费的支出就必须削减其他消费支出。因此，城乡居民教育消费扩大对其他消费具有挤出效应。教育消费支出增长速度高于收入和消费总支出的增长速度时，势必影响居民其他各项消费的支出，这种影响可能不仅反映在相对数上，甚至会造成必要生活消费支出的绝对下降。政府要加大教育投入，发挥教育公益事业的功能。同时，城乡居民要合理规划好教育消费，在不影响其他生活质量的前提下量力而行，不能盲目攀比而超越自身经济能力，形成过度消费的非理性倾向。

（十二）高校非学历教育消费的公平效应评价

当前中国高校非学历教育的公平性在不断增加，尤其在一般培训领域，许多高校举办短期班，或者政府、用人单位定制班，发挥出规模效益，收费低廉。还有线上教学方面，高校非学历教育更是借助网络和数字平台，服务的社会大众越来越广泛，服务的区域越来越广。当前不少农村地区举办乡村振兴人才培训、非农就业技能培训，通过提供一定的补贴，促进了城乡和区域之间高校非学历教育公平发展。但也应该看到，高校非学历教育消费，尤其高端培训，费用昂贵，过高的教育消费会影响教育公平，甚至带来一些负面影响。如一些名牌学校、"双一流"高校，若学费定价过高，将直接导致社会低收入群体由于无力支付过高的教育费用而不得不放弃接受良好教育的机会。如此，社会就无法实现教育公平。

（十三）高校非学历教育消费的生活促进评价

近年，中国高校非学历教育消费发展取得的一个重要进展是，不断涉入大众生活领域，提高人们的生活素养，未来它还将对人们的美好生活发挥巨大的促进作用。当前，大众消费出现了休闲生活奢靡化、虚拟化以及休闲价值观物欲化的倾向。这一方面是因为某些人生活空虚、价值观扭曲所致；另一方面也是因为大众缺乏良好的生活旨趣。高层次生活离不开高水平的生活素养，高校非学历教育已经在发挥素质培养功能，尽管当前发挥作用有限[①]，但未来必大有可为。

---

① 陈静婷：《消费社会呼唤少年儿童休闲教育》，《教育观察》2018年第24期。

第八章　中国高校非学历教育消费的评价结论和政策建议

一　中国高校非学历教育消费的主体评价结论和政策建议

（一）评价结论

中国高校非学历教育消费者群体已经形成，在高级课程班方面，学员主要为大型企业中高层骨干、中小型企业主和其他精英人士。人们选择学校、课程、时间、地点的机会越来越多，从而也逐渐将高校非学历教育卖方市场转变为买方市场，求学者教育消费特征越来越明显。随着开放办学，政产学研不断走向一体化，参与高校非学历教育办学的机构越来越多，机构体系正在形成。与此同时，高校围绕非学历教育的竞争越来越激烈，机构的办学行为市场化，维护市场秩序、公平竞争、保证教育质量的机构监管任务越来越重。

（二）政策建议

大力培育和支持高校非学历教育消费群体，鼓励和帮助更多的人接受继续教育，获得在高校进一步学习的机会。高校在巩固学历教育发展成果的同时，应积极拓展非学历教育，真正实现学历教育和非学历教育"一体两翼"的平衡，两者良性发展。搞活非学历教育，在理顺机制、强化监管的基础上，以国家投资带动社会投资，鼓励社会机构参与高校非学历教育。

二 中国高校非学历教育消费的文化评价结论和政策建议

(一) 评价结论

中国具有一定学历人员的非学历教育目标越来越明确,无论是在校、刚毕业的大学生,还是具有一定职场经验、社会地位、经济基础的人士,在近期或者未来都有一定的教育消费目标。他们都在进一步完善职业生涯规划,将高校非学历教育消费作为一条主线纳入个人的人生规划。高校非学历教育消费理念越来越多地得到社会的认同,但离深入人心尚有差距,理念还停留于较低层次。高校非学历教育消费关系尚未理顺,不良的消费观念如果愈演愈烈,可能导致高校非学历教育变质。教育消费主义可能将学校变成市场,将教师变为服务员,学员成了上帝一样的顾客。顾客需求被迎合,很难被改造,高校非学历教育由此可能失去它本来应有的意义。教师的权利没有得到充分维护,尊严没有得到维护,部分人对教师教学过程中出现的小纰漏吹毛求疵,动不动就消费维权,市场执法部门往往把学员看作消费者,当作弱势一方,从而作出有损教师权益、尊严的仲裁或者判决。目前,高校已经在进行消费教育,越来越多的高校开设了消费教育课程。但对于教育本身作为一种消费形态,且是长期的、终身的形态,高校的消费教育对之关注不够,缺乏主动性和自觉性,给学生提供的继续教育消费指导有限。中国改革开放早期,教育消费研究丰富,这对于理清教育消费本质规律、推动教育消费政策文件出台、促进高校非学历教育在内的教育消费发展发挥了重要作用,但近年来研究薄弱。社会公众轻视高校非学历教育消费价值,既有历史的原因,在某种程度上也与相关政策不够完善有关。中国出台的各种针对或涉及高校非学历教育的政策,虽然都体现了国家的重视,意在促进高校非学历教育发展,但在政策执行过程中高校容易片面地将价值指向经济创收,忽视学员作为消费者的需要,致使政策效果未达到初衷。①

（二）政策建议

树立正确的教育观、人才观、教育消费观，摒弃功利性。进行相关的教育和宣传，尤其是在招生环节多明示，在随后的学习过程中多引导，帮助学员形成正确的教育理念。对片面理解或者歪曲、错误对待高校非学历教育的学员予以劝退。需谨慎对待师生之间的消费关系，反对不顾特殊性，将教育消费关系等同于一般市场服务消费关系；教育的根本目的是培养人，高校和教师是作为社会知识权威的力量而存在的，应建立特殊的、适应高校非学历教育规律的消费关系和师生关系。充分保障教师的权利，维护师道尊严，在积极推行素质教育改革、强调学生主体性、教学以学生为中心、推进学生满意教育服务的同时，不得将受教育者的权利无限制地扩大，学生不得把课堂当商场、把学校当市场，过分强调自己作为消费者的权利。学校消费教育应对教育消费本身予以关注，以引导学生正确进行学历教育和非学历教育消费。为此，学校需要从消费角度对教育本身进行反思、研究、总结，建立学时规划，提高教育消费教学水平，以适应产业升级、科教兴国、国内国际双循环、刺激内需、建立统一国内大市场的需要。积极深化高校非学历教育消费研究，应从消费视角重新检视有损高校非学历教育形象的办学行为，注重内涵建设以改善学生消费体验，优化结构并完善教育体系；强化媒体正面宣传，进而增强公众对高校非学历教育的信心。

三 中国高校非学历教育消费的行为评价结论和政策建议

（一）评价结论

非学历教育虽然在中国举办已经有很长一段时间，但一直以来规模

---

① 赵蒙成、刘晓宁：《论职业教育的消费价值及其政策意蕴》，《江苏高教》2019年第2期。

有限，特别是高层次非学历教育发展有限，对很多中国人来说自己掏钱、不拿文凭、纯粹进高校深造还属于新鲜事物。中国高校非学历教育存在较为严重的功利化倾向，不利于长效发展。在社会、家庭、高校、企业等多重因素影响下，中国高校非学历教育存在多重困境，需要想办法克服。

（二）政策建议

对中国高校非学历教育学员中存在的非理性消费行为，需要认真分析，切实应对，强化正确导向。应重视各种困境，理顺社会各方责任和权利，倡导健康、积极向上、有利各方的消费行为。高校非学历教育消费者应从已有的学习经历和学习效果中学会反思，了解实际情况，从多种途径中选择最适合自己特点的学习之路，并根据情况变化灵活调整自己的教育需求和教育期望。所选择的教育方式应有利于受教者工作能力提高、职业素养提升、兴趣培养和发展优势培育。高校非学历教育既是一种拓展型消费，也是一项奢侈消费，人们只有在具有一定学习基础、技能水平、经济条件、时间空余时才能顺利参加，需要根据现实条件确定工作目标，需要扎扎实实、循序渐进。此外，人们还应树立正确的名校观，正确看待名校与自己成长之间的辩证关系，从而作出科学理性的教育选择；也不可盲目追随热点和大流，追捧一些所谓热门的学习内容，应该更多从基础知识、基本技能方面打下扎实的基础。

四 中国高校非学历教育消费的矛盾评价结论和政策建议

（一）评价结论

进入中国特色社会主义新时代，中国社会主要矛盾已经转化为人民日益增长的美好生活需要和不平衡不充分的发展之间的矛盾，与此相适应，高校非学历教育也存在社会美好需求与教育供给不平衡不充分的矛盾，具体表现为教育目的和消费目的的矛盾、现实和期待的矛盾、教育严肃性和消费随意性的矛盾、学历教育属性和非学历教育属性的矛盾等。

(二) 政策建议

应深刻认识中国教育领域的新矛盾，把握好社会主要矛盾变化带来的高校非学历教育消费新需求，正视各类错综复杂的矛盾关系，迎接新挑战，增强机遇意识和风险意识，立足当前国情，办好新时代高校非学历教育。

五 中国高校非学历教育消费的环境评价结论和政策建议

(一) 评价结论

关于高校非学历教育消费的法规尚有不完善之处，行业还缺乏有效约束，一些消费行为惩戒尚缺乏依据。就业环境是重要的消费环境，当前由用人单位主导的就业环境不利于高校非学历教育消费，需要进一步优化。图书馆等机构服务高校非学历教育的意愿、能力还不强，相关服务机制没有形成。虽然已经形成国家、高校、社会、产业、个人共同分担高校非学历教育投入的机制，但这一投入机制还有待完善，且投入量远远不够。

(二) 政策建议

完善相关教育法律法规，规范高校非学历教育领域的教育消费主义行为，使社会成员和国家做到有法可依、执法必严、违法必究。用人单位提高人力资源评价水平，把好人员招聘关，让专业知识水平和技能水平高、职业素养强的人优先获得职位。扭转只重证书和学历的社会用人机制，促使学习者端正学习态度、学校和机构重视提高教育质量。用人单位不拘一格用人才，学习者不唯学历证书而学习，高校非学历教育机构不发文凭也能够获得大量生源。

图书馆是高校重要的教学资源库和文献保存场所，在高校非学历教育和教育消费背景下，需要创新、转变管理服务模式，进一步强化功能，发挥价值，更广泛地服务社会。具体而言，应重视和提高高校非学历教育读者的地位，并站在继续教育、在职教育、终身教育读者的立场上去探索图书馆管理服务模式的转变。这种管理模式不光能为读者提供更为优质的图书馆阅读指引，还可以优化图书馆的运行秩序和发展环境，从而优化高校非学历教育消费环境，强化专业学习效果，为学员未来的全面发展提供重要的指引。另外，应搭建高校图书馆平台，从文献资源的采买、业务活动的创设、图书馆的开放时间以及多元化服务模式入手，在平台与读者的互动过程中了解非学历教育读者的阅读需要，从而优化图书馆管理服务环境，强化服务效果。在当前教育消费背景下，高校图书馆管理服务模式需要实行变革和创新，不仅为非学历教育读者提供全面优质的阅读体验，还为他们提供更加稳定的阅读环境，同时也可以提升高校教育管理效果，为高校非学历教育消费发展提供重要的前提保障。

国家应加大高校非学历教育投入，营造有利的学习环境。高校应拿出一部分教育收入用于非学历教育的投入，改善非学历教育办学条件。消费投资在经济学中是一种决策，带有不稳定性、风险性，应强调理性消费投资，个人应依据实际情况确定高校非学历教育消费投资的方向和目标。个人消费投资在结构、层次上应合理分配，避免陷入重智轻德的消费投资泥潭。产业界和社会应更多担负非学历教育投入，作为用人单位，应进一步密切与高校合作，在良性互动中取得更好的合作投入效果，比如委托办班等。要明晰教育财政的职能，提高高校非学历教育公共品质量。

六 中国高校非学历教育消费的市场评价结论和政策建议

(一) 评价结论

中国高校非学历教育存在选择性支出，且因为高层次教育资源稀缺，在名校高层次非学历教育中选择性支出占总学习费用的比例高。教育经费投入越来越多地依靠私人收费，这一收费性投入特征在高端领域越来越明显，大量面向社会的高层次培训项目已经实现全自费。

(二) 政策建议

加大高等教育领域的供给侧结构性改革，优化高校非学历教育消费供给结构。满足高校非学历教育发展需求，开发以专业知识和技能教育为核心的教育消费产品。高校非学历教育发展必须以专业化、相对独立的优质教育资源为基础，要改变发展的附属地位。引导资本向高等非学历素质教育资源制作与加工领域流动，通过市场机制、宏观调控政策，引导教育机构研发以专业知识和技能教育为主的高校非学历教育消费产品。

加大教育市场整治力度，引导社会公众树立理性的教育消费观。教育市场在社会公众教育消费引导方面担负着重要责任，现阶段要从市场端入手调整教育消费模式，引导教育消费逐步回归理性。一方面，要建立健全教育市场准入机制，维护和谐有序的教育市场环境。随着人们对继续教育越来越重视，高校非学历教育市场规模开始逐步扩大。但与此同时，一些不合格的市场主体开始渗透到教育领域中。这些市场主体（如培训机构）往往以刺激消费意愿为宗旨，想方设法引导消费，它们所提供的教育消费产品在质量方面难以得到有效保障。为此，现阶段需要制定行之有效的产业准入机制，规范市场经营行为，为教育消费热"降温"。另一方面，要加大对非公立教育机构的治理力度，避免对教育消费市场的过度刺激。具体而言，可成立包括教育、工商、文化、网信等多个行政部门在内的联合监督机构，实施对教育机构的专业化监管，同时严格规范教育金融产品运行情况，根治教育消费中的盲目性。

七 中国高校非学历教育消费的国际化评价结论和政策建议

(一) 评价结论

中国高校非学历国际教育的可贸易性不强，市场和消费对建设中国国际教育强国的支撑还不够。高校非学历教育服务体系建设起步较晚，系列规章制度、配套服务等存在不足，中国高等教育服务贸易发展由此受到制约。经几十年发展，中国高校非学历教育形成了中国特色的办学方式，但优势、特色专业还不多，需要进一步调整专业结构，培育新的优势专业领域，完善专业课程体系。国际教育评价在一定程度上实现了与国际接轨，但因为基本国情、历史传统、文化背景不同，国际标准引进还有一个与本土规范对接、融合的过程，其中出现了种种评价"不适"，由此带来的负面消费效应也不可小觑。

（二）政策建议

要按照国际惯例、标准，让中国高校非学历教育走市场化发展道路，提高其可贸易性。为吸引来华留学、提高中国高等教育国际影响力，相关高校应进一步优化专业设置，如发挥特色学科专业优势，提高经济管理、工科等具有比较优势学科的培养质量，增设互联网经济、项目工程、服务外包等与"一带一路"建设相关的专业学科。要进一步与国际接轨，完善教育评价标准。对于众多普通高校而言，非学历教育资源能力有限，不可能每一方面都达到国际标准，只能在资源允许的范围内，突出重点专业、特色专业的建设。要完善自身的教育评价标准，切实提高教学质量。同时，在高校非学历国际教育中要注意充分发挥中国教育优势，体现中国教育特色，因而要参与国际标准制定，用中国的标准影响世界，而不是在其他国家的标准下亦步亦趋。

应以政府为主导、以高校为主体，完善留学生服务体系，包括便利留学申请、促进跨文化融合、允许留学生一定范围内的就业等。优化中国教育服务体系，加快与国际教育服务接轨是保障中国高等教育服务贸易顺利进行的重要环节。地方留学服务部门及各高校应充分挖掘互联网、微信等新媒体对留学发展的宣传作用，为来华留学生提供更多、更有效、透明、性价比高的信息，完善申请通道，便利留学申请。简化留学审核程序，提供绿色签证审核通道，或者延长留学生毕业后的签证期限。出台相应法规制度，为来华留学生拓宽就业渠道，允许来华留学生在中国留学期间进行实习或勤工俭学，甚至毕业后可以择优留校任教或者创业，为来华留学生提供宽松的就业环境。完善后勤管理制度，根据国家、民族、宗教、风俗等的不同为来华留学生提供针对性服务。鼓励高校成立专门组织，为来华留学生提供各种帮助，如新生入学、换汇、办理保险制度、就医等，让他们尽快融入，提高国际学生对中国高等教育的满意度，推动中国境外消费高等教育服务贸易的全面发展。[①]

八 中国高校非学历教育消费的动因评价结论和政策建议

（一）评价结论

中国城镇化达到一定水平后，对高校非学历教育消费产生了促进作用。经济发展、收入增加进一步促进了高校非学历教育消费。基本消费在中国高校非学历教育中体现得越来越明显，产业更多地通过非学历教育消费实现转型，人们更多地通过非学历教育消费实现就业转换。扩展性教育消费成为人们强化职业能力、跟上发展步伐、不断创新技术和产品的重要方式。中国高校非学历教育体现了一定的社会选择逻辑，主要发展了扩展性、选择性消费。中国高校非学历教育学员还有一定的阶层背景，这种教育既是阶层固化的方式，也是阶层固化的结果。

参加高校非学历教育学习的人，尤其是高层次非学历学习者，大多具备一定的经济基础。比如许多高级课程班学员是公司高管或者中小企业主，他们有了经济地位，就会进一步谋求社会地位，经济基础和文化水平结合才能有效地支撑一个人的社会地位，与其说他们是为了知识而来参加继续教育（尽管知识是个人提高文化品位的基础、是社会地位的

---

① 张裕东、姚海棠、周家宇:《"一带一路"背景下我国境外消费教育服务贸易存在问题及发展对策》，《天津商业大学学报》2021年第1期。

声望表征），不如说他们更多的是为了提高社会地位而来。也因此，他们非常重视一同学习者的身份地位，希望在一个高身份群体中提升或者固化自己的社会地位。总的来看，提升社会地位是当前许多学员接受高校非学历教育的主要动因，这种动因既有功利的一面，也有合乎人性的一面，应客观看待。

（二）政策建议

应通过城市化，进一步推动高校非学历教育消费。城市化使得家庭劳动者加入更细致的分工中，分工要求高质量的技能，家庭劳动者必须通过更高水平的教育服务消费，获得更强的工作能力。另外，快速城市化使得城市的存量家庭和增量家庭都展开了"地位洗牌"，家庭要维持原有的地位和追求更好的生活，必须强化家庭的精神产品消费品位，激励家庭成员努力工作。总的来说，城市化扩大了高校非学历教育消费规模和水平，让更多区域、更多家庭加入"教育竞赛"；城市化也推动了高校非学历教育消费的分化，使其具有必需品属性和奢侈品属性。高校非学历教育更多的是奢侈品消费，城市化进一步推动了这一消费。收入增长是高校非学历教育支出增长的重要需求因素，随着收入水平提高，居民有更多的收入用于高校非学历教育消费。应通过进一步发展经济，改善分配结构，提高居民可支配收入，促进高校非学历教育消费。

九　中国高校非学历教育消费的发展评价结论和政策建议

（一）评价结论

非学历教育作为高校教育的继续阶段和高级层次，当前越来越具备发展条件。高校非学历教育不仅在消费总量上攀升，层次上也呈现不断攀升的特点，同时学员消费选择更加多样化，选择余地越来越大，自主性越来越强。但中国高校非学历教育存在区域差异，尤其是供给差异大，需要进一步推进高校非学历教育区域平衡发展。公平性也不容乐观，高层次非学历教育阶层固化严重，昂贵的费用让贫寒子弟、农村地区求学者、一般工薪阶层望而却步。另外，当前中国高校非学历教育消费者的选择越来越具有主动性，但还存在盲目、轻率等问题。

（二）政策建议

要妥善解决高校非学历教育消费的区域失衡，重点是对区域发展不均衡状况扩大的趋势加以有效的控制，打破区域间和区域内部障碍，特别是体制机制上的束缚，加大对落后、贫困地区的支持力度，促进教育资源充分流通和有效整合，实现富裕地区和相对落后地区之间的协同发展。[①] 强化共同发展，推进共同富裕，关注并着力解决高校非学历教育存在的阶层固化、群体差别等问题。

十 中国高校非学历教育消费的空间评价结论和政策建议

（一）评价结论

中国高校非学历教育消费空间存在较大的范围和功能差异。即使是高校内部非学历教育消费空间的建构，同一地区的大学、不同地区的大学也是不一样的，而且其内部机构、专业、项目也不相同。如农村的高校非学历教育消费空间狭窄，氛围淡薄。绝大部分农村居民没有高校非学历教育学习的意识和热情，认为学习是青少年的任务，农村居民成年或结婚生子后就劳动赚钱，一直到老，这已经形成一种普遍的价值观以及群体规范。根深蒂固的价值观、态度，以及由此带来从众压力的群体规范等非经济因素对农村居民的高校非学历教育选择产生重要影响。

---

① 孟佶贤、方毅：《居民消费中"教育文娱"、"医疗保健"的支出差距——基于泰尔指数的测算和分解分析》，《北京交通大学学报》（社会科学版）2020年第2期。

（二）政策建议

农村居民高校非学历教育消费严重不足，非经济因素和政策因素的影响更甚于经济因素，应促其观念转变。一是注重对农村居民观念的引导，提高农村地区教育文化消费供给。"农民文化价值观的转变是乡村文化变迁的内在本质。"① 应积极引导农村居民正视个体自身的劳动能力、知识结构、观念等，积极引导农村居民追求较高层次的自我发展与实现的需要，而不仅仅停留于生存性或者享受性文化教育消费，并使之明白这样有助于抵御个人失业风险、提高收入。对农村地区应加大教育文化产品和服务供给的投入，教育文化消费的供给应是多形式的。以教育培训为主，辅之以文化馆、阅览室、体育健身、文化展览等，开展多形式的文化教育活动，丰富农村居民的精神生活。另外，进行文化消费直补甚至对低收入人群实行"文化低保"，更有效地满足乃至提升低收入人群的文化需求。二是加强政府公共政策导向，提供高校非学历教育机会，提升农村居民专业知识技能。政府公共资助政策应注重自主创业、机械生产、农业经营等知识技能的教育培训，以提高农村居民的知识技能水平。"农村居民自身文化教育水平的提升，能使其对自我的认识不断深化，不断调整自己的内心和行为，使之符合社会发展的方向，更何况，文化对人与社会的调节是自内而外的，具有自发性和普遍性。一定程度和规模的文化补习教育可以塑造人的自立、自强、自信、自尊，使其在新型城镇化中的主体性得到充分体现。"② 应使更多的农村居民在城镇化进程中认识到当代教育日益社会化、生活化和终身化的特点，正视个体自身的劳动能力、知识结构、观念等，从而提升自身抵御经济社会转型过程中带来的个人失业

---

① 徐灿：《农村居民自身教育消费现状及其影响因素分析——基于湖南省阈视野》，《湖南科技学院学报》2019年第3期；周军、田克勤：《中国农村现代化进程中农民文化价值观的变迁及其引导》，《东北师大学报》（哲学社会科学版）2013年第3期。

② 徐灿：《新型城镇化的本源意义探讨》，《怀化学院学报》2018年第7期。

等各种风险的能力,加大其在城镇化经济发展的人力资本投入,为区域经济发展作出贡献。①

十一 中国高校非学历教育消费的风险评价结论和政策建议

(一)评价结论

中国高校非学历教育起步较晚,无论是政府、社会、高校,还是消费者、家庭,都存在与之相关的风险,需要采取措施,着力防范。高校非学历教育消费尽管目前存在一定风险,但从长远来看,始终具有正效应。因此,在大力发展高等学历教育供给的同时,可以鼓励个人和家庭更多进行非学历教育学习消费。②

(二)政策建议

1. 引导全社会从长期看待高校非学历教育风险

总的来看,教育消费风险完全可以用消费效用低于预期来概括,而这一风险可能发生在接受教育的同时。从长久来说,教育消费风险可以用时间来弥补,因为"教育是一种特殊的消费品,是一种耐久性的商品,教育消费的效用具有持久性"③。教育作为耐用消费品不像有些商品消费后消失或没有重复消费的价值,除了将消费结果固化为依附于消费者身上的知识和精神力量,教育消费过程还是消费者消费能力不断增长的过程,这为追求更高层次的教育和进行终身教育消费做好了准备。从这个角度看,其消费效用是逐渐放大并递增的。

2. 增强教育消费者风险意识

教育消费风险产生的原因之一是消费者自身风险意识不足。由于信

---

① 徐灿:《农村居民自身教育消费现状及其影响因素分析——基于湖南省阈视野》,《湖南科技学院学报》2019年第3期。
② 陶美重、任奕菲:《高等教育消费风险及其规避研究》,《内蒙古社会科学》(汉文版)2015年第6期。
③ 许之所:《中国高等教育消费研究》,博士学位论文,武汉理工大学,2008年。

息严重不对称，教育消费主体往往处于被动接受状态，对教育主体提供的服务缺乏必要的防范意识。从目前中国教育管理现状看，教育消费者在教育消费活动中处于明显的弱势或者从属地位，权益受损时很难得到维护。因此，教育消费者一定要树立风险意识，并了解自己在教育活动中应有的权利。

3. 倡导理性消费

教育消费者除了具备一定的消费风险意识和抵御消费风险的能力，还应预估自己的教育消费能力，理性消费，慎重决策，减少盲目性。教育消费者对产品的选择可能不是基于产品本身存在风险，而在于自己的错误选择。例如，在最近几年的出国留学热潮中，中国部分学生并不适应境外的学习生活，花费大量财力和时间却没有完成学业。

4. 提高教育服务质量

教育服务质量直接关系到高校非学历教育消费风险存在的可能性及收益。因此，教育服务提供者要树立责任意识，确保教育服务达到相应标准并合乎消费者需求，增加教育消费者的安全感，尽可能把教育消费风险降到最小。

5. 建立教育消费维权机制

高校非学历教育服务属于非重复购买消费品。高校非学历教育具有很强的不可预知性，高校及教师既没有特定、详细的承诺，也没有类似于"三包"的售后服务。中国高校非学历教育市场还没有类似产品市场中的消费者协会、行业协会等组织，这在一定程度上增加了教育消费风险。当前，应尽快成立专门的"教育消费者协会"来维护教育消费者的权益，监督高校的办学行为，提高其教学和服务质量。

6. 强化政府监管

在高等教育行业中，政府的地位非常特殊，政府始终是教育资源的主要提供者，同时也是教育活动实施的监管者。所以，在高等教育的实施过程中，政府应制定较为完善的教育法规，并履行监管职责，维护公平公正公开的市场秩序，保证市场机制发挥调节作用，从而有效降低包括非学历教育在内的高等教育消费风险。

7. 通过市场调节化解风险

教育市场开放有利于消费者自由选择，从而降低风险。因此，中国要改变过分依赖公立机构发展非学历教育的传统，走办学主体多元化之路，为教育消费者提供更多的选择机会。因此，需要鼓励民办高等教育发展壮大、让更多的境外高等教育机构参与竞争、大力发展网络学院和在线教育模式等。①

十二 中国高校非学历教育消费的效应评价结论和政策建议

（一）评价结论

中国高校非学历教育对经济增长发挥了积极推动作用，但当前服务城市发展的功能还不足。例如，存在非学历教育消费没能改善求学者经济状况、给家庭带来沉重经济负担的现象。种种负面效应需要引起重视。

（二）政策建议

要积极推动高校非学历教育服务城市发展、经济拉动、生活水平提高等正效应，抑制或者防范致贫、挤出、非公平等负效应。比如政府要推进教育公平与平等，不仅在义务教育阶段，也在包括高校非学历教育在内的继续教育阶段，合理规划教育布局，打造基础设施，尤其是网络平台等新型基础设施，推出教育信贷制度，在保证精英教育的同时，确保低收入群体不因经济问题而放弃继续教育的机会。应通过高校非学历教育等方式，帮助人们掌握相关的休闲知识，引导人们掌握高水平休闲生活、高素质业余生活的技能、技巧，树立正确的休闲

---

① 陶美重、任奕菲：《高等教育消费风险及其规避研究》，《内蒙古社会科学》（汉文版）2015年第6期。

价值观，正确处理好生产与生活、供给与需求之间的关系，助力现代消费社会建设、中国（国际）消费中心（城市）建设，进一步发挥好消费对发展的基础作用。[①]

[①] 陈静婷：《消费社会呼唤少年儿童休闲教育》，《教育观察》2018 年第 24 期。

专题一 为什么当前中国高层次非学历教育仍要以高校为重要办学主体

党的二十大报告指出，中国要建成世界上规模最大的教育体系。很显然，这个体系既包括学历教育，也包括非学历教育。要建成规模最大的教育体系，实现教育尤其是高层次非学历教育高质量发展，必须充分利用体制内外资源、国内外资源。高层次非学历教育面向社会、服务大众、需求规模和未来潜力巨大，更多应走市场之路，包括投资门槛放开、机构准入，宏观治理、微观经营的市场化改革。但基于历史传统、特殊国情、已有条件，当前中国高层次非学历教育仍有必要重点依托高校。

一 高校的非学历教育优势

中国高层次非学历教育以高校为重要办学主体，主要由当前高校的优势所决定。

一是高层次理论型师资仍然在高校。师资是教育最重要的人力资源。高层次非学历教育除了实践性强，还体现于其水平高。水平高除了实践水平高、解决实际问题能力强、技术水平高，还在于学术水平高、探索新知识和发现新问题能力强、科学水平高。理论仍然是高层次非学历教育的重要学习内容，只有理论水平高、实践能力强才是高层次教育，这对高层次理论师资仍然提出要求。当前，中国高层次理论师资还主要集中在高校，具有较高理论水平且具有较高教学水平的师资更是主要集中在高校。

二是高水平教育设施主要建在高校。设施是教育的基本要件和重要条件。当前高校以宽阔的校园、独立而宁静的校区、内容丰富的数据库、巨量藏书的图书馆、仪器设备齐全的实验室，为包括非学历教育在内的高等教育奠定了坚实的设施基础。而非高校教育机构设施水平无法与高校相比，比如大多数非高校教育机构只有几间办公室，且往往位于在喧闹的商业区，难以营造良好的学习环境。

三是高校集中了教育品牌优势。品牌决定了教育机构的吸引力。地方高校是地方教育品牌，全国名校更是广大学子的理想求学之地。社会求学者之所以选择大学进行非学历教育学习，一个重要原因就是能够借助大学声誉提高自己的社会声望水平，俗称"镀金"。尤其是一些学历教育水平不高，或者曾经未能考入理想大学就读的学员，很看重进入名校接受非学历教育的经历，甚至有人把这种形式的教育看作圆自己学习梦的重要替代方式。

四是高校形成了优良的学习文化。文化内在地影响着受教育者的学习兴趣。高校基于长期积淀，创造了一种良好的学习氛围。而当前的非高校教育机构往往功能单一、场所狭窄、设施简单，而且商业气息重，难以营造学习气氛。高校，尤其是百年学府，其文化底蕴深厚，非近年新办社会教育机构所能及。

五是高校已经有了成熟的教学体系。教学是教育最重要的环节。教育是科学，非学历教育相比学历教育更需要科学设置科目，面向工作一线，开设理论水平高、实践性强的课程。中国非学历教育刚起步，高校借助学历教育体系开展非学历教育尽管不完美，但仍有一定的参照、依托，也有一定的经验可循。而非高校机构往往存在对教学过程缺乏了解、教学管理经验匮乏、课程零散、教学流程不规范等问题。

六是高校建成了较为严格的教育质量保障体系。质量是教育的生命。教育作为一种无形服务，整个过程较为抽象。知识讲授和传播也是一个隐含的过程，显性指标难以衡量，所以需要严格的质量保障体系。比如教学评估体系就是一种质量保障体系，每年教育行政部门需要投入大量的人力、物力和财力组织实施。通过质量监督，高校教育质量一定程度上可以得到保障。但高校之外的其他教育机构的质量评估缺乏，也没有第三方机构监管，因此，现有民办非学历教育质量难以得到保障。

七是高校意识形态可控。意识形态是教育的安全线。文化和思想往往包含在教学过程中，教育机构和教育者的意识影响着学员。特别是作为成人教育的高层次非学历教育，学员往往不满足于一般的具体知识和操作性技能，思考更深入，极易涉及意识形态问题。当前，中国对高校意识形态已经形成常态化管控机制，但对民营机构还没有类似的机制。从政策层面来看，更多依托高校开展非学历教育，有助于降低国家和社会安全风险。

二　其他相关社会培训机构的弱势

中国高层次非学历教育要以高校为重要办学主体，是因为除高校外其他社会教育机构发展不足，满足不了需要。

一是高层次民营非学历教育机构发展不足。当前，素养教育型民营非学历教育服务机构发展迅速，比如注重女士外形提升的美容美颜学校、服务退休人员的老年学校。与专业知识、技术能力相关的生产型、研究型民营非学历教育机构却发展不足。已有相关机构还没有建立起与高校相匹敌的资源能力、声望，求学者还主要选择公办高校进行知识、技能学习。招聘单位同样更认可体制内正规大学教育。民营非学历教育在高层次教育市场把握、学员服务方面的灵活性、精准性优势还没有充分发挥。

二是社区非学历教育机构有待设立。社区作为基础治理终端末梢、社会服务的窗口单位，为适应治理和服务的需要，也有必要举办非学历教育，比如健康培训、文体培训。办学形式典型如老年社区大学，极大地提升了老年人的生活素养水平；家长学校，极大地提高了家长素质；家庭学校，有利于促进家庭和谐。但当前中国社区仍有待发展，大多数社区还只能完成一些应急事项，如治安、防疫，对于素质发展型的非学历教育仍较少举办，尤其是高层次非学历教育还鲜有涉入，这也是社区非学历教育机构缺乏进一步吸引力、持续办学堪忧的原因。社区居民的学习需求不断提高，简单培训难以满足其需求。

三是企业内部非学历教育缺乏依托。近年企业内部培训虽然在不断增多，但更多依靠师傅现场传帮带，师资短缺，培训理论水平不高，前沿知识和最新技术难以涉及，不能满足高层次技术、技能和知识学习的需要。中国以企业为主导的技术创新体系建立离不开高层次培训中心助力，但企业对高水平科学家、专家、学者的吸引力仍有限，其更多集中在高校和科研院所，同时企业研发投入及教育培训设施投入也严重不足。当前之计，培训尤其是高水平培训，还需要依托外部力量。

四是政府属下非学历教育消费机构缺乏竞争力。很多政府部门为履行公共事业职责，办有相关的培训中心，但很多培训中心牌子大、实力弱，不能承担相应的培训任务，更不具备与市场培训机构竞争的实力。由于投入不足、师资缺乏、知识陈旧、技能缺乏更新，社会吸引力不够。很多政策培训流于形式，达不到预期目标。

三 短期和长远之间的策略均衡

正因为高校非学历教育的优势和其他相关社会培训机构的弱势，当前中国高层次非学历教育必须重点依托高校。但基本规律不可违背，高层次非学历教育是一项社会事业、一类文化产业、一种新型消费，权宜之计不能完全取代长远规划，需要两者之间有一定的均衡。

一是把握规律,开放办学。以高校为重点,并不意味着以高校为唯一的高层次非学历教育办学单位。只是基于现有资源条件,先充分释放高校非学历教育发展潜能。毫无疑问,从理论上看,高层次非学历教育绝不应仅限于高校,办学资质应向社会开放。为加速人才培养,提高人才培养水平,服务经济社会发展迫切需求,仅依靠中国现有体制内高校是远远不够的。因此,高校在非学历教育办学过程中,除了加快自身发展,还应广泛联合社会机构一起发展。要基于自身办学特点、优劣势,扬长避短,取得更优的办学效果。

二是长远规划,分类施策。从实践上说,中国应分阶段、有序推进高层次非学历教育。在现阶段,可以重点依托高校已有资源举办高层次非学历教育。从中期来看,一段时间内要进行政策倾斜,大力支持社会机构非学历教育办学,并提升其办学层次。比如通过改善投资环境、金融财政支持,扩大社会非学历教育规模,提高其办学能力。从长期来看,要最终形成体制内外各类机构政产学研协同办学,各自发挥所长,在协作中竞争、在竞争中协作的良性局面,发动全社会举办高层次非学历教育,以充分满足个人终身学习、产业人才供给、社会大众素质提升、国家人才培养的迫切需要。

三是加大投入,夯实基础。非学历教育作为一种教育形式,适应终身学习和劳动者培训需要,社会面广,涉及人的生命时间长,相比学历教育要求更多投入。一方面要加大现有高校的非学历教育投入,另一方面要完善公共基础设施,推动社会广泛投入非学历教育。现阶段应更多以高校投入带动社会机构投入,改善民营机构投资非学历教育的营商环境,为高校创造更宽松的办学环境,高校以更多的合作项目吸引社会机构投入。

四是立足当下,注目长期。短期政策不能有损,甚至阻碍长期目标的实现。中国在高质量发展的过程中,急需高层次非学历教育助力。现有办学规模远远满足不了个人成长、社会进步、国家发展对非学历教育的需要。短期政策重在规范现有市场秩序，为中国非学历教育健康发展、高效发展积累经验。从长期来看，现有相对严格的政策在市场规范目标完成后，应通过建设有为政府、有效市场逐步开放。在监管能力提高的基础上，在社会环境可控的背景下，中国高层次非学历教育应以市场为配置资源的根本性因素，充分发挥各种资本、多种所有制办学优势。

专题二　以系统思维推动中国非学历教育发展

党的二十大报告指出,我们要以巨大的政治勇气全面深化改革,许多领域实现历史性变革、系统性重塑、整体性重构。当前中国教育领域也需要顺时而变、系统重组、整体大变革,尤其需要补齐非学历教育短板,以系统思维化解相关矛盾,解决困扰教育发展乃至国家发展的一系列问题。

一　背景及问题

中国非学历教育需求远未得到满足,潜力还有待挖掘。一个人的学历教育时间相对较短,尽管当前越来越多的人接受了普通高等教育,攻读硕士、博士学位的人数也在大量增加,但总体上而言,社会上大多数人仍然无缘学制内高等教育,只能完成九年义务教育、有待知识"补偿"者还大有人在。随着收入和生活水平提高,越来越多的人希望获得早年基础学历教育之外进一步的学习机会。非学历教育的市场需求大,但当前这一潜力远未发挥。例如,存在大量"沉睡"需求,即有潜在需求,但没有被"唤醒";存在紧张需求,即有迫切需求,但无法实现。

中国非学历教育发展远远跟不上市场需求,与非学历教育供求不均衡、市场秩序存在一定混乱、教学不够规范、监管漏洞大等系统性问题紧密相关。比如投入不足和比例失衡，中国教育投入总体上有限，而非学历教育更是严重投入不足。在投入结构上，国家通过公共和私人两方面进行投入，但主要依赖公共投入，民营资本准入受限较多，私人投资积极性不高；主要进行学历教育投资，对非学历教育投入极其有限。在投入部门上，主要对体制内高校进行投入，民营教育机构难以获得融资支持。当前中国优质教育资源主要集中在高校，由于高校内外、体制内外教育投入渠道没有打通，导致民营教育机构难以利用体制内高校教育资源，体制内高校虽拥有雄厚资源，但非学历教育潜力难以发挥。同时非学历教育是一个需要广泛社会联系的教育发展领域，体制内高校的非市场投入导致其不能广泛利用社会资源。

二　系统看待非学历教育

中国非学历教育一方面投入不足，投入结构不合理；另一方面投资渠道不畅通，投融资体制不顺畅，资金和资源利用效率低，这种局面急需改变。同时，非学历教育各类问题彼此交错、相互牵扯，需要利用系统理论进行考察，全面认识问题间的联系。

一是行业失序与治理低效相关。行业失序与治理缺位、功能不协调，甚至失误有着直接的联系。对于一些经营乱象，某些监管机构不能仅单方面责罚和惩处相关涉事机构，还应反思自己的监管，包括监管能力和监管态度。

二是需求难以满足与行业失序有关。许多社会人士有参加非学历继续教育学习的愿望，但受一些不诚信案例及市场操作行为的负面影响，往往对是否参加学习顾虑重重。毕竟投入不低，需要保证收益，求学者趋于谨慎。

三是投入不足也在一定程度上带来了市场失序。公共资本和私人资本具有不同属性，前者重公共福利，对于具有社会属性的教育功能应更多进行公共投入，比如教育机会分配应坚持公平原则，因此在招生和教育产品提供上应有公共投入，不能放任市场选择，将招生完全交由市场来操作。

四是公共投入也是监管的基础。只有保证一定规模和水平的公共投入，才能进行非学历教育公共服务，同时为行业监管打下基础。通过公共投入，有了一定的资本控制权，才能更好地贯彻国家教育政策意图，市场监管才更易实现。此外，为做好监管，需要增加投入，需要建设信息搜集和分析能力强、能够随时跟踪市场、常态化应对突发情况的信息基础设施和人员队伍。

五是监管不力导致不良需求滋生。许多参加非学历教育学习的人员抱着混人脉、混圈子的目的，不好好学习，甚至影响课堂秩序。还有人为一己私利扰乱教学秩序，甚至煽动不明真相的群众闹事，带来社会不稳定。还有人妄图通过投机取巧和对相关工作人员行贿，以非学历教育打通学历文凭获取的路径。需要加强针对这一部分人的约束。

六是治理失效导致行业生存危机。因为运行不规范，教育机构急功近利，教育消费呈现不良态势，行业面临治理整顿，不仅体制内高校面临调整，社会机构也遭遇市场风险，行业发展受阻。特别是近年，由于行业发展失序，社会机构招生不诚信问题严重，国家教育行政主管部门不得不出台严厉的新规定。

七是需要摒弃片面监管、碎片化办学。即通过系统化监管，推动体系化办学。政策着力点包括非学历教育需要监管，但不能一管就死。非学历教育需要发展，但不是片面追求创收。非学历教育需要立足需求，但不能满足投机需求。非学历教育需要强化体制内职能，但不能仅提要求不投入。非学历教育需要激励市场投入，但公共投入不能缺位。

三 具体对策

中国非学历教育问题点多、频发，光从某个方面入手难以解决全局问题，很有必要系统施策。

（一）全面提高系统站位

要从事业、产业、消费角度全面看待并发展非学历教育，并且分清功能属性的主次。显然，社会服务是非学历教育的首要服务功能，教育产品和一般的市场产品特别是物质产品在性质上存在很大差异。因为显然的外部性，在覆盖基本经营成本、满足一定程度私人投资回报前提下，非学历教育应更加注重社会公益，私人发展与社会服务应更加协调。从具体运营来看，教育是非学历教育的最基本属性，一切工作以教书育人为中心，偏离该中心的非学历教育必定走入歧途。

明确非学历教育及社会服务的独特性及根本属性之后，需要进一步适应发展的产业和消费规律，开展产业性运营和进行消费培育。业务活动中对非学历教育的市场属性和消费选择性不应避之不谈，也没有必要讳莫如深。产业和消费是中性的，善加利用和有效引导能够令其极大地推动非学历教育发展。学费由私人自筹，报读由学生自主选择，非学历教育理应接受市场检验。应强化市场机制推动各类教育机构，尤其是体制内高校的社会化教育供给发展；维护受教育者权益，不断满足其教育需求，激发非学历教育消费。

（二）对相关学习群体分类施策

不同学习群体有不同学习条件、学习需求和学习目标，适应的教育形式、管理模式和政策着力点也不同。比如，沉睡需求是具备需求条件、极易实现转化而没有转化的需求。大量追求职业发展和生活水平提高的人员，应合理引导他们的发展需求，鼓励他们通过参加教育培训提高技能和素质水平。紧张需求是有强烈求学愿望，但没有合适满足方式的需求，应紧扣热点和供给缺口大的业务，加快非学历教育发展，及时满足这部分人的教育需求。需求外溢主要是因为国内没有满足教育需求的合适形式，一些学习者只好出国留学，应提高中国非学历教育的办学规模和水平，国际标准和中国特色并重，通过有效提升国际竞争力而促进国际教育消费回流。

（三）协调各类主体发展

做好体制内事业机构和体制外社会机构的协调。非学历教育功能复杂，资本结构也要求多元化，因而要协调各类主体发展。一是内资主体协调。发挥社会公共服务功能，保证教育机会公平，坚持教育基本教书育人原则，需要高校等公共事业机构的引导、主导和掌舵。同时高校也是一个教育经营单位，因而在内部既要有独立的监督部门，又要有分立的办学部门，在自律的同时，更好地适应市场发展。非学历教育需要强调效率，社会私人机构在效率办学上有优势，因而应营造良好营商环境，激发社会投资，推动更多民营主体参与非学历教育消费发展。二是内外资主体协调。中国在日益走向世界中心的同时，也要求教育同步国际化，课程体系、运营规则与国际接轨。因此，一方面要积极承接国际先进教育产业转移，进一步改革开放，引进非学历教育外资；另一方面，中国非学历教育资本应积极走出去，参加全球教育产业分工。

（四）推进全面和共同发展

推动政、产、教、学、用全面发展，各部门共同发展。

"政"为政府等公共事务部门，非学历教育作为一项重要的教育消费，是政府公共职能的一部分。非学历教育的规模和水平，对政府施政目标的实现构成直接影响。同时政府也是非学历教育的投入主体，不仅作为公共部门进行经费划拨、投资或者基础设施建设，而且作为社会运行机构的一部分，政府自身对非学历教育也有巨大的需求，比如为提高公务人员素质而需要人力资源培训服务，为培训农民工或者其他职业人士向社会购买教育服务。

"产"泛指产业部门，扮演多个角色。一是作为产业知识的提供者。产业界和教育部门之间不断由实践到理论，再由理论到实践，共同推动理论和实践水平和层次的提升。其中,产业界提供了丰富的实践经验和理论提升机会。二是作为教育实习提供者。学习不仅需要从书本中学还要从实践中学,非学历教育更是如此,产业一线、生产现场是非学历实践教学大课堂。三是作为技术培训的应用者。产业界结合自己的技术,需要有相关操作技能的人员充实其岗位,教育部门的课程设置需要参照企业标准,满足地方产业布局要求。四是作为受教育培训人才的使用者。学员获得知识,提高了技能后需要产业界提供应用的舞台,就业和工作能力提升是非学历教育消费良性运转的基本动力和信誉所在。

"教"是广义上的教育服务提供者,主要包括体制内的高校、科研机构和公益性社会服务机构,及体制外的民营教育机构。非学历教育良性发展关系着这些机构或者部门的职能履行或者市场生存。前者应坚持公益导向、服务国家基本目标导向,在完成学历教育任务之外,再开展非学历教育,防止学历教育与非学历教育恶性竞争;强化内部人员、机构竞争力,提高社会服务响应能力;在一些不适宜于向社会开放、关系国计民生特别是国家安全的领域,履行好非学历教育职责。对后者应加强引导,促进规范办学;改善营商环境,促进社会投资。从发展大局及长期性来看,体制外的民营教育机构和体制内的事业机构都应是非学历教育,尤其是高层次非学历教育的重要提供者。

"学"主要指非学历教育学员或者消费者,包括各年龄段、各学习层次、各经济社会发展领域的求学人员。非学历教育是其重要的人力资源培养途径,甚至是大多数人素质提升的主要路径。相比学生身份,学员身份更为持久而广泛。非学历教育也是这些人重要的职业发展依托,教育改变命运,以往更多体现于学历教育,很多人通过考上大学而改变个人身份、地位,而当前,越来越多人通过非学历教育,而改变自己的职业发展地位,获得事业发展。比如许多职业经理人通过高级课程班学习,不仅提升了自己的知识水平,更提高了自己的战略策划能力和运营能力,公司业务再上新台阶。非学历教育甚至成为发展的"媒介",不可否认增加和打通人脉也是非学历教育的一个重要社会功能。

"用"指用人单位,包括人才招聘和使用单位。人才也有产权,包括所有权和使用权。两权既可以合一,例如一个单位使用自己的在编人才;也可以分离,如一个单位临时邀请外部人士参与项目开发。在人才使用过程中不一定追求人才所有越来越成为一种社会趋势,但不管是所有还是所用都涉及对非学历教育的态度。在讨论产业界、政府时已经涉及用人单位这一议题,之所以单独再强调,是因为人才需求方的进入和用人导向决定教育导向。作为教育需求方,正确的评价方式、用人机制等直接决定教育提供者、教育消费者。非学历教育机制的理顺也应立足于社会用人机制的理顺。

(五)治理和发展协调

在非学历教育领域建立各利益相关方齐抓共管的综合治理机制,重点强化教育监察、产业调控、市场监督执法、消费者维权。各部门在强化监管的同时,要将监管和服务结合起来,把部门发展诉求融合于整体治理框架中。教育行政部门一方面要强化教育监察,另一方面要推动非学历教育发展,将其视为教育的重要组成,在监管时严守教育服务底线。发展改革委和工业信息化部门要做好产业调控,从资金、设施、项目上支持非学历教育,把非学历教育看作社会产业发展的一部分、服务业的重要组成,在监管时融入产业经营理念。商务等部门要建设良好的营商环境,做好市场监督执法、消费者维权,在监管时重视市场维护和消费者需求满足。

专题三　树立正确的高校非学历教育消费观

外在是内在的显性化，只有内在有一定的观念，外在才可能有一定的行为。高校非学历教育作为一种发展型、选择型教育，更多应走市场化之路。尤其对学习者而言，参加高校非学历教育是一种自觉、自愿的学习消费行为，且以自费为主；他们是否加入高校非学历教育学习以及如何加入高校非学历教育学习，需要内在观念的认同和牵引。

一　中国高校非学历教育消费存在的观念问题

当前中国高校非学历教育消费存在种种观念问题。一是时间观念错误，认为学习是年少事，工作后更多要在实践中磨炼本领。二是机构观念错误，认为学习只存在于大、中、小学，出了校门在其他机构中不算正规学习。三是目标观念错误，认为学习是拿到文凭，拿不到文凭不是学习。四是阶段观念错误，认为学习是获得知识，知识获得后就应该工作，没有毕业后再回学校之理。或者说，把学习和工作看作截然分开的两个阶段，而不是循环往复的平行过程。五是自主观念错误，认为学习尤其是工作后学习主要是自己学习。所谓师傅领进门，修行靠个人，极端否定在成人阶段，老师、机构和教学设施、同学对终身学习的重要性。六是生活观念错误，认为生活与学习无关，学习是为了提高劳动技能,没有想到生活质量水平提高也要学习;高层次生活水平离不开高层次素养,生活需要学习。七是花钱观念错误,认为花钱主要是购物,没有想到使用高科技产品、享受高水平服务消费需要提高自身素养,也离不开学习。

二 引导培养正确的高校非学历教育消费观

消费观是指人们对消费水平、消费方式等问题的总的态度和总的看法。与生产观、交换观和分配观一样,消费观是经济伦理的重要组成部分。作为一种观念,消费观是社会经济现实在人们头脑中的反映,但它一旦形成又会反作用于社会经济,并对其产生深刻而重大的影响。因此,我们有必要深入研究各种消费观及其特点、作用和变化规律,以树立正确的消费观念,建立合理的生活方式,并以此促进高校非学历教育发展,最终促进经济社会的健康运行和持续发展。

(一)以高质量观促进非学历教育素质型消费

高质量消费观是指对生产和生活发展不仅追求数量更追求质量,认为高质量基于规模,同时素养水平高。反映于非学历教育中,就是在受过基本的学历教育后,要进一步接受拓展型非学历教育。学历教育更多是应试教育的结果,而非学历教育摆脱了应试教育的桎梏,更追求素质。实践中,非学历教育学习者作为继续教育追求者,所追求的素养水平更高。非学历教育大多出自学习者自愿,所以应走市场竞争之路,通过高素质培养走高质量发展之路。同时,教育高质量既包括内涵深,也包括全面、全方位。对于后者,一个普通人仅仅依靠义务教育和学历教育所学远远不够,还需要通过非学历教育继续学习。对于前者,看起来不能产生直接生产效益,不能即时拿来用,但对人、对生活、对生产的影响则更根本和长远。越是远离一线应用的素养型知识,其基础性越强,掌握起来越不容易,往往需要通过不断学习才能获得。因此,只有具备高质量的学习观,才会产生非学历教育素质型消费。

(二) 以能力提升观促进非学历教育发展型消费

能力提升消费观认为能力驱动发展，能力提升能够带来更多财富，带来个人和集体更加美好的前景。持该观念的学习者愿意在已有学历教育之外，再进行非学历教育，以进一步促进个人发展、集体发展、社会发展和国家发展。九年义务教育，甚至是本科教育，更多提供的是通识教育。在职业技术层面、在行业发展层面，许多专门性知识是通识教育所难涵盖的。同时随着技术日新月异，知识更新周期加快，职业发展需要教育同步发展，一个人需要不断学习。因此，无论是专门性知识深化，还是新知识学习，都需要进行发展型教育消费。

(三) 以层次消费观促进非学历教育选择型消费

层次消费观承认教育市场存在不同知识和服务层次，愿意为更高层次的教育消费付出费用。以往中国教育更多由公共财政支持，私人在享受公费教育的同时，教育选择可能性低，往往仅能够得到基础教育机会。同时，在公办体制下，教育服务供给没有拉开层次；经济发展水平有限，个人可支配收入不高，更多依赖公共教育供给，教育满足水平低。随着改革开放，教育尤其是非学历教育市场逐步引入竞争，不同服务水平和层次的教育拉开差距，人们看到了高水平、高层次教育的价值，加上收入水平提高，人们能够并且愿意为高水平、高层次教育付费。比如很多人之所以上清华北大数十万元学费的职业经理人班，而不是在一般院校上几万元学费的同类课程班，就是遵从梯度规律，愿意为高层次课程、高水平学校选择付费。

(四) 以知识资本观促进非学历教育自费型消费

知识资本消费观认为知识就是资本，个人知识就是个人人力资源，是个人职业发展和人才市场竞争的重要资源。知识人才是企业最宝贵的财富，是企业竞争的关键因素之一。因此，个人愿意自费参加培训，企业愿意派遣人才到非学历教育机构学习。这打破了以往办学主要由政府出资的局面，通过社会投入，既扩大教育服务规模，促进高校等教育机构发展，也使越来越多人获得教育机会，并通过学习给个人和集体发展提供了无限的可能。知识资本观还有效地促进了教育市场的形成，不仅提高全民教育规模，更提高其效率。比如以往教育中存在专业设置和市场脱节等问题，在自费教育和教育竞争背景下，因为供求机制进一步理顺，这些问题得到了极大缓解。

（五）以知识身份观促进非学历教育高层次消费

知识身份消费观认为一个人光有物质财富还不够，还要有知识财富。中国古代"唯有读书高"虽失之偏颇，但就知识财富化而言还是有一定合理之处的。反映在消费上就是，光有物质消费还不行，还要有包括教育在内的文化消费。现实生活中很多人事业小有所成、财富稍有积累后，就想着要继续深造。他们往往通过非学历教育，如研讨班、高级课程班，提高自己的知识水平，同时提高自己的财富身份。用市场术语说，就是在社会上既有财富包装自己，也有知识包装自己，体现自己的社会地位或者提高自己的社会身份层次。

（六）以终身学习观促进非学历教育生命周期消费

终身学习消费观认为人一生都需要成长，也可以成长，包括心理成长、知识增长。教育是促进人成长的重要手段，学习伴随人成长的一生，因此即使在学历教育完成后，后期也要通过不断的非学历教育与时俱进，继续提高自己，完善自己。当前涉及非学历教育的年龄段不仅包括青少年，更包括中年、老年等。一个人完成义务教育，能够有机会进行的学历教育时间很有限，一般本科教育在二十岁出头的年龄即可完成，研究生教育也有年龄不断提前之势，伴随人一辈子更多的是非学历教育。

（七）以群体学习观促进非学历教育社会消费

群体学习消费观认为学习需要借助社会场所和资源，在第三方机构尤其是教育机构的指导和组织下，在一定的群体互动中系统性完成。这打破了传统的封闭学习观，以往人们有"秀才不出门，全知天下事"的观念，但随着生产和技术过程越来越复杂，知识、科学系统越来越庞大，现代知识体系性和专业性越来越强，不借助一定设施、手段，个人难以进一步学习。同时理论和实践相互促进，理论教学和实践教学不可或缺，个人很难具备全面的学习场景。因此，人们更多由自学走向群体学习，学习更是一种社会消费行为。在群体中无论是教育服务的供给还是学习者教育消费的需求满足，都易实现规模效应和范围效应，群体学习提高了教育和学习的效率。

（八）以学习生活观促进非学历教育常态消费

学习生活消费观认为学习不仅是一种智力劳动行为，也是一种日常生活行为；不仅是生产所需，也是生活所需；不仅在工作时间之内需要，在工作时间之外也需要。不仅把学习看作一种生产促进行为，为了个人事业发展、企业经营、国家发展而学习，而且认为学习也是一种生活水平提高行为，为了个人生活更加美好、家庭更加和谐、社会更加进步、文化更加灿烂而学习。前者如生产技术学习，后者如生活素养学习。在生产生活的各个时间段都可以学习，由此促成了教育，尤其是非学历教育的常态化。

专题四　非学历教育的复杂性及多维应对

习近平总书记在党的二十大报告中指出，中国式现代化是人口规模巨大的现代化，复杂性前所未有，发展途径和推进方式也必然具有自己的特点。中国式教育现代化同样是人口规模巨大的现代化，尤其是其中的非学历教育，是一类更为复杂的办学形式，只有认识其复杂性，才可能对其有效组织、监管，其运行才可能有效率及活力。当前，中国对非学历教育的认识还不够深入，对其复杂性缺乏把握，从而导致诸多政策堵点、行动难点。

一　非学历教育的复杂性

（一）由学习者付费，但同时使用公共资源

涉及非学历教育的公共资源包括师资、设施、场地，甚至高校的无形资产如声誉、品牌、文化。相比学历教育，非学历教育的学费较高，甚至高得多。一种意见认为，不能因此而说明非学历教育完全自费，因为其还要使用高校公共资源。当前高校主要通过调配学历教育资源，包括师资、设施、场地等，开展非学历教育；甚至诸多招生因素中对学生产生更多吸引力的也只是学校因为学历教育而积累下的声誉、品牌资源。在实际操作中，非学历教育部门往往无偿使用学校公共资源，它们和学历教育部门一样都具有无偿使用学校公共资源的性质。在收入计算中，非学历教育部门并不将对公共资源的使用纳入成本。因此说非学历教育部门的收入完全是部门创收，学员学费完全支撑了教学，并且对学校有巨大收益贡献是有疑义的。还有一种意见认为，非学历教育是完全自费，国家基本上没有对非学历教育进行投入，因此不存在国家负担非学历教育办学费用一说。学员虽然使用学校的公共资源，这些公共资源与其说是学校公共资源还不如说是学历教育资源，非学历教育只是使用了学历教育的资源，但高昂的学费已经包含了使用学历教育公共资源的租金。但不管是哪种意见，都同意高校非学历教育既需要学员支付大额学费，又使用公共资源一说。公共资源是自费还是无偿并不影响其使用，使用也是财产权利。有使用权利，但所有权界定不清、财产权不明晰，就会带来相关的管理、经营和治理问题。

（二）事业和产业并重

非学历教育既由政府、国有机构举办，也由民营、市场机构举办，即使是高校非学历教育，也可以由公办高校和民办高校举办。而且当前的非学历教育已经不再是一项简单的业务，而是一套复杂的流程，一个分工严密的产业链体系。从人才培养输入到输出，从策划、宣传、招生、教学、管理到就业服务，很难由一个机构或某一类单位完成，往往多种所有制机构参与其中，事业属性和产业属性并重。例如，宣传等前端更多由市场上的相关机构完成，教学培养端则更多由国有或者事业机构完成。

（三）公共事务和私人业务兼顾

非学历教育是一项公共事业。无论是促进经济社会发展，还是为人力资源弱势者赋能，非学历教育都需要履行公共服务职能。比如国家每年要针对下岗职工、农民、农民工、困难群体进行职业技术培训，还包括对干部及教师、医生等专业技术人员培训。但非学历教育同时又是一项私人业务，为私人服务。许多人通过自费获取非学历教育，服务个人素养提高、兴趣爱好培养、技能提升等生活和工作目标。

（四）生产和消费功能共存

生产和消费作为两类经济功能，其组织形式不同。非学历教育为生产供给人才资源，如通过技能学习，培养出熟练工人，同时也通过素养培育，为个人生活提供更好的消费体验，如通过艺术学习，培养出有一定情趣、欣赏能力，甚至创作能力的艺术爱好者。作为服务业，它是生产服务业、公共服务业，同时也是生活服务业。非学历教育这一生产和消费功能并存的特点易使人们对其属性产生疑问，许多人习惯了传统思维。传统学历教育主要为生产、为工农业培养人才，是典型的生产服务业，公共服务业属性次之，对生活服务极少涉及。因此学历教育更多开设学科性强的专业课程，甚至有科技化倾向，比如曾经出现"学好数理化，走遍天下都不怕"的论断。即使有素质类课程，普遍也难受重视，比如音乐、舞蹈、棋类、体育这一类课程往往只是受到应付式对待。而现代非学历教育在办学过程中却专门出现了音乐、舞蹈、棋类、体育等培训课程，甚至还有美食、美颜一类的专门课程。非学历教育担负的功能不一样，人们需要改变对它的认识。

（五）集中和分散同在

集中是指市场集中度高，业务由一个或者某几个市场参与者掌握；分散是指市场集中度低，业务分散在众多市场参与者中。因为竞争、私人和公营机构均参与，相比学历教育，非学历教育市场两种组织趋势都更加显著。一方面通过市场资本作用和竞争马太效应，非学历教育机构可以迅速完成垄断，形成操控市场的权力，这也是政府防范教育市场资本过度涉入的原因。中国已经出现了语言培训等类别非学历教育的大公司垄断行为，还有课外培训市场的竞争逐利，对学历教育正常秩序构成一定干扰。另一方面通过经营放开、多方参与，某些非学历教育领域经营越来越分散。但也存在一定程度的"一哄而上"、低水平重复。由于创新创意不足，很多培训单位照搬别人的培训模式，无法提供新颖的具有更强劲市场潜力的培训产品。同时，出现了一些不正常的"国退民进"现象，比如有些公办机构不愿意开拓市场，在缺乏监管的情况下把招生业务交由市场企业承办，从而市场上出现招生公司林立、招生广告"满天飞"的现象，存在大量不诚信、侵害学员利益的行为。

二 非学历教育的多维综合发展导向

党的二十大报告强调，我们应始终从国情出发想问题、作决策、办事情，既不好高骛远，也不因循守旧，保持历史耐心，坚持稳中求进、循序渐进、持续推进。从上面的特点分析可以看出，非学历教育虽然与学历教育同为教育，高校非学历教育和高校学历教育虽然同在一校之内，但性质却有很大不同。这决定了我们不能按照学历教育的模式管理非学历教育，应创新现有教育管理模式，构建适应非学历发展规律的治理体系。由非学历教育办学的复杂性，可得到结论，在任何一个经营、管理、治理维度上，采取单一取向都可能失之偏颇，需要综合导向应对。

（一）公益和营利导向

这是指基于价格和收益，要公益和营利导向并重。在学费收取上，不能完全放开价格。因为公共和私人属性并存，要采取区别政策。比如对于政策性培训，尤其是为人力资源弱势者赋能，应执行公益性价格，反对市场暴利，要让更多的弱势人群获得非学历教育的机会。但对于发展型培训，一方面供给要求优质，也就是教育服务越高端越好；另一方面允许高收费，通过高收费刺激市场竞争，教育服务提供方提高教学水平。费用不仅是成本因素，也是激励因素，激励理论认为，承担代价能够让人更加珍惜。通过付出高成本，也有利于非学历教育学员成为更高素质的人才。对于生活型培训如兴趣爱好培训班，可以完全根据市场供需调节价格。在收益分配上，要有合理的国家税收政策和内部留成政策。对于社会公益性培训，国家应免税；对于正在开发的培训项目和产业，国家应减税；对于成熟的培训行业，国家可正常收税；对于高端且市场参与度高的培训项目，国家可以增税。中国非学历教育往往和学历教育联合办学，尤其是在高校内部，应确定合理的非学历教育留成比例，不应仅仅将其视作"创收"手段，要建立非学历教育发展基金，通过专门投入实现非学历教育独立发展、可持续发展。

（二）公共和私人导向

这是指基于投入、出资比例和产权，要公共和私人并重。财产权利决定市场行为和绩效。非学历教育更多由需求方付费，是通过市场购买服务的行为，因而供给方需要竞争需求市场，这决定了要为供给方营造竞争环境，供给主体需具备竞争能力，因此要使供给方构成多元化，不仅有国资还要有民资，不仅有国内资本还要有国际资本。同时中国非学历教育还需要大力发展，要从投入入手，壮大产业能力，调动社会多方投入的积极性。关于出资比例，应根据竞争程度及公益私利的不同属性合理确定，如对于关乎民生的下岗再就业、军队转业干部安置、乡村振兴、农民工城市化等培训业务，应增加政府出资比例；对于学历补偿型、生活小康型培训，可以主要由民营出资。针对非学历教育更多以产业链和机构协同形式运行的现实，在关系国计民生、信息不对称性高、易产业市场风险的环节应适当提高国资比重。在监管条件尚不具备的情况下，对某些市场风险"高危"环节，应以社会稳定、产业安全为重，暂时先行收归国有，待监管水平提高、可控时，再行放开。在资产使用上，应允许国有资本租赁，发挥国有存量教育资本更大效益。允许社会机构和国有机构合作办学，比如社会培训机构和高校合作开办项目。高校在保证学历教育所需的情况下，可以向社会开放师资、场馆、设施、设备，比如允许教师在完成学校教育任务之后在社会兼职。

（三）政府和民营导向

这是指基于资质、举办权，要政府和民营并重。非学历教育服务广大社会人才培养，不仅培训生产技能，更培育生活素养，既服务生产高质量发展，也服务生活高质量发展。需求多样，质量和规模水平要求高，需要服务方式灵活，市场响应快。教育因为其广泛的社会影响，任何行为都可能引起一定的社会后果，非学历教育因为其学员构成、办学过程的复杂性，产生的社会效应也较为复杂，很多市场风险只能够通过市场化解，单靠政府安抚、平息难以见效，同时政府在背负学历教育重担之后，也难以、更不应过多承担非学历教育，应吸纳更多民营机构。要依据不同领域和市场特点，走分工协作道路，各方共同发力中国非学历教育。在监管条件具备的竞争性领域，业务应对民营和私人教育创业者开放。针对教育，特别是高端教育一对一的规律，应探索非学历教育的个体举办、集体举办资质。针对互联网和数字教育大发展，应探索非学历教育的网络教学资质。

（四）国资和外资导向

国资和外资导向指基于资本和运营的国别属性，要国资和外资并重。中国影响力的提高离不开教育影响力的提高，中国具备进一步向世界输出产业技术及发展经验的机会，中国非学历教育的国际化也由此具备了条件。另外，中国灿烂的文化，为全世界消费爱好者提供了提高生活质量的可行途径；接受中国非学历素养教育，有利于促进各国人民生活丰富多彩。教育是中国国际贸易的短板，当前更多中国人往海外留学，相比之下，海外学生来华规模较小。为平衡教育服务贸易，中国的非学历教育出口业务要广泛借助外资影响，强化国际合作，让中国尽快由出国留学大国转变为海外来华留学大国，促进中国国际学员回流。当前，中国经济尤其是城市经济正在由生产向服务、转型供给向消费转型，国家正在大力布局国际消费中心城市建设，非学历教育消费也应是国际消费的重要组成，要大胆、自信，在监管可控的条件下，大力引进外资和外资国际项目。同时，应注意消化吸收、自主创新，壮大国资和国资国际项目。还要推动中国教育资本及单位、企业走出去，参与国际竞争。

（五）竞争抑制和竞争促进导向

这是指基于市场结构，要竞争抑制和竞争促进并重。新古典经济学推崇竞争，认为竞争总是带来很高的效率，但它忽视了发展中国家所处的发展阶段及市场条件，因此发展中国家在一定阶段不能够完全照搬西方的竞争政策。竞争整体上而言较有利于精英人群，强者恒强，弱者更弱。发展中国家的人力资源结构还是陡峭的三角形，而发达国家的人力资源结构实现了扁平化，甚至是橄榄形的，人员竞争的起点更加一致。中国整体上仍然是发展中国家，急需通过教育尤其是非学历教育补充人才短板。当前应倡导社会教育资本投入多元化、投向多角化，尽可能覆盖急需受教育人群，如下岗者、再就业者、面临失业危机的中年转岗者等，在这些培训领域应有一定政策扶持，包括税收和配套经费支持，帮助教育举办者获得一定收益，有进一步办学积极性，并促进市场竞争。在热门培训领域，特别是市场旺盛的培训部门，应防范竞争过度，或恶意竞争，比如通过资本炒作，实现垄断，扰乱市场秩序，损害求学者权益。应区分不同市场特点，在招生、教育服务、人才供给环节分别实施相应的竞争抑制或者竞争促进导向政策。

（六）计划和市场导向

这是指基于市场组织，计划和市场并重。非学历教育是科技兴国的有机组成，事关国家产业体系、人才体系、创新体系、教育体系发展，是一项系统工程，所以离不开顶层设计，需要一定的计划安排；一方面规划主导，要做好发展规划，以规划引领实际工作，一方面做好政府主导，要发挥一定的政府统筹、引导作用。单纯依靠市场平衡很难协调各个系统，容易造成社会无序，形成社会不稳定因素。同时，非学历教育实务性强，尤其是面向市场一线，更多由私人消费构成，竞争色彩浓厚，因此单独依靠政府也很难平衡各工作体系，组织好各个环节的工作，需要引入一定程度的市场自组织，以无形之手平息复杂的市场摩擦，化解各类运行危机。要落实计划和市场导向必须发挥有为政府和有效市场的作用。当前非学历教育涉及的重要主体包括国家政策法规部门、政府监管部门、高校管理部门、高校具体办学机构、社会办学机构、社会和行业组织等。社会办学机构主要是市场导向的独立培训公司、公司的培训部门及个体培训者等。社会和行业组织主要包括为市场服务的第三方信用机构、评价机构、非学历教育学会、非学历教育协会、非学历教育消费者协会等。当前深化非学历教育改革要紧紧围绕发挥各类主体作用，贯彻好非学历教育的计划和市场导向这一重要线索展开。

专题五　可在高校非学历教育领域探索混合所有制

在社会主义初级阶段，任何一类所有制形式都有其局限性，党的二十大指出，要坚持和完善社会主义基本经济制度，毫不动摇巩固和发展公有制经济，毫不动摇鼓励、支持、引导非公有制经济发展，充分发挥市场在资源配置中的决定性作用，更好地发挥政府作用。在教育经济领域，也应综合运用多种所有制形式，推进包括非学历教育在内各项事业的发展。"十四五"规划提出，深化国有企业混合所有制改革；鼓励有条件地方依托产业集群创办混合所有制产业技术研究院，服务区域关键共性技术研发。混合所有制被认为是一种有发展前景的所有制形式，在这方面国有企业改革已经走在前列，对于高校而言，混合所有制其实早已经在试点，比如早期高校与社会资本合办的独立学院。在非学历教育领域，也事实上存在多种所有制的合作，但并没有从资本和所有权层面进入混合所有制。非学历教育的市场业务较为复杂，比如由学习者付费，但同时使用公共资源；事业和产业并重；公共事务和私人业务兼顾；生产和消费功能共存；集中和分散同在；信息不对称。私人效益和社会效应同在。这些复杂性决定了非学历教育需要探索混合所有制改革。

一　混合所有制动因：制度、资源、功能等的不完全性

非学历教育，尤其是高校非学历教育，需要各类所有制合作办学，承办主体中公营和民营均不可缺位。这由制度、资源、功能等的不完全性决定。

一是资源不完全。非学历教育所需资源包括从生源到教学培养、人才输出等各个环节所需资源。以教学资源为例，与欧美不同，中国高等私立教育不发达，民办高校数量少，同时整体处于教学资源弱势。中国高等教育教学资源主要集中在体制内高校，包括教学场地、师资、课程体系、学习氛围、社会声望等，公立学校所积累的资源优势绝大多数都是民营社会私营机构所不具备的。当前中国绝大多数私营教育服务机构以典型的小型服务性公司的形式存在，基本上没有土地等固定资产，师资主要靠外聘，办公场所依靠租赁，设在商务写字楼。教学资源的巨大差距往往决定了私营机构要开办高等非学历教育业务必须与高校合作。换言之，单从教学资源来看，高等非学历教育完全私有化在目前阶段并不现实。同时，虽然教学资源是公办高校的强项，但市场资源，包括广告宣传和招生却是其弱项，长期享受国家招生指标红利的公办高校从来不需要考虑市场生源。在传统的学历教育中，高校一直是卖方市场，更多是大量学生争着上大学，而不是大学抢招学生，招不到学生，所以高校不需要大规模建设招生工作队伍，自己不需要面向生源市场，市场资源没有得到，也没有必要培育。但非学历教育供求易势，学员作为自费方，有权利选择学校，学校成为被选择对象，要面对激烈的生源竞争学校显然市场资源缺乏，能力跟不上。市场资源的巨大差距决定了高校要开办高等非学历教育业务必须与市场机构合作。换言之，单从市场资源来看，高等非学历教育完全公有化可行性不够。

二是政策不完全。国家对公立高校有着稳定的支持政策，而民营机构走市场化之路，自负盈亏，同时作为教育类公司，民营非学历教育机

构相比其他私人企业，担负的公益属性更多。非学历教育投资巨大，融资途径有限，在金融担保、经费支持方面处于劣势。另外，民营教育市场问题多、监管难，国家对民营教育的政策不够稳定。私人财力有限、担保难、融资渠道不畅、政府支持度低等导致民营非学历教育机构资本积累和扩张能力弱，难以独立举办非学历教育。事物往往具有两面性，国家支持政策一方面有利于高校发展；另一方面，受到支持的高校也面临国家更严格的制度性监管。当前中国高校非学历教育还处在初步发展阶段，不完善之处不可避免，政府对高校有着较多、较严格的非学历教育监管措施，既有规范办学、强化财务纪律的一面，同时又有产业约束、政策不灵活的一面。监管过多、过度问题在一定程度上存在，不利于高校市场竞争。而民营市场机构自己出资，人员监管少，人员基本上能够摆脱行政束缚，较为自由地行事。面对市场，现有政策下的公立机构响应速度慢，条条框框束缚多，作用很难充分发挥，需要借助市场机构取长补短。体制内高校有一整套严格的财务制度，比如对课酬有严格限定。但非学历教育是竞争性市场领域，明星教师对课程项目优势的建立极其重要，各家机构都在竞争明星教师。而市场机构报酬不限定，决定了其在师资竞争中有优势。中国高校财务近年争议多，对各项事业产生了某些不利影响，比如由财务束缚而形成创新束缚，由激励约束而形成对教师积极性的损害。财务对高校非学历教育的束缚也如此，在没有进一步改革完善之前，很多高校非学历教育机构需要与民营机构合作，以规避财务限制和风险。

　　三是功能不完全。功能不完全包括国家监管功能不完全和机构运营功能不完全。在监管方面，国家对公立机构较易实现完全监管，也因此能够"放心"将很多培训任务交由公立机构举办。而对民营机构受制于市场庞大、良莠并存、信息不对称等因素，往往市场对民营机构的开放伴随着政府监管能力要求提高、风险增加，政府很难监管到位。对于新兴的非学历教育市场，政府监管经验还较为缺乏。因为监管能力还有待提高，所以政府对民营机构的开放也很有限，也就是说，非学历教育的完全民营化在中国当前不具备可行性。同时在机构运营方面，公立机构和民营机构发挥了不一样的功能。比如民营机构基于私人属性、资本的逐利属性，往往更加关注成熟、有较高盈利水平的项目。机构基于公共属性、经营投入的公共服务属性，往往不得不开展一些成本高、收益少的项目。运营功能的不一致也说明非学历教育的过度国有化行不通，非学历教育既离不开公立机构，也离不开民营机构。

二 混合所有制是非学历教育发展的有效之策

上述几个方面的"不完全"决定了从一定时期来看，非学历教育不可能完全公营或者私营。混合所有制是非学历教育发展的可行之策，如同在国有企业改革中需要探索混合所有制一样，在高校非学历教育发展中也需要探索混合所有制改革。比如在实际运营中，民营机构往往经济成本更低，公立机构开办成本高。项目开展和项目绩效并非一致，面对不赚钱的培训项目，某些公立机构往往采取变通甚至不负责任的做法，教育降质减量。比如对一些利润较少的公益项目，培训机构会尽量节省成本，减少支出，或者对相关的培训少投入资源，不培养相关配套资源，只是被动应付。实际上，同样的培训项目和经费额度，公立机构因成本高效率低难以承担，但并不意味着精打细算、效率高的私立机构也如此。在一些政策性帮扶培训中，虽然人均经费少，但由于受训人数多，总的经费额度巨大，许多项目交由民营机构举办，反而可能做得更好。出于监管目的以及民营机构市场选择成本，国家仍然更多依赖公立机构，但如果能够建立混合所有制，各尽所能，把国家对民营机构的教育管理转变为公司的内部管理，则可能进一步提高市场绩效，促进非学历教育，规避由于一些公办培训机构少作为甚至不作为，而产生的培训效果不佳、市场声誉受影响等问题。

专题六　应建立高等非学历教育的多方协作架构

高等非学历教育系统从行动主体来看，可分为调节者和参与者。调节者为政府和市场，分别为有形之手和无形之手，良好状态时为有为政府、有效市场。参与者为高校、社会办学机构、受教育培训者个人，分别扮演供给者和需求者角色，良好状态时为供求平衡，或者说，供求层次不断提高乃至在更高水平达到平衡。做好主体定位和协作是顺利开展高等非学历教育的重要前提，比如在供给主体方面，高校是高等非学历教育服务社会、促进教育公平的抓手，社会机构更具体说是社会办学机构是高等非学历教育的重要依托。两者关系是：现阶段在教育资源缺乏、声誉不高、没有高校作背书、提供主导支撑的情况下，社会办学机构单独举办的高等非学历教育缺少公信力，质量难保障。同时在缺乏激励、市场开拓能力差、主动服务意识不强，现阶段没有社会办学机构灵活应对市场、提供辅助支撑的情况下，高校单独举办的高等非学历教育作用发挥有限，难以做大做强，大多数可能沦为校办产业（做了社会机构应该做的事情）或者学历教育的附庸。实践证明，任何一类主体都不可能包揽、搞好高等非学历教育，因此需要建立高等非学历教育的多方协作架构。

一 高等非学历教育的多方协作机制

高等非学历教育系统从部门来看，可划分为五部门。政府是公务部门、高校是事业部门、社会办学机构是市场服务部门、广大用人单位特别是企业界是产业需求部门、接受教育培训者是个人消费部门。需要建立各部门协作机制。

一是融合机制，实现多目标取向。事业和产业取向并存，或者说公共服务和市场效率取向并存，决定了高等非学历教育要融合多目标。

二是协作机制，达成跨所有制协同。资源投入多渠道、资本所有多种主体，决定了高等非学历教育需要跨所有制协作。

三是项目机制，以项目为工作联系中心、协作载体、沟通桥梁。多方、多种所有制决定了为服务协同，要围绕共同的中心，有共享的载体，架共有的桥梁，这个中心、载体、桥梁就是项目。如果说学历教育的业务单元是专业，那么说非学历教育的业务单元就是项目。专业依据知识体系划分，项目依据职业特点、社会任务而划分，一个项目可以包括多个专业的知识，是跨专业的，一切为了服务于特定的职业目标、人才需求。

四是组织机制，以契约为组织。在跨所有制协作中不以行政命令、上下级关系为组织，所有参与机构无论体制内外都是平等主体。在各机构内部可以是科层制，但在机构间特别是跨所有制机构间、供给部门和需求部门间，大家都是平等主体，彼此只体现相应的权利、责任、义务关系。

五是平台机制，主要以市场为平台。国家教育经费有限，主要用于普及义务教育和提升学历教育水平，这意味着高等非学历教育难以更多获得国家财政资源、公共支出有限，公共教育平台只有在完成学历教育之后才能为高等非学历教育提供支撑。高等非学历教育要做大做强，最主要的出路是向市场要资源，通过社会开放办学壮大自身。这也说明，在多方协作体系中，各参与方要更多致力于市场资源开发，市场平台构建，不能局限于国家公共教育资源。或者说，国家已有公共教育资源只是高等非学历教育基础和已有存量，高等非学历教育要进一步发展必须走市场开拓之路。

六是主体机制，高校和社会机构双轮驱动。高等非学历教育无论是作为一项事业还是作为一项产业，是供给行为还是需求行为，都涉及招生宣传、人才培养、考核结业等业务链条。它是一个连续而完整的体系，需要体制内外并举，各种所有制成分发挥各自优势，扬长避短，尤其高校和社会机构要通力协作。

七是对象机制，共同面向广大成人非学历教育人员。共同的服务对象决定了各方需要共同开发市场，通过协作而提供服务。面对不同细分群体，协调各自的工作职能。例如，对高层次研发型学习对象，高校需要担当更多的基础知识和前沿技术培训任务；对于高层次技能型学习对象，社会办学机构，尤其是产业部门建立的办学机构，需要承担更多的前沿应用型教育、一线技能培训、素养和规范培养任务。

八是评价机制，认可非学历教育经历作为社会人员招聘、人才延揽、职务晋升、薪酬激励，及城市入户等的重要标准。政府作为公务部门、高校作为事业部门、社会办学机构作为市场服务部门、广大用人单位特别企业界作为产业需求部门、接受教育培训者作为个人消费部门，要在人员供求质量和人才认定标准上达成一致，以畅通教育培训和人才选拔运用渠道，促进各方面工作衔接。

二 防范协作越位

高等非学历教育是一个国家的国民教育，是终身教育发展的重要方式。政府、市场在其中扮演着调节者的作用，主要通过体制和机制进行调节。高校、社会机构、个人（家户）是高等非学历教育参与者，依据侧重点，高校主要践行公共事业职能，社会机构主要发挥市场经营功能，高校和社会机构位于高等非学历教育体系的供给端。个人（家户）是受教育者，或者消费者，位于高等非学历教育体系的需求端。在协作中尽管平等协商、自由交易，但术业有专攻，各主体、机构各有其职能、责任，不能够简单越位。

一是防范功能越位。各方虽然都参与高等非学历教育，但各自功能定位不同，高校更重事业功能，注重教育发展性、公平性、社会公益性，而社会办学机构更重产业功能，注重业务发展性、市场效率性。换言之，高校在国家财政支持下，更应当将高等非学历教育办成全民事业，不应过多以营利为目标，社会办学机构将高等非学历教育办成精英产业，允许资本投入和滚动积累，不应剥夺其市场参与的机会。

二是防范职责越位。即使是同一主体，其履行的教育职责也可能是多方面的，不能偏废，更不可冲突。比如学历教育和非学历教育都是高校职责所在，必须双轮驱动，不能发展一种、偏废另一种。更不能冲突，因为发展学历教育而影响非学历教育，或者反之，因为发展非学历教育而影响学历教育。

三是防范性质越位。学历教育和非学历教育虽然同在高校，但两者性质不能混淆，比如一般情况下，非学历教育经历不能换算成学历教育学分。非学历教育更多以培训形式开展，期满颁发结业证书，或者其成就的最终概括或者展现只是一段培训经历，不得在广告中承诺学历、学位，也不实行固定学制。《普通高等学校举办非学历教育管理规定（试行）》严禁以硕士、博士名义办班，管理上更鼓励短期办班，不鼓励长期办班，以减少办学风险。

四是防范身份越位。各类机构共同协作，但不能因此而混淆身份。比如社会机构可以与高校合作，但在具体业务中各负其责，社会机构可以参与教学管理，但仅限于在特定合作项目中进行教学管理，同时以社会机构身份进行管理，不能冒称高校工作人员进行管理。同时，高校在办学中应把好质量关，学校与学员之间并非简单的市场关系，很多业务工作社会机构可以做,但高校不能做。比如对于弱势、贫困,甚至没有缴费的学习者,社会机构可以完全拒绝,但高校不行,因为高校是事业单位、非营利机构。作为高校非学历部门,也应该建立对弱势群体的教育帮扶基金,设立助学金,甚至减免部分急需教育赋能而无力支付学习者学费。高等非学历教育相比学历教育要更多向社会开放。高校不能像社会机构,将赢利作为办学的主要动机,由公共服务者向私人服务者越位。

五是防范资质越位。资质是从业的基础,也是行业、产业准入的条件。不同的资质适应不同的行业、产业,虽然同为经营主体,但资质间不能混淆。非学历教育不同于一般的社会行业,也是一类特殊的服务业,更要求专业而规范的资质。资质是保证教育质量的前提,产业界和社会部门没有教育培训资质,不能举办高等非学历教育。即使是国家相关事业单位,比如科研院所,也应履行资质申报、备案手续,自觉接受行业监管。

六是防范师资越位。学历教育和非学历教育各有自己的师资定位,合格的学历教育师资不一定是合格的非学历教育师资,反之亦然。不能不顾非学历教育规律,简单地把学历教育师资转成非学历教育师资,甚至把学历教育中淘汰的师资充作非学历教育师资。还有,不顾教育的专业性和科学性,把缺乏教学技能、专业素质的社会人士简单充作非学历教育师资。

七是防范职能越位。非学历教育作为一个新发展而庞大、未来潜力巨大的体系,需要综合起各类职能,各类主体各司其职。实践中,出于创收或者拿项目的目的,某些政府附属机构、事业单位,或者挂靠的协会,不具备办学能力,临时拼凑教学班子,勉强开班办学。甚至为花经费,在没有做办学项目调研、没有切中市场需求的情况下,向相关单位或者社会摊派学习名额,造成培训者"被学习"。还有的高校盲目走市场扩张之路,结果把非学历教育办成校办产业,甚至出现买卖文凭现象。要对非学历教育进行"管办"分离,无论在教育行政部门内,还是在高校内部,要通过机构分立,把各项职能分开,避免彼此越位。比如高校非学历教育不能把所有职能都混淆在一个部门,继续教育学院既是管理者又是运行者,高校应设立专门的管理部门,管理和协调各办学机构。

专题七 通过非学历教育完善教育共同富裕机制

人们为了实现更高的就业预期,往往尽可能提高自己的学历层次,这也是当前教育越来越内卷的原因。这也可看出,许多人把对美好前途、生活富裕追求的希望寄托在教育上。虽然有一定偏颇,但也有其进步之处,相比把希望寄托于门第、背景、关系、运气等,教育的意义要积极得多。同时从学历和就业机会、收入的相关性上也可看出,当前教育和共同富裕的关系越来越紧密,值得深入研究。在知识经济时代,就业增进、收入水平提高、发展机会提供、生活质量提高越来越有赖于教育,这能够充分说明这个时代的共同富裕越来越与教育紧密相关。需要从教育的机会公平性入手探讨共同富裕问题。

一 学历教育机会不均等使共同富裕难以实现

有几个方面的教育机会不均等不利中国共同富裕的实现。

(一) 大学学习机会不均等

新中国成立以来,特别是改革开放以来,中国学历教育尽管发展很快,但当前还是有大量学生考不上大学。有没有本科学历很大程度上是当前能不能找到高薪工作,甚至进入收入高产业、行业、企业的必要因素。没有一定的学历,一个人连获得理想工作的机会都没有;没有大学学历，意味着一个人将失去很多职业发展机会，获得稳定收入的可能性更低，个人富裕更难实现。

（二）发展型教育机会不均等

研究生，包括硕士和博士教育，是大学教育中的更高层次教育，也是发展型教育。相比本科教育，研究生教育的机会不均等就更严重了，能够读研的人少而又少。21世纪以来，富裕人群，尤其是中产阶层，越来越与拥有发展型学历有关。以某大城市人才市场为例，20年前，高新技术企业部门主管等高薪岗位全要求硕士研究生以上学历，当前，同样的职位已经要求博士研究生了。发展，包括教育发展，通过教育发展，是每一个人的愿望，发展型教育机会不均等是当前中国教育特别是学历教育的不足，并拉大了贫富差距。同时这个不足很难弥补，需要另辟蹊径弥补。

（三）不同大学机会不均等

即使能够上大学，但不同大学的教育质量有差别，给人提供的机会有大差异。大学生中，只有极少数人能够上"985""211""双一流"高校。进入这些高校，不仅意味着能够享受高端教育资源，获得更优质的教育供给，更给人带来自信，个人胆识等精神力量和人格素质也大为提高。也就是说无论从知识，还是心理、个人声望，都因重点名校而建立优势。更重要的是，学校的招牌可能直接成为毕业生就业的通行证。有数据显示，名校毕业生的收入水平普遍高于一般学校毕业生，比如清华、北大的毕业生在国内的起薪明显高于其他一般院校。也就是说，虽同为大学生，但不同大学的毕业生的机会不均等。

二 以非学历教育推进共同富裕

非学历教育的社会适用和服务面更广，能够提供的学习和就业机会是学历教育所难比拟的，是促进共同富裕的重要教育形式。

（一）化解学习机会不均等，促进共同富裕

在现有学历教育的框架内，很难解决教育机会不均等的问题。学历教育更多依赖国家公共投入，因为教育资源有限，所以整体上而言，虽然经大力发展，在高等教育层次上，中国能够获得学历教育的人员仍属于少数。在教育影响就业、收入的今天，学历教育成为拉大贫富差距的重要因素。也可以说，现有的高考制度、大学分布、中考分流虽然有不均衡，甚至不公平之处，但更多的是教育资源约束下的无奈之举，甚至是权宜之举，要根本解决教育尤其是高层次教育机会不均等问题，还需要拓展办学思路，积极发展非学历教育。对于高考落榜的学生而言，不能进一步接受正规大学学历教育意味着他们在学历上难以建立竞争优势，但可以通过强化职业培训，在非学历教育中锻炼技能，成为优秀的实干人才，比如成为大国工匠。

（二）化解发展型教育机会不均等，促进共同富裕

求知作为基本工作追求和生活追求，是每个人的精神向往；获得发展型教育也是每个人应该享有的权利，但很明显，在现有学历教育框架内很难解决高层次发展型教育的供求矛盾。要针对学历教育的这一短板，发展非学历教育，在发展型领域拓展非学历教育。通过非学历教育，无缘学历教育的人同样可以补充知识的不足，甚至强化高层次专业能力发展。历史上有很多学问大家、技术巨擘，学历教育水平并不高，却能登上知识和技术高峰。人力资本和知识资本的获取不分学历教育和非学历教育，通过学历教育和非学历教育并举，有助于实现共同富裕。

（三）化解不同大学机会不均等，促进共同富裕

国家设置重点和一般院校有其必要，这是推进不同层次大学发展的需要，也是集中资源办好顶尖大学的需要。一个社会需要从事高精尖研究工作的人毕竟有限，因而一部分院校更注重质量、拔尖、研究型人才培养，同时更多院校更注重规模和通识型、技能型人才也是情理之中。

关于教育机会，个人一定时期可能存在不均衡现象，这主要由学历教育的有限性引起，但从长期来看，这种不均衡现象可能缓解，甚至化解、抹平，这可以借助非学历教育的无限性实现。学历对于一个人入职有重要的影响，但在后续的工作中，技能的锻炼、经验的积累、新知识的吸收、创造力的发挥才是关键。在很多大公司和单位中，存在大量一般院校毕业生工作杰出，而很多名校生却表现平庸的现象。从生命周期来看，一个人可能在生命前期，尤其在年轻时没有获得较好的学历教育机会，但后期通过非学历继续教育，可能知识和技能水平后者居上，获得更突出的教育资本回报。在这个意义上，可以说，发展非学历教育事关终身教育公平和一个人的终身发展，更有利于实现共同富裕。

附录一　开放式访谈提纲（专家咨询用）

各相关单位和同志：

受有关方面委托，我们展开了一次调查研究，目的是了解中国高校非学历教育消费、产业、消费的现状，交流相关理论问题，以便更好地完善中国高校非学历教育政策，推动中国高校非学历教育消费、产业、消费发展。请您根据真实情况进行交流，本次调查结果只用于理论探讨，我们将对您提供的资料严格保密。感谢您的大力支持！

中国社会科学院"中国高校非学历教育消费评价"课题组

注：本课题所称高校非学历教育是指高校在学历教育之外面向社会举办的，以提升受教育者专业素质、职业技能、文化水平或者满足个人兴趣等为目的的各类培训、进修、研修、辅导等教育活动。目前高校非学历教育模式主要有五种类型：一是为商务中高层、经济成功人士和社会高端人士举办的研究生课程班、高级课程班；二是国家或省级政府部门主导的非学历教育，由高校继续教育部门承办，如国家级职教培训项目，省高职院校教师培训项目等；三是职业资格证书的非学历教育，如化工分析师的培训项目等；四是各种辅导班，如成人高考辅导班、英语考试辅导班等；五是社会企业需求的各种培训，如企业会计师的培训、农村干部的培训等项目。

1. 求学者、办学者等主体因素有何影响/如何影响高校非学历教育消费？

2. 消费理念、消费目标、庸俗消费观、素质消费观、师生关系、教师权利、"教育消费"教育、消费心理、消费价值等文化因素有何影响/如何影响高校非学历教育消费？

3. 功利化、非理性、消费困境等行为因素有何影响/如何影响高校非学历教育消费？

4. 教育目的和消费目的矛盾、现实和期待矛盾、教育严肃性和消费随意性矛盾、学历和非学历教育属性矛盾等矛盾因素有何影响/如何影响高校非学历教育消费？

5. 就业环境、图书馆等消费设施、教育投入、财政职能、消费信贷、消费规制、消费监管等环境因素有何影响/如何影响高校非学历教育消费？

6. 消费选择、城市消费、农村消费、消费多样化、消费结构等市场因素有何影响/如何影响高校非学历教育消费？

7. 贸易性、来华国际消费服务体系、专业设置、消费支出、消费满意度、消费带动、评价等因素有何影响/如何影响高校国际化非学历教育消费？

8. 城镇化因素、收入因素、社会动因——地位提升、社会动因——阶层背景、社会动因——选择性倾向、消费支出等动力因素有何影响/如何影响高校非学历教育消费？

9. 区域平衡、消费的层次基础、消费的可选择性、消费公平性、消费结构升级等发展因素有何影响/如何影响高校非学历教育消费？

10. 消费空间、消费区域等空间区域因素有何影响/如何影响高校非学历教育消费？

11. 消费风险等风险因素有何影响/如何影响高校非学历教育消费？

12. 请谈谈高校非学历教育消费如下效应：正效应——服务城市发展、

正效应—教学实践促进、正效应—学科促进、正效应—教育学促进、正效应—经济拉动、正效应—生活促进；负效应—致贫效应、负效应—挤出效应、负效应—负面心理、负效应—挤出效应、负效应—公平效应；中性—经济影响、中性—社会活动功能。

附表　　　　　　高校非学历教育消费访谈点

编号	维度	指标
1	消费主体	消费主体（者）、机构
2	消费文化	消费理念、消费目标、庸俗消费观、素质消费观、师生关系（教育消费独有的一些内容）、教师权利、"教育消费"教育、消费心理、消费价值
3	消费行为	功利化、非理性、消费困境
4	消费矛盾	教育目的和消费目的矛盾、现实和期待矛盾、教育严肃性和消费随意性矛盾、学历和非学历教育属性矛盾
5	消费环境	就业环境、消费设施—图书馆、教育投入、财政职能、消费信贷、消费规制、消费监管
6	消费市场	消费市场（狭义）、消费选择、农村消费、消费多样化、消费结构
7	消费国际化	贸易性、来华国际消费服务体系、专业设置、消费支出、消费满意度、消费带动、评价
8	消费动因	城镇化因素、收入因素、社会动因—地位提升、社会动因—阶层背景、社会动因—选择性倾向、城市化因素、影响因素、消费支出
9	消费发展	区域平衡、消费的层次基础、消费的可选择性、消费公平性、消费结构升级
10	消费空间	消费空间、消费区域
11	消费风险	消费风险

续表

编号	维度	指标
12	消费效应	正效应—服务城市发展、正效应—教学实践促进、正效应—学科促进、正效应—教育学促进、正效应—经济拉动、正效应—生活促进；负效应—致贫效应、负效应—挤出效应、负效应—负面心理、负效应—挤出效应、负效应—公平效应；中性—经济影响、中性—社会活动功能

附录二 中国高校非学历教育消费调查问卷

同学：

您好！受有关方面委托，我们展开了中国高校非学历教育消费调查，目的是了解高校非学历教育消费需求满足现状，以便更好地完善相关教育消费政策，改进、优化高校和相关机构非学历教育消费服务工作。希望您根据真实情况如实填写，协助我们完成调查。本次调查结果只用于学术研究，我们将对您提供的资料严格保密。填写问卷，将耽误您宝贵时间，我们对您的大力支持深表感谢！

中国社会科学院"中国高校非学历教育评价"课题组
2022 年 8 月

第一部分 调查问卷

填答说明：请在单选题项中选择合适的答案并打"√"，对部分填空题请如实填写相应答案，标有"可多选"的题项可多选。

1. 您和您的家庭成员参与过哪些类型的高校非学历教育消费？（可多选）

A. 课程班　　　　　　　　B. 政府主导的职业培训

C. 市场职业资格证书　　　D. 辅导班

E. 社会企业需求的各种培训

F. 其他＿＿＿＿＿＿＿＿＿＿＿＿（请写明）

G. 没参加过

2. 您对哪些高校非学历教育消费内容感兴趣？（可多选）

A. 专业教育　　　　　　　B. 职业教育

C. 技能培训　　　　　　　D. 素养教育

E. 其他＿＿＿＿＿＿＿＿＿＿＿＿（请写明）

3. 据您所知，您身边参与高校非学历教育消费的人多吗？

A. 多　　　　B. 较多　　　　C. 一般

D. 较少　　　E. 少

4. 据您所知，您身边参加高校非学历教育消费的人群主要是？

A. 在校学生　　B. 社会青年　　C. 中年人

D. 老年人　　　E. 以上各年龄的人

5. 您获取高校非学历教育消费资讯的方式是什么？（可多选）

A. 网络　　　　B. 传统媒体　　　C. 熟人介绍

D. 传单　　　　E. 其他＿＿＿＿＿＿＿＿（请写明）

6. 您选报高校非学历教育消费内容的最主要因素是什么？

A. 自己做主　　　B. 家庭参考　　　C. 老师推荐

D. 亲友推荐　　　E. 周围人的影响　F. 同事推荐

G. 领导推荐　　　H. 其他＿＿＿＿＿＿＿＿（请写明）

7. 您更倾向选择的授课地点为？

A. 独立的教育综合体　　　B. 学校

C. 社区　　　　　　　　　D. 提供更多服务的商场店

E. 文化空间　　　　　　　F. 其他＿＿＿＿＿＿＿＿（请写明）

8. 您是否接受在线授课？

A. 接受，节省时间和交通成本，方便

B. 不接受，感觉教学质量不可控，达不到线下授课的效果

C. 不清楚，需要试过才知道

9. 如果接受线上教育，您倾向于选择哪类高校非学历教育机构？

  A. 有名气，不在乎远近 B. 还是就近

  C. 不重名气重满足学习本身的需要 D. 要求同学层次高

  E. 能够利于自己后续读研读博的机构

10. 哪些因素能让您放弃一家高校非学历教育机构？（可多选）

  A. 师资水平不足 B. 课程体系和教学内容不够完善

  C. 教学内容不喜欢 D. 教学环境和服务不好

  E. 价格过高 F. 离家较远

  G. 其他_____（请写明）

11. 您参与过哪些艺术类高校非学历教育消费项目？（可多选）

  A. 美术教育 B. 书法教育

  C. 器乐教育 C. 声乐教育

  D. 舞蹈教育 E. 没参加过

  F. 其他_____（请写明）

12. 您倾向于选择哪类高校非学历教育的干部培训机构？

  A. 综合类大学 B. 专业性大学

  C. 职业类大学 D. 无所谓

  E. 其他_____（请写明）

13. 您是否曾经出国留学？

  A. 是 B. 否

14. 何种情况下您会接受国外高校非学历教育？

  A. 国内更高层次学历教育无望

  B. 国内高校非学历教育缺乏所需要的项目

  C. 国内高校非学历教育质量不如国外

D. 就想获得国外的学习经历

E. 硕其他＿＿＿＿＿＿＿＿（请写明）

15. 您和您的家庭成员教育消费的重心是？

A. 子女教育消费　　　　　B. 成人教育消费

C. 子女教育消费和成人教育消费并重

D. 其他＿＿＿＿＿＿＿（请写明）

16. 您是如何看待高校非学历教育消费的？

A. 学习更多知识以提升竞争力　　　B. 额外培养某项专业技能

C. 是家庭文化品位和经济地位的象征　D. 是一种生活方式

E. 其他＿＿＿＿＿＿＿＿＿＿（请写明）

17. 您每年用于教育消费的支出是多少？

A. 5000 元以下　　　　　B. 5000—10000 元

C. 10000—20000 元　　　D. 20000 元以上

您的性别：

A. 男　　　　　B. 女

你的专业类型：

A. 理科类　　　B. 文科类　　　C. 工科类

D. 农学类　　　E. 医学类　　　F. 艺术类

G. 其他＿＿＿＿＿

4. 您的主要经济来源：

A. 专职工作　　　B. 财产收入　　　C. 社会补助

D. 兼职工作　　　E. 其他＿＿＿＿＿＿

您的年收入：

A. 6 万元以下　　　B. 6—12 万元　　　C. 12—24 万元

D. 24—60 万元　　　E. 60 万元以上

您的职业：

A. 学生　　　　　B. 企业员工　　　　C. 事业单位人员

D. 政府机关人员　E. 农民工　　　　　F. 个体工商户

G. 其他_____

您的最高学历：

A. 小学及以下　　B. 中学　　　　　　C. 大专

D. 本科　　　　　E. 硕士　　　　　　F. 博士

你所在省份：

省份_____

你所在城乡：

A. 城市　　　　　B. 乡村

你所在民族区域：

A. 民族区域　　　B. 非民族区域

本次调查到此结束，再次感谢您的支持！

如果您愿意继续参与后续的有偿调查，请留下您的联系方式（电话、QQ/微信号、邮箱等均可）：_____

第二部分　访谈提纲

1. 您同意高校非学历教育消费的说法吗？

2. 您认为理想的高校非学历教育消费是什么样？

3. 您如何评价您周围人的高校非学历教育消费？

4. 决定您参加高校非学历教育活动的原因有哪些？（内因/外因）

5. 您和熟悉的人进行高校非学历教育消费活动遇到的困难有哪些？（譬如时间、精力、金钱等）

6. 您的亲属如何看待您参加高校非学历教育消费？

7. 你在进行这些高校非学历教育消费之前，是否经过深思熟虑？

8. 你是否对你的高校非学历消费情况记账？你认为当前成人的高校非学历教育消费情况如何？

9. 你是否对自己的未来有过规划？规划是什么？

10. 您认为高校非学历教育能够给自己带来什么？

11. 您认为人们应当如何理性进行高校非学历教育消费？您认为高校应该怎样完善非学历教育？

12. 您认为政府应如何服务和管理高校非学历教育？

13. 您认为社会应如何支持高校非学历教育？

14. 您认为高校非学历教育前景如何？

附录三　高校非学历教育消费相关文件一：《国务院办公厅关于进一步扩大旅游文化体育健康养老教育培训等领域消费的意见》

各省、自治区、直辖市人民政府，国务院各部委、各直属机构：

　　当前，中国国内消费持续稳定增长，为经济运行总体平稳、稳中有进发挥了基础性作用。顺应群众期盼，以改革创新增加消费领域特别是服务消费领域有效供给、补上短板，有利于改善民生、促进服务业发展和经济转型升级、培育经济发展新动能。要按照党中央、国务院决策部署，牢固树立和贯彻落实创新、协调、绿色、开放、共享的新发展理念，坚持以供给侧结构性改革为主线，发挥市场配置资源的决定性作用和更好发挥政府作用，深入推进简政放权、放管结合、优化服务改革，消除各种体制机制障碍，放宽市场准入，营造公平竞争市场环境，激发大众创业、万众创新活力，推动一二三产业融合发展，改善产品和服务供给，积极扩大新兴消费、稳定传统消费、挖掘潜在消费。经国务院同意，现提出以下意见：

一　着力推进幸福产业服务消费提质扩容

　　围绕旅游、文化、体育、健康、养老、教育培训等重点领域，引导社会资本加大投入力度,通过提升服务品质、增加服务供给,不断释放潜在消费需求。

(一)加速升级旅游消费

1. 2016年底前再新增100家全域旅游示范区创建单位。实施乡村旅游后备箱行动。研究出台休闲农业和乡村旅游配套设施建设支持政策。(国家旅游局、农业部、国家发展改革委按职责分工负责)

2. 指导各地依法办理旅居挂车登记,允许具备牵引功能并安装有符合国家标准牵引装置的小型客车按规定拖挂旅居车上路行驶,研究改进旅居车准驾管理制度。加快研究出台旅居车营地用地政策。(公安部、交通运输部、国土资源部、国家旅游局按职责分工负责)

3. 制定出台邮轮旅游发展总体规划。规范并简化邮轮通关手续,鼓励企业开拓国内和国际邮轮航线,进一步促进国内邮轮旅游发展。将已在上海启动实施的国际邮轮入境外国旅游团15天免签政策,逐步扩大至其他邮轮口岸。(国家旅游局、交通运输部、海关总署、公安部、质检总局按职责分工负责)

4. 制定出台游艇旅游发展指导意见。有序推动开展粤港澳游艇自由行,规划建设50—80个公共游艇码头或水上运动中心,探索试点游艇租赁业务。(国家旅游局、交通运输部、工业和信息化部、公安部、海关总署、国家发展改革委、质检总局按职责分工负责)

5. 出台促进体育与旅游融合发展的指导意见。(国家旅游局、体育总局按职责分工负责)

(二)创新发展文化消费

6. 支持实体书店融入文化旅游、创意设计、商贸物流等相关行业发展,建设成为集阅读学习、展示交流、聚会休闲、创意生活等功能于一体、布局合理的复合式文化场所。(新闻出版广电总局牵头负责)

7. 稳步推进引导城乡居民扩大文化消费试点工作,尽快总结形成一批可供借鉴的有中国特色的文化消费模式。(文化部、财政部按职责分工负责)

8. 适时将文化文物单位文化创意产品开发试点扩大至符合条件的地市级博物馆、美术馆、图书馆。(文化部牵头负责)

9. 出台推动文化娱乐行业转型升级的意见,提升文化娱乐行业经营管理水平。出台推动数字文化产业发展的指导意见,丰富数字文化内容和形式,创新数字文化技术和装备。(文化部、新闻出版广电总局按职责分工负责)

(三) 大力促进体育消费

10. 2016 年内完成体育类社团组织第一批脱钩试点。以足球、篮球、排球三大球联赛改革为带动,推进职业联赛改革,在重大节假日期间进一步丰富各类体育赛事活动。(体育总局牵头负责)

11. 提高体育场馆使用效率,盘活存量资源,推动有条件的学校体育场馆设施在课后和节假日对本校学生和公众有序开放,运用商业运营模式推动体育场馆多层次开放利用。(体育总局、教育部、财政部按职责分工负责)

12. 制定实施冰雪运动、山地户外运动、水上运动、航空运动等专项运动产业发展规划。(体育总局、国家发展改革委、工业和信息化部按职责分工负责)

(四) 培育发展健康消费

13. 适时将自 2016 年 1 月 1 日起实施的商业健康保险个人所得税税前扣除政策,由 31 个试点城市向全国推广。(财政部、税务总局、保监会按职责分工负责)

14. 重点推进两批 90 个国家级医养结合试点地区创新医养结合管理机制和服务模式,形成一批创新成果和可持续、可复制的经验。(国家

卫生计生委、民政部按职责分工负责）

15. 促进健康医疗旅游，建设国家级健康医疗旅游示范基地，推动落实医疗旅游先行区支持政策。（国家卫生计生委、国家旅游局、国家发展改革委按职责分工负责）

（五）全面提升养老消费

16. 抓紧落实全面放开养老服务市场、提升养老服务质量的政策性文件，全面清理、取消申办养老服务机构不合理的前置审批事项，进一步降低养老服务机构准入门槛，增加适合老年人吃住行等日常需要的优质产品和服务供给。（国家发展改革委、民政部按职责分工负责）

17. 支持整合改造闲置社会资源发展养老服务机构，将城镇中废弃工厂、事业单位改制后腾出的办公用房、转型中的公办培训中心和疗养院等，整合改造成养老服务设施。（民政部、国家发展改革委按职责分工负责）

18. 探索建立适合国情的长期护理保险制度政策框架，重点解决重度失能人员的基本生活照料和与基本生活密切相关的医疗护理等所需费用。（人力资源社会保障部、国家卫生计生委、民政部、财政部、保监会按职责分工负责）

（六）持续扩大教育培训消费

19. 深化国有企业所办教育机构改革，完善经费筹集制度，避免因企业经营困难导致优质职业培训机构等资源流失，加强相关领域人才培养。加强教育培训与"双创"的有效衔接，鼓励社会资本参与相关教育培训实践，为"双创"提供更多人才支撑。（国务院国资委、教育部、财政部、人力资源社会保障部按职责分工负责）

20. 重点围绕理工农医、国家急需的交叉前沿学科、薄弱空白学科等领域，开展高水平、示范性的中外合作办学。（教育部牵头负责）

二 大力促进传统实物消费扩大升级

以传统实物消费升级为重点,通过提高产品质量、创新增加产品供给,创造消费新需求。

(七)稳定发展汽车消费

21. 加快制定新的汽车销售管理办法,打破品牌授权单一模式,鼓励发展共享型、节约型、社会化的汽车流通体系。(商务部牵头负责)

22. 在总结4个自贸试验区汽车平行进口试点政策的基础上,加快扩大汽车平行进口试点范围。(商务部牵头负责)

(八)培育壮大绿色消费

23. 研究出台空气净化器、洗衣机等家用绿色净化器具能效标准,并纳入能效领跑者计划,引导消费者优先购买使用能效领跑者产品。(国家发展改革委牵头负责)

24. 加大节能门窗、陶瓷薄砖、节水洁具等绿色建材评价的推进力度,引导扩大绿色建材消费的市场份额。(住房城乡建设部、工业和信息化部按职责分工负责)

25. 完善绿色产品认证制度和标准体系,建立统一的绿色产品标准、认证、标识体系,制定流通领域节能环保技术产品推广目录,鼓励流通企业采购和销售绿色产品。(质检总局、商务部按职责分工负责)

三 持续优化消费市场环境

聚焦增强居民消费信心,吸引居民境外消费回流,通过加强消费基础设施建设、畅通流通网络、健全标准规范、创新监管体系、强化线上线下消费者权益保护等,营造便利、安心、放心的消费环境,同时兼顾各方利益,在实践中探索完善有利于发展新消费、新业态的监管方式。

(九) 畅通城乡销售网络

26. 结合城市快速消费品等民生物资运输需求，将具备条件的城市中心既有铁路货场改造为城市配送中心。2016年内争取建成已纳入规划的全部一级铁路物流基地，二、三级铁路物流基地完成规划目标一半以上的建设任务。进一步扩大货运班列开行覆盖范围。（中国铁路总公司牵头负责）

27. 加强冷链物流基础设施网络建设，完善冷链物流标准和操作规范体系，鼓励企业创新经营模式，加快先进技术研发应用，扩大冷链物流覆盖范围、提高服务水平。（国家发展改革委、商务部、质检总局按职责分工负责）

28. 开展加快内贸流通创新推动供给侧结构性改革扩大消费专项行动，加大对农产品批发市场、农贸市场、社区菜场、农村物流设施等公益性较强的流通设施支持力度。通过加快建设农民工生活服务站和农村综合服务中心等方式健全服务网络，促进农村服务业发展，扩大农村生活服务消费。（商务部牵头负责）

29. 推动实体零售创新转型，鼓励企业创新经营模式、加强技术应用、优化消费环境、提高服务水平，由销售商品向创新生活方式转变，做精做深体验消费。发挥品牌消费集聚区的引导作用，扩大品牌商品消费。积极培育国际消费中心城市。（商务部牵头负责）

30. 深入开展重要产品追溯示范建设。开展地域特色产品追溯示范和电商平台产品追溯示范活动，支持龙头企业创立可追溯特色产品品牌，鼓励电商平台创建可追溯产品专区，形成城乡产品信息畅通、线上线下有效衔接的全程追溯网络，提升重要产品质量安全保障能力和流通、消费安全监测监管水平。（商务部牵头负责）

(十) 提升产品和服务标准

31. 将内外销产品"同线同标同质"工程实施范围，由食品企业进

一步扩大至日用消费品企业。(质检总局牵头负责)

32. 持续提升无公害农产品、绿色食品、有机农产品和地理标志农产品("三品一标"产品)总量规模和质量水平。(农业部、质检总局按职责分工负责)

33. 加快推进生活性服务业标准体系和行业规范建设,推动养老服务等认证制度,提升幸福产业的标准化水平。(质检总局牵头负责)

34. 加快智慧家庭综合标准化体系、虚拟/增强现实标准体系以及可穿戴设备标准建设,推进标准应用示范。(工业和信息化部、质检总局按职责分工负责)

35. 创新市场监管方式,加强部门间、区域间执法协作,建立完善线索通报、证据移转、案件协查、联合办案等机制,严厉打击制售侵权假冒商品违法行为,维护安全放心的消费环境。(全国打击侵权假冒工作领导小组办公室牵头负责)

各地区、各部门要充分认识进一步扩大国内消费特别是服务消费的重要意义,切实强化组织领导,逐项抓好政策落实,确保各项措施见到实效,不断研究解决扩消费和服务业发展所面临的新情况、新问题。各地区要结合本地实际制定具体实施方案,明确工作分工,落实工作责任。国家发展改革委等有关部门要注重分类指导,抓紧制定配套政策和具体措施,加强部门协作配合,共同开展好相关工作。

国务院办公厅
2016 年 11 月 20 日

附录四　高校非学历教育消费相关文件二：《中共中央　国务院关于完善促进消费体制机制　进一步激发居民消费潜力的若干意见》

消费是最终需求，既是生产的最终目的和动力，也是人民对美好生活需要的直接体现。加快完善促进消费体制机制，增强消费对经济发展的基础性作用，有利于优化生产和消费等国民经济重大比例关系，构建符合中国长远战略利益的经济发展方式，促进经济平稳健康发展；有利于实现需求引领和供给侧结构性改革相互促进，带动经济转型升级，推动高质量发展，建设现代化经济体系；有利于保障和改善民生，实现经济社会发展互促共进，更好满足人民日益增长的美好生活需要。

近年来，中国在扩大消费规模、提高消费水平、改善消费结构等方面取得了显著成绩，但也要看到，当前制约消费扩大和升级的体制机制障碍仍然突出。重点领域消费市场还不能有效满足城乡居民多层次多样化消费需求，监管体制尚不适应消费新业态新模式的迅速发展，质量和标准体系仍滞后于消费提质扩容需要，信用体系和消费者权益保护机制还未能有效发挥作用，消费政策体系尚难以有效支撑居民消费能力提升和预期改善。为完善促进消费体制机制，进一步激发居民消费潜力，现提出以下意见。

一 总体要求

(一) 指导思想

以习近平新时代中国特色社会主义思想为指导,全面贯彻党的十九大和十九届二中、三中全会精神,紧紧围绕统筹推进"五位一体"总体布局和协调推进"四个全面"战略布局,坚持新发展理念,紧扣中国社会主要矛盾变化,按照高质量发展的要求,坚持以供给侧结构性改革为主线,适应建设现代化经济体系,顺应居民消费提质转型升级新趋势,依靠改革创新破除体制机制障碍,实行鼓励和引导居民消费的政策,从供需两端发力,积极培育重点领域消费细分市场,全面营造良好消费环境,不断提升居民消费能力,引导形成合理消费预期,切实增强消费对经济发展的基础性作用,不断满足人民日益增长的美好生活需要。

(二) 基本原则

——坚持消费引领,倡导消费者优先。顺应居民消费升级趋势,努力增加高品质产品和服务供给,切实满足基本消费,持续提升传统消费,大力培育新兴消费,不断激发潜在消费。增强消费者主体意识,尊重消费者自由选择权,加大消费者合法权益保护力度,实现消费者自由选择、自主消费,提升消费者获得感、幸福感、安全感。

——坚持市场主导,实现生产者平等。充分发挥市场在资源配置中的决定性作用,更好发挥政府作用。突出企业主体地位,引导企业以市场需求为导向推动技术创新、产品创新、模式创新,培育更加成熟的消费细分市场,激发企业培育品牌的内生动力。加快建设全国统一市场,营造有利于各类所有制企业公平提供消费产品和服务的市场环境。

——坚持审慎监管,推动新消费成长。深化"放管服"改革,实施包容审慎有效监管。加强消费产品和服务标准体系建设,强化信用在消费领域的激励约束作用。推动互联网与更多传统消费相互渗透融合,构建企业自治、行业自律、社会监督和政府监管相结合的消费共同治理机制，有力有序有效发展消费新业态新模式。

——坚持绿色发展，培育健康理性消费文化。提高全社会绿色消费意识，鼓励节约适度、绿色低碳、文明健康的现代生活方式和消费模式，力戒奢侈浪费型消费和不合理消费，推进可持续消费。大力推广绿色消费产品，推动实现绿色低碳循环发展，营造绿色消费良好社会氛围。

（三）总体目标

消费生产循环更加顺畅。以消费升级引领供给创新、以供给提升创造消费新增长点的循环动力持续增强，实现更高水平的供需平衡，居民消费率稳步提升。消费结构明显优化。居民消费结构持续优化升级，服务消费占比稳步提高，全国居民恩格尔系数逐步下降。消费环境更加安全放心。社会信用环境明显改善，市场监管进一步加强，消费者维权机制不断健全，重要消费产品和服务标准体系全面建立，消费产品和服务质量不断提升，消费者满意度显著提高。

二 构建更加成熟的消费细分市场，壮大消费新增长点

围绕居民吃穿用住行和服务消费升级方向，突破深层次体制机制障碍，适应居民分层次多样性消费需求，保证基本消费经济、实惠、安全，培育中高端消费市场，形成若干发展势头良好、带动力强的消费新增长点。

（一）促进实物消费不断提档升级

吃穿用消费。加强引导、强化监督，确保市场主体提供安全放心的吃穿用消费品。优化流通设施空间布局，大力发展便利店、社区菜店等社区商业，促进社区生活服务集聚式发展，鼓励建设社区生活综合服务中心。推动闲置的传统商业综合体加快创新转型，通过改造提升推动形成一批高品位步行街，促进商圈建设与繁荣。合理配置居住小区的健

身、文化、养老等服务设施。

　　住行消费。大力发展住房租赁市场特别是长期租赁。总结推广住房租赁试点经验，在人口净流入的大中城市加快培育和发展住房租赁市场。加快推进住房租赁立法，保护租赁利益相关方合法权益。加强城市供水、污水和垃圾处理以及北方地区供暖等设施建设和改造，加大城市老旧小区加装电梯等适老化改造力度。促进汽车消费优化升级。严格汽车产品质量监管，健全质量责任追究机制。鼓励发展共享型、节约型、社会化的汽车流通体系，全面取消二手车限迁政策。实施好新能源汽车免征车辆购置税、购置补贴等财税优惠政策。积极发展汽车赛事等后市场。加强城市停车场和新能源汽车充电设施建设。

　　信息消费。加强核心技术研发，加快推动产品创新和产业化升级，提升产品质量和核心竞争力，鼓励和引导居民扩大相关产品消费。加快提升新型信息产品供给体系质量，积极拓展信息消费新产品、新业态、新模式。升级智能化、高端化、融合化信息产品，重点发展适应消费升级的中高端移动通信终端、可穿戴设备、超高清视频终端、智慧家庭产品等新型信息产品，以及虚拟现实、增强现实、智能汽车、服务机器人等前沿信息消费产品。创新发展满足人民群众生活需求的各类便民惠民生活类信息消费。推动基于网络平台的新型消费成长，优化线上线下协同互动的消费生态。

　　绿色消费。建立绿色产品多元化供给体系，丰富节能节水产品、资源再生产品、环境保护产品、绿色建材、新能源汽车等绿色消费品生产。鼓励创建绿色商场、绿色饭店、绿色电商等流通主体，开辟绿色产品销售专区。全面落实生产者责任延伸制度。鼓励有条件的地方探索开展绿色产品消费积分制度。推进绿色交通体系和绿色邮政发展，规范发展汽车、家电、电子产品回收利用行业。全面推进公共机构带头绿色消费，加强绿色消费宣传教育。

（二）推进服务消费持续提质扩容

文化旅游体育消费。稳妥把握和处理好文化消费商品属性与意识形态属性的关系，促进包容审慎监管与开放准入有效结合，努力提供更多优秀文化产品和优质文化服务。深化电影发行放映机制改革。加快发展数字出版等新兴数字内容产业，丰富数字内容供给。健全文物合法流通交易体制机制。完善国有文化文物单位文创产品开发试点成效评价和激励机制。总结推广引导城乡居民扩大文化消费试点工作经验和有效模式。推动非物质文化遗产传承发展、合理利用。健全文化、互联网等领域分类开放制度体系。开展全域旅游示范区创建工作。推动主题公园规范发展。加强对乡村旅游的政策指导，提升乡村旅游品质。支持邮轮、游艇、自驾车、旅居车、通用航空等消费大众化发展，加强相关公共配套基础设施建设。建立现代体育产业体系，推动体育与旅游、健康、养老等融合发展，积极培育潜在需求大的体育消费新业态。支持社会力量举办国际国内高水平体育赛事，积极创建地方、民间自主品牌体育赛事活动，大力发展体育职业联赛。推进体育行业协会改革，大幅削减相关审批事项，加强赛事审批取消后的服务管理。推动体育赛事电视转播市场化运作。

健康养老家政消费。在有效保障基本医疗和健康服务的前提下，支持社会力量提供多层次多样化的医疗健康服务。对社会力量举办的非营利性健康服务机构，在土地规划、市政配套、机构准入、人才引进、执业环境等方面与公办机构一视同仁。针对健康服务新业态新模式，及时制定新型机构准入标准和监管办法。大力发展中医药服务贸易。健全以居家为基础、以社区为依托、机构充分发展、医养相结合的多层次养老服务体系，为老年人提供治疗期住院、康复期护理、稳定期生活照料、安宁疗护一体化的健康养老服务。全面放开养老服务市场，进一步简化行政审批程序，推进养老服务机构申办"一站式"服务。鼓励社会力量参与公办养老服务机构改革。完善政府对养老服务机构运营补贴方式方法，由"补砖头"、"补床头"向"补人头"转变。大力发展老年护理和长期照护服务。引导家政服务业专业化、规模化、网络化、规范化发展。推动建立家政服务信用体系，健全家政服务标准和服务规范，鼓励制定地方标准和企业标准。加大家政服务业岗位培训实施力度，推动开展家政服务人员水平评价工作，实施上岗前健康体检制度。加快健康美容、家庭管家等高端生活服务业发展。

教育培训托幼消费。全面贯彻党的教育方针，坚持正确办学方向，深化教育办学体制改革，推动教育向社会开放、向产业开放。大力支持社会力量举办满足多样化教育需求、有利于个体身心全面健康发展的教育培训机构，开发研学旅行、实践营地、特色课程等教育服务产品。抓紧修订民办教育促进法实施条例，完善民办教育分类登记管理制度。严格落实城镇小区配建幼儿园政策，引导社会力量按照规范要求举办普惠性幼儿园和托幼机构，鼓励各地因地制宜多渠道增加供给，全面实施幼儿园教师持证上岗。鼓励有条件的地区探索开展职业学校股份制改革试点，允许企业以资本、技术、管理等要素依法参与办学并享有相应权利。坚持社会效益和经济效益相统一，纠正以功利性为目的、助长超前教育和应试教育倾向的各类教育培训活动。支持外商投资设立非学制类职业教育培训机构。

(三) 引导消费新模式加快孕育成长

地方各级政府要适应平台型消费、共享经济等快速发展需要，加强制度供给，研究制定专门管理规定，明确运营规则和权责边界，提升相关主体整合资源、对接供需、协同创新功能。制定完善适应平台模式、共享经济等创新发展的法律法规，明确相关企业在知识产权保护、质量管理、信息内容管理、协助申报纳税、社会保障、网络安全等方面的责任和义务。加强风险控制，构建政府主管部门、行业组织、企业和消费者等多元主体共同治理的消费生态体系。积极培育网络消费、定制消费、体验消费、智能消费、时尚消费等消费新热点，鼓励与消费者体验、个性化设计、柔性制造等相关的产业加快发展。

（四）推动农村居民消费梯次升级

逐步缩小城乡居民消费差距。加快农村吃穿用住行等一般消费提质扩容，鼓励和引导农村居民增加交通通信、文化娱乐、汽车等消费。推动电子商务向广大农村地区延伸覆盖，畅通城乡双向联动销售渠道，促进线下产业发展平台和线上电商交易平台结合，鼓励和支持消费新业态新模式向农村市场拓展。推动具备条件的乡镇将商贸物流与休闲农业、乡村旅游、产品加工等有机结合。加大农村地区水电路气、信息、无障碍以及北方地区供暖等设施建设和改造力度。健全农村现代流通网络体系，优化整合存量设施资源，有效降低农村流通成本。

三 健全质量标准和信用体系，营造安全放心消费环境

加快建立健全高层次、广覆盖、强约束的质量标准和消费后评价体系，强化消费领域企业和个人信用体系建设，提高消费者主体意识和维权能力，创建安全放心的消费环境。

（一）强化产品和服务标准体系建设

产品标准。大力实施标准化战略，建立政府主导制定标准与市场主体自主制定标准协同发展、协调配套的新型标准体系。在移动通信、互联网等领域建立符合中国发展需要的标准。鼓励企业制定实施高于国家标准或行业标准的企业标准，全面实施企业标准自我声明公开和监督制度，实施企业标准领跑者制度。大力开展高端品质认证，推动品牌建设，培育一批能够展示中国产品优质形象的品牌和企业。推动国内优势、特色技术标准成为国际标准。

优化质量标准满足消费结构升级需求。围绕消费需求旺盛、与群众日常生活息息相关的新型消费品领域，充分发挥市场机制与企业主体作用，构建新型消费品标准体系，以标准实施促进质量提升。结合消费细

分市场发展趋势，开展个性定制消费品标准化工作。引领智能家居、智慧家庭等领域消费品标准制定，加大新技术新产品等创新成果的标准转化力度。完善绿色产品标准体系，创新领跑者指标和相关技术标准的衔接机制，加大绿色产品标识认证制度实施和采信力度。

服务标准。推动服务业标准制定修订，加快制定基础和通用标准，带动行业提升标准水平。鼓励行业协会商会等组织制定并公布本行业相关产品和服务标准清单，指导企业完善服务标准，鼓励行业内企业开展企业服务标准自我声明公开。推动建立优质服务标识管理制度，在重点服务业制定优质服务规范，推动建立服务质量自我评估和公开承诺制度。在旅游、中医药、养老、家政、餐饮等重点领域遴选一批服务质量标杆单位，推动建设相关行业服务标准。选择部分服务业探索开展服务标准准入制试点。

（二）健全消费后评价制度

建立产品和服务消费后评价体系，完善全过程产品和服务安全防范机制，建立健全消费环境监测评价体系。构建完善的跟踪反馈评估体系，加强监测结果反馈和改进跟踪机制建设。开展消费品质量状况分析评价，建立健全消费品质量安全风险监测评估制度，建设全国消费品质量监督信息化服务平台，建立一批消费品质量安全风险信息监测点，构建全国统一的消费品质量安全风险监测网络和风险快速预警系统。研究制定电子商务产品质量监督管理办法，加强线上线下一体化监管，完善风险监测、网上抽查、源头追溯、属地查处、信用管理的电子商务产品质量监督管理制度。完善服务业质量监督管理制度，健全服务质量治理体系和顾客满意度测评体系，推行质量首负责任承诺制度，强化服务质量问题协同处理机制，分领域设立服务后评价标准体系。引导平台型企业建立餐饮、家政、互联网医疗等重点领域的服务后评价机制，实行评价信息公开。建立健全社会第三方认证认可制度。

（三）加强消费领域信用体系建设

加强消费领域信用信息采集。依托全国信用信息共享平台，建立跨地区跨部门跨行业信用信息共享共用机制。建立科学合理的信用评价体系，强化"信用中国"网站信息公开和国家企业信用信息公示系统依法公示功能，将行政许可、行政处罚、产品抽检结果等信息向社会公开，为公众提供公共信用信息"一站式"查询服务和消费预警提示。运用多种方式和载体，开展消费投诉信息公示工作，督促经营者诚信经营。引导企业主动发布综合信用承诺或产品和服务质量等专项承诺，鼓励信用服务机构开展消费领域企业信用评价，充分发挥行业协会商会的行业诚信自律作用。

完善守信激励和失信惩戒机制。建立健全守信"红名单"制度，为守信企业提供行政审批"绿色通道"、降低监管频次等激励措施，为守信个人提供住房、交通出行等多场景消费服务便利优惠。建立健全失信"黑名单"制度，对失信主体实施市场禁入或服务受限等联合惩戒措施。通过"信用中国"网站和国家企业信用信息公示系统向社会公布守信"红名单"和失信"黑名单"信息。推进信用风险分级分类监管，对信用风险等级高的市场主体，适当提高产品抽检、责任巡查等监管频次。在关系百姓生命财产安全的食品、药品等领域，加大对销售假冒伪劣产品行为的打击力度，对侵害消费者权益的市场主体依法实施惩罚性赔偿。

（四）健全消费者维权机制

健全消费者权益保护工作部门协作机制。进一步完善全国12315互联网平台功能，畅通消费者诉求渠道，强化对消费者权益的行政保护，建立常态化的消费者满意度调查评估机制。建立健全消费者信息保护、数据交易和共享相关制度。打击假冒伪劣和虚假广告宣传，充分发挥消费者协会等组织维护消费者权益的积极作用。强化消费者权益损害法律责任，坚持依法解决服务纠纷，扩大适用举证责任倒置服务范围。健全公益诉讼制度，适当扩大公益诉讼主体范围。探索建立纠纷多元化解决机制，完善诉讼、仲裁与调解对接机制。适应互联网时代发展要求，加大网络消费者权益司法保护力度，加强网上跨境消费者争议解决机制建设。提高消费者主体意识和维权能力。聚焦信息消费、预付式消费、网络购物、群体消费等领域出现的问题，传播科学文明的商品和服务知识等信息，通过各种平台的宣传及消费维权知识的普及，提高消费者的主体意识和依法维权能力，营造重视消费者权益保护的良好氛围。加快个人信息安全立法，进一步加大消费者个人信息保护力度。

四 强化政策配套和宣传引导，改善居民消费能力和预期

（一）深化收入分配制度改革

完善有利于提高居民消费能力的收入分配制度，增加低收入群体收入，扩大中等收入群体。完善企业工资分配的宏观指导制度，依法推进工资集体协商，建立反映人力资源市场供求关系和企业经济效益的工资决定机制和正常增长机制。完善机关事业单位工资和津补贴制度，落实以增加知识价值为导向的分配政策，扩大高校和科研院所收入分配自主权，建立公务员和企业相当人员工资水平调查比较制度，推进实施重点群体增收激励计划，拓宽居民劳动收入和财产性收入渠道。推进实施企业职工基本养老保险基金中央调剂制度。建立健全覆盖城乡居民的基本医疗卫生制度。鼓励有条件的地方探索建立低收入群体基本生活现金救助、实物救助和救助服务相结合的社会救助方式，按照满足基本生活需求的标准核定救助标准，并根据价格水平动态调整。

（二）构建公平开放的市场环境

积极培育和壮大各类消费供给主体，消除所有制歧视，实行包容审慎有效的准入制度，全面实施公平竞争审查制度，加快建立全国统一、开放、竞争、有序的市场体系，打破地域分割和市场分割。全面实施准

入前国民待遇加负面清单管理制度，加大生活性服务领域有效有序开放力度，逐步放宽放开对外资的限制。建设若干国际消费中心城市，推进海南国际旅游消费中心建设。

（三）完善财税金融土地配套政策

健全消费政策体系，进一步研究制定鼓励和引导居民消费的政策。推动消费税立法。推进个人所得税改革，合理提高个人所得税基本减除费用标准，适当增加专项附加扣除，逐步建立综合和分类相结合的个人所得税制度。落实好健康、养老、家政等生活性服务业的税收优惠政策。进一步提升金融对促进消费的支持作用，鼓励消费金融创新，规范发展消费信贷，把握好保持居民合理杠杆水平与消费信贷合理增长的关系。鼓励保险公司在风险可控的前提下，为消费信贷提供融资增信支持。加大文化、旅游、体育、健康、养老、家政等领域用地政策落实力度。

（四）深化事业单位分类改革

合理区分基本公共服务与非基本公共服务，基本公共服务主要由政府保障，非基本公共服务主要由市场提供。加快推进教育、卫生、文化、体育等领域事业单位分类改革，将生产经营类事业单位转为企业。建立健全符合不同事业单位特点的管理体制机制，分类推进事业单位人事制度改革。完善民办机构参与公办机构改制细则。

（五）优化消费领域基础设施建设投入机制

积极发挥财政资金引导作用，进一步吸引社会投资，加快推进中西部地区、农村地区现代流通、信息网络、服务消费等短板领域基础设施建设，提高投资质量和效益。通过政府和社会资本合作（PPP）模式、社会领域产业企业专项债券等方式，鼓励支持社会力量参与文化、旅游、体育、健康、养老、家政、教育等领域基础设施建设。

（六）加强消费统计监测

研究制定服务消费和消费新业态新模式的统计分类，完善相关统计监测，有效反映文化、旅游、体育、健康、养老、家政、教育培训、托幼等服务消费发展水平，形成涵盖商品消费、服务消费的消费领域统计指标体系，更加全面反映居民消费发展情况。建立消费领域运用大数据等新技术开展形势分析和政策辅助决策的机制。健全消费政策评估机制。

（七）健全消费宣传推介和信息引导机制

加强对促进消费工作的舆论宣传，突出以人民为中心的发展思想，有效引导社会预期。积极培育健康理性的消费理念，大力宣传倡导丰俭有度、雅俗兼容的消费文化。用好各级各类媒体，构筑良好的消费宣传推介机制，客观真实向消费者推介商品和旅游、文化等服务，促进供需有效对接。建立针对涉嫌虚假宣传的惩罚惩戒机制。

各地区各部门要充分认识完善促进消费体制机制的重要意义，切实强化组织领导，逐项抓好改革任务和政策落实。要加大统筹协调力度，由国家发展改革委牵头会同有关部门建立完善促进消费体制机制的部门协调机制，统筹促进消费工作，制定整体战略、重要政策和措施。加强促进消费工作的监督考核。要积极推进本意见贯彻落实，抓紧制定实施完善促进消费体制机制的实施方案（2018—2020年）。有关部门要针对本行业本领域细分市场，完善促进消费的政策体系，形成释放消费潜力的政策合力。各地区要按照本意见和实施方案的要求，结合实际抓紧制定具体实施方案和细化政策措施，进一步激发居民消费潜力。

（新华社北京2018年9月20日电）

附录五　高校非学历教育消费相关文件三：《国务院办公厅关于进一步释放消费潜力　促进消费持续恢复的意见》

各省、自治区、直辖市人民政府，国务院各部委、各直属机构：

消费是最终需求，是畅通国内大循环的关键环节和重要引擎，对经济具有持久拉动力，事关保障和改善民生。当前，受新冠肺炎疫情等因素影响，消费特别是接触型消费恢复较慢，中小微企业、个体工商户和服务业领域面临较多困难。为深入贯彻习近平新时代中国特色社会主义思想，完整、准确、全面贯彻新发展理念，加快构建新发展格局，协同发力、远近兼顾，综合施策释放消费潜力，促进消费持续恢复，经国务院同意，现提出以下意见。

一　应对疫情影响，促进消费有序恢复发展

（一）围绕保市场主体加大助企纾困力度。深入落实扶持制造业、小微企业和个体工商户的减税退税降费政策。推动金融系统通过降低利率、减少收费等多种措施，向实体经济让利。引导金融机构优化信贷管理，对受疫情影响严重的行业企业给予融资支持，避免出现行业性限贷、抽贷、断贷。延续执行阶段性降低失业保险、工伤保险费率政策。对不裁员少裁员的企业，实施好失业保险稳岗返还政策。清理转供电环

节不合理加价。采取切实有效措施制止乱收费、乱摊派、乱罚款行为。鼓励有条件的地区对零售、餐饮等行业企业免费开展员工定期核酸检测，对企业防疫、消杀支出给予补贴支持。落实好餐饮、零售、旅游、民航、公路水路铁路运输等特困行业纾困扶持措施。鼓励地方加大帮扶力度，支持各地区结合实际依法出台税费减免等措施，对特困行业实行用电阶段性优惠、暂缓缴纳养老保险费等政策，对承租非国有房屋的服务业小微企业和个体工商户给予适当帮扶，稳住更多消费服务市场主体。

（二）做好基本消费品保供稳价。结合疫情防控形势和需要，加快建立健全生活物资保障体系，畅通重要生活物资物流通道。在各大中城市科学规划建设一批集仓储、分拣、加工、包装等功能于一体的城郊大仓基地，确保应急状况下及时就近调运生活物资，切实保障消费品流通不断不乱。建立完善重要商品收储和吞吐调节机制，持续做好日常监测和动态调控，落实好粮油肉蛋奶果蔬和大宗商品等保供稳价措施。

（三）创新消费业态和模式。适应常态化疫情防控需要，促进新型消费，加快线上线下消费有机融合，扩大升级信息消费，培育壮大智慧产品和智慧零售、智慧旅游、智慧广电、智慧养老、智慧家政、数字文化、智能体育、"互联网＋医疗健康"、"互联网＋托育"、"互联网＋家装"等消费新业态。加强商业、文化、旅游、体育、健康、交通等消费跨界融合，积极拓展沉浸式、体验式、互动式消费新场景。有序引导网络直播等规范发展。深入开展国家电子商务示范基地和示范企业创建。深化服务领域东西协作，大力实施消费帮扶，助力中西部地区特别是欠发达地区提升发展能力和消费水平。

二 全面创新提质，着力稳住消费基本盘

（四）积极推进实物消费提质升级。加强农业和制造业商品质量、品牌和标准建设，推动品种培优、品质提升、品牌打造和标准化生产。

推进食用农产品承诺达标合格证制度。支持研发生产更多具有自主知识产权、引领科技和消费潮流、应用前景广阔的新产品新设备。畅通制造企业与互联网平台、商贸流通企业产销对接，鼓励发展反向定制（C2M）和个性化设计、柔性化生产。促进老字号创新发展，加强地理标志产品认定、管理和保护，培育更多本土特色品牌。

（五）加力促进健康养老托育等服务消费。深入发展多层次多样化医疗健康服务，积极发展中医医疗和养生保健等服务，促进医疗健康消费和防护用品消费提质升级。实施智慧助老行动，加快推进适老化改造和智能化产品开发，发展适合老年人消费的旅游、养生、健康咨询、生活照护、慢性病管理等产品和服务，支持开展省际旅居养老合作。加快构建普惠托育服务体系，支持社会力量提供多元化、规范化托育服务，引导市场主体开发更多安全健康的国产婴幼儿用品。

（六）持续拓展文化和旅游消费。推动中华优秀传统文化传承创新，促进出版、电影、广播电视等高质量发展。大力发展全域旅游，推动红色旅游、休闲度假旅游、工业旅游、旅游演艺等创新发展，促进非遗主题旅游发展。组织实施冰雪旅游发展行动计划。优化完善疫情防控措施，引导公园、景区、体育场馆、文博场馆等改善设施和服务条件、结合实际延长开放时间。鼓励城市群、都市圈等开发跨区域的文化和旅游年票、联票等。深入推进文化和旅游消费试点示范。积极落实带薪休假制度，促进带薪休假与法定节假日、周休日合理分布、均衡配置。

（七）大力发展绿色消费。增强全民节约意识，反对奢侈浪费和过度消费，形成简约适度、绿色低碳的生活方式和消费模式。推广绿色有机食品、农产品。倡导绿色出行，提高城市公共汽电车、轨道交通出行占比，推动公共服务车辆电动化。推动绿色建筑规模化发展，大力发展装配式建筑，积极推广绿色建材，加快建筑节能改造。支持新能源汽车加快发展。大力发展绿色家装，鼓励消费者更换或新购绿色节能家电、环保家具等家居产品。加快构建废旧物资循环利用体系，推动汽车、家电、家具、电池、电子产品等回收利用,适当放宽废旧物资回收车辆进城、进小区限制。推进商品包装和流通环节包装绿色化、减量化、循环化。开展促进绿色消费试点。广泛开展节约型机关、绿色家庭、绿色社区、绿色出行等创建活动。

(八)充分挖掘县乡消费潜力。建立完善县域统筹,以县城为中心、乡镇为重点、村为基础的县域商业体系。深入实施"数商兴农"、"快递进村"和"互联网+"农产品出村进城等工程,进一步盘活供销合作社系统资源,引导社会资源广泛参与,促进渠道和服务下沉。鼓励和引导大型商贸流通企业、电商平台和现代服务企业向农村延伸,推动品牌消费、品质消费进农村。以汽车、家电为重点,引导企业面向农村开展促销,鼓励有条件的地区开展新能源汽车和绿色智能家电下乡,推进充电桩(站)等配套设施建设。提升乡村旅游、休闲农业、文化体验、健康养老、民宿经济、户外运动等服务环境和品质。

三 完善支撑体系,不断增强消费发展综合能力

(九)推进消费平台健康持续发展。加快推进国际消费中心城市培育建设。积极建设一批区域消费中心,改善基础设施和服务环境,提升流通循环效率和消费承载力。支持有条件的地区依托自由贸易试验区等,与国(境)外机构合作建设涉外消费专区。鼓励各地区围绕商业、文化、旅游、体育等主题有序建设一批设施完善、业态丰富、健康绿色的消费集聚区,稳妥有序推进现有步行街设施改造和业态升级,积极发展智慧商圈。推动建设城市一刻钟便民生活圈,优化配置社区生活消费服务综合体。高水平办好"中国品牌日"、全国消费促进月等活动。支持各地区建立促消费常态化机制,培育一批特色活动品牌。持续办好中国国际进口博览会、中国进出口商品交易会、中国国际服务贸易交易会、中国国际消费品博览会。完善市内免税店政策,规划建设一批中国特色市内免税店。

（十）加快健全消费品流通体系。进一步完善电子商务体系和快递物流配送体系，加强疫情防控措施跨区域相互衔接，畅通物流大通道，加快构建覆盖全球、安全可靠、高效畅通的流通网络。支持智能快件箱（信包箱）、快递服务站进社区，加强末端环节及配套设施建设。加快发展冷链物流，完善国家骨干冷链物流基地设施条件，培育一批专业化生鲜冷链物流龙头企业。大力推广标准化冷藏车，鼓励企业研发应用适合果蔬等农产品的单元化包装，推动实现全程"不倒托"、"不倒箱"。健全进口冷链食品检验检疫制度，加快区块链技术在冷链物流智慧监测追溯系统建设中的应用，推动全链条闭环追溯管理，提高食品药品流通效率和安全水平。针对进口物品等可能引发的输入性疫情，严格排查入境、仓储、加工、运输、销售等环节，建立健全进口冻品集中监管制度，筑牢疫情外防输入防线。

（十一）增加就业收入提高消费能力。鼓励创业带动就业，支持各类劳动力市场、人才市场、零工市场建设，支持个体经营发展，增加非全日制就业机会，规范发展新就业形态，健全灵活就业劳动用工和社会保障政策。实施提升就业服务质量工程，加强困难人员就业帮扶，完善职业教育体系，开展大规模、多层次职业技能培训，加大普惠性人力资本投入力度。解决好高校毕业生等青年就业问题。健全工资决定、合理增长和支付保障机制，稳步提高劳动者工资性收入特别是城市工薪阶层、农民工收入水平，健全最低工资标准调整机制。接续推进乡村富民产业发展，落实和完善对农民直接补贴政策，拓宽乡村特别是脱贫地区农民稳定就业和持续增收渠道。

（十二）合理增加公共消费。健全常住地提供基本公共服务制度，合理确定保障标准。紧扣人民群众"急难愁盼"，多元扩大普惠性非基本公共服务供给。提高教育、医疗、养老、育幼等公共服务支出效率。完善长租房政策，扩大保障性租赁住房供给。支持缴存人提取住房公积金用于租赁住房，继续支持城镇老旧小区居民提取住房公积金用于加装电梯等自住住房改造。健全基本生活救助制度和专项救助制度，积极发展服务类社会救助，形成"物质+服务"的多样化综合救助方式。落实好社会救助和保障标准与物价上涨挂钩联动机制。

四 持续深化改革，全力营造安全放心诚信消费环境

（十三）破除限制消费障碍壁垒。有序破除一些重点服务消费领域的体制机制障碍和隐性壁垒，促进不同地区和行业标准、规则、政策协调统一，简化优化相关证照或证明办理流程手续。稳定增加汽车等大宗消费，各地区不得新增汽车限购措施，已实施限购的地区逐步增加汽车增量指标数量、放宽购车人员资格限制，鼓励除个别超大城市外的限购地区实施城区、郊区指标差异化政策，更多通过法律、经济和科技手段调节汽车使用，因地制宜逐步取消汽车限购，推动汽车等消费品由购买管理向使用管理转变。建立健全汽车改装行业管理机制，加快发展汽车后市场。全面取消二手车限迁政策，落实小型非营运二手车交易登记跨省通办措施。对皮卡车进城实施精细化管理，研究进一步放宽皮卡车进城限制。

（十四）健全消费标准体系。健全消费品质量标准体系，大力推动产品质量分级。完善节能和绿色制造标准体系、绿色产品认证标识体系以及平台经济、跨境电商、旅游度假、餐饮、养老、冷链物流等领域服务标准。推进第五代移动通信（5G）、物联网、云计算、人工智能、区块链、大数据等领域标准研制，加快超高清视频、互动视频、沉浸式视频、云游戏、虚拟现实、增强现实、可穿戴等技术标准预研，加强与相关应用标准的衔接配套。

（十五）加强消费领域执法监管。深入实施公平竞争政策，强化反垄断和反不正当竞争执法，加快建立健全全方位、多层次、立体化监管体系，防止资本无序扩张。加大对虚假宣传、仿冒混淆、制假售假、缺斤短两等违法行为的监管和处罚力度。全面加强跨地区、跨部门、全流

程协同监管，压实生产、流通、销售等各环节监管责任。加快消费信用体系建设，推进信用分级分类监管，组织开展诚信计量示范活动，依法依规实施失信惩戒。加强价格监管，严厉打击低价倾销、价格欺诈等违法行为，严格规范平台经营者自主定价。继续加强消费品质量安全监管，开展消费品质量合格率统计调查，加大缺陷产品召回监管力度。加强重点服务领域质量监测评价。

（十六）全面加强消费者权益保护。大力开展放心消费创建活动。完善平台经济消费者权益保护规则。持续优化完善全国12315平台，充分发挥地方12345政务服务便民热线作用，进一步畅通消费者投诉举报渠道。建立完善消费投诉信息公示制度。进一步优化消费争议多元化解机制，不断提升在线消费纠纷解决机制效能。完善公益诉讼制度，探索建立消费者集体诉讼制度，全面推行消费争议先行赔付。广泛引导线下实体店积极开展无理由退货承诺。

五 强化保障措施，进一步夯实消费高质量发展基础

（十七）加强财税支持。统筹利用现有财政资金渠道，支持消费相关基础设施和服务保障能力建设，符合条件的项目可纳入地方政府专项债券支持范围，更好以投资带消费。完善政府绿色采购标准，加大绿色低碳产品采购力度。鼓励有条件的地区对绿色智能家电、绿色建材、节能产品等消费予以适当补贴或贷款贴息。研究进一步降低与人民生活密切相关、需求旺盛的优质消费品进口关税。

（十八）优化金融服务。引导银行机构积极发展普惠金融，探索将真实银行流水、第三方平台收款数据、预订派单数据等作为无抵押贷款授信审批参考依据，提高信用状况良好的中小微企业和消费者贷款可得性。推动商业银行、汽车金融公司、消费金融公司等提升金融服务能力。强化县域银行机构服务"三农"的激励约束机制，丰富农村消费信贷产品和服务，加大对农村商贸流通和居民消费的金融支持力度。引导

金融机构在风险可控和商业可持续前提下丰富大宗消费金融产品。鼓励保险公司针对消费领域提供保险服务。规范互联网平台等涉及中小微企业、个体工商户金融服务的收费行为。

（十九）强化用地用房保障。加大土地、房屋节约集约和复合利用力度，鼓励经营困难的百货店、老旧厂区等改造为新型消费载体。鼓励通过先租后让、租让结合等方式为快递物流企业提供土地。适应乡村旅游、民宿、户外运动营地及相关基础设施建设小规模用地需要，积极探索适宜供地方式，鼓励相关设施融合集聚建设。优化国有物业资源出租管理，适当延长租赁期限，更好满足超市、便利店等消费场所用地用房需求。支持利用社区存量房产、闲置房屋等建设便民网点。允许有条件的社区利用周边空闲土地或划定的特定空间有序发展旧货市场。

（二十）压实各方责任。国家发展改革委、商务部等有关部门要充分发挥完善促进消费体制机制部际联席会议制度作用，强化协同联动，加强督办落实。国家统计局要完善服务消费统计监测，建立健全网络消费等消费新业态新模式统计体系。各地区要加强组织领导，完善配套方案，切实推动本意见提出的各项任务措施落地见效。

国务院办公厅
2022 年 4 月 20 日

附录六 高校非学历教育消费相关文件四：《北京市教育委员会关于进一步规范民办非学历高等教育机构办学行为的意见》

各区教委，各民办非学历高等教育机构：

民办非学历高等教育作为终身学习体系的组成部分，多年来利用体制机制优势，在自考助学、职业技能教育方面发挥了积极作用。近年来，高等教育改革不断深化，首都城市战略定位进一步明确，民办非学历高等教育机构（下称"学校"）发展面临着新形势、新挑战，为进一步规范办学行为，提升发展质量和能力，依据相关法律法规政策，制定本意见。

一 明确办学思想，找准办学定位

（一）树立正确办学思想

学校必须全面贯彻党的教育方针，坚持社会主义办学方向，落实立德树人根本任务，坚持教育公益性，尊重教育规律，守正守法守信办学。反对和纠正过度逐利、违背道德甚至违法违规的行为，始终保持正确的办学方向。

（二）切实加强党建工作

学校党组织要在保证政治方向、凝聚师生员工、推动学校发展、引领校园文化、维护安全稳定、参与人事管理和服务等方面发挥战斗堡垒作用，确保按照党的要求办学立校、教书育人。党的建设有关内容要写入学校章程。涉及学校党的建设、思想政治工作和德育工作等事项，由党组织研究决定。涉及学校发展规划、重要改革、人事安排和师生员工切身利益等重大事项，党组织重点从加强党的领导、坚持正确办学方向、严把人员政治素质关、维护校园和谐稳定等方面，参与讨论并提出明确意见，董（理）事会在作出决定前，要征得党组织同意。涉及教师引进、课程建设、教材选用、学术活动、对外交流等教育教学重要事项，党组织要把好政治关。

（三）找准办学定位

学校办学要符合首都战略定位要求，坚持为区域经济社会发展服务、为企业成长服务、为劳动者职业发展服务、为广大市民文化教育需求服务，发挥首都教育有益补充作用，努力成为建设学习型城市不可或缺的重要力量。

坚决摒弃和纠正背离规范办学要求的思想和行为，例如：偏离首都战略定位，提供脱离区域需求的服务供给；忽视管理和教学质量，盲目追求扩张规模；偏离教育主业，热衷校园租售；合作办学行为不规范，获取不当利益；持有办学许可但长期不招生不教学，期待证照升值等。

二 厘清办学范畴，严格办学标准

（四）严格办学层次

非学历高等教育是在完成高级中等教育基础上实施的非学历教育。学校应实施与高等教育层次相符的教育教学活动。受教育者应完成高级中等教育或具备同等学力。

（五）严格办学条件

按照相关政策文件配备教育教学设施、场所条件和安全条件。承租场所办学的，应签订长期协议保证稳定办学。学校处置资产或变更办学地址的，须保证办学条件符合标准。全日制办学模式转为非全日制的，应履行备案手续；非全日制办学模式转为全日制的，应符合我市相关政策与规定。严格人员资质条件，专兼职教师应当具有相应的教师资格或职业资格证书或职业技能等级证书。对于教师从业资格有特殊规定的专业或领域，按照相关规定执行。聘任外籍员工和招收国际学生应符合有关规定。

三　聚焦突出问题，规范办学行为

（六）规范用名用语

学校名称应符合法律法规规章等相关规定，应符合行业表述、办学特色和办学层次。学校名称应明示非学历教育性质，不得单独使用"大学""学院"字样，要加"专修""研修"等限定词。未经批准，不得冠以"中国""全国""中华""国际""世界""全球"等字样。学校可以确定标准简称，简称不得引发歧义造成公众误解，营利性学校简称可省略公司的组织形式，标准简称可用于学校牌匾、成绩单、结业证书、招生简章和广告。在招生宣传、广告、结业证书制作等方面，非学历学校不得使用"毕业"等学历教育专用表述。

（七）调整生源结构

自觉落实首都城市战略定位要求，合理确定招生范围。教育行政部门要引导学校优化生源结构，支持学校发挥体制机制优势，成为区域紧缺人才的培养基地、入职培训和职业发展的职教中心、提升文明素养的市民学校。支持学校主动调整招生模式，由面向受教育者个体转变为服务政府和企事业单位。

（八）开展诚信招生

学校应当按规定向社会发布招生简章和广告，并报办学许可机关备案。招生简章和广告内容不得欺骗和误导受教育者及其家长，并符合广告法等相关规定。不得变相出卖招生资质，不得将招生工作委托其他组织、中介公司和个人实施，不得组织在校生进行招生，不得以二级学院名义招生。

学校应向受教育者发放入学通知书，明确学习形式、学习年限以及学习证书取得办法等，并在其显著位置标注"非学历"字样。受教育者入学前，学校与受教育者或其监护人签订书面协议合同，协议合同应包括全部教育服务项目和费用、退费和争议问题处置方式等，保护双方合法权益。

（九）规范收退费工作

教育服务费用由学校自主确定、受教育者自愿接受，主要包括学费、住宿费以及代收代缴费用等。教育服务项目和费用应事先一次性完整告知受教育者。学校收费、退费管理办法应于受教育者入学前，通过招生简章、学校网站、入学通知书等向社会公示，并在校内显著位置设置长期固定的公示栏进行公示，不得在公示的项目和标准外收取其他费用。教育服务费用标准调整时实行"新生新办法，老生老办法"，另有约定的除外。

因学校不实宣传误导受教育者，受教育者要求退学退费的，学校应及时退还相关费用；如双方存在争议的，学校承担举证责任。学校不得使用非正当手段，诱导受教育者使用分期式信贷消费缴纳费用。

（十）严格管理教学点

学校办学场所原则上一校一址，严格控制增设教学点。如确需在审批区域内增设教学点的，由学校向市级教育行政部门申请，市级教育行政部门征得属地政府同意后予以备案。

（十一）规范合作办学

合作办学应以整合利用外部资源、提高人才培养质量为目的，同时履行学校内部法律咨询和风险评估程序。合作办学应以学校为主进行日常管理。严禁以"合作办学""联合办学"名义，实质出租出让办学权。

（十二）严控出租校园场所

学校对校园管理承担主体责任。出租的校园场所要纳入学校统一管理，学校要采取切实措施确保校园安全。对其他单位承租校园场所实施教育培训的，学校应当进行有效管理。

四 实施法人治理，加强内部管理

（十三）完善法人治理结构

章程是学校自主办学、实施管理的基本准则，学校应当以章程为依据，制定内部管理制度，实施办学和管理活动，开展社会合作。章程修改审议程序由学校依法依规自主确定，并在章程中载明。章程修订案应通过办学许可机关审查，并报法人登记机关，依规向社会公告。

学校董（理）事会或其他形式组织是学校的决策机构，由举办者或其代表、校长、党组织负责人、教职工代表等共同组成。决策机构要建立健全议事规则和相应监督机制。决策机构成员依法依章程作出调整后，应在30天内向办学许可机关履行备案手续。学校法定代表人由董（理）事长或者校长担任，校长受决策机构聘任，负责学校教育教学和行政管理工作。

学校举办者根据章程规定的权限和程序参与学校的办学和管理，变更举办者应符合相关规定。

（十四）规范财务资产管理

学校应当建立健全学校资产和财务管理制度，在每个会计年度结束时制作财务会计报告，委托具有相应资质的会计师事务所依法进行审计,并向社会公布审计结果。学校应当依法开设并使用学费专用账户,学费收入主要用于教育教学活动、改善办学条件和保障教职工待遇。学校应当依法保护教职工的工资、福利待遇和其他合法权益,并为教职工缴纳社会保险费。

学校存续期间,任何组织和个人不得挪用、侵占学校资产。关联交易须公平公允,不得成为侵占学校资产的手段。依据担保法精神,学校办学场所不得抵押或变卖,如需置换办学场所的,应完成购置新场所后再处置原场所,或进行同步更换。置换后的场所面积不小于原场所面积。

(十五)实施信息公开制度

学校须向社会公开八个方面内容,包括:学校办学许可证及相关信息、内部管理体制、机构设置、决策机构组成人员等基本情况;学校章程以及制定的规章制度;招生考试与录取规定、受教育者申诉途径与处理程序;收费项目、依据、标准及投诉方式;财务资产管理制度、学校年度审计报告、财政性资金、受捐赠财产的使用与管理情况;学校重大事件的调查和处理情况;对外交流与中外合作办学情况、外籍员工与国际学生管理制度;以及法律法规和规章规定需要公开的其他事项。

学校应当通过学校网站向社会公布上述信息,没有网站的,应当通过报刊、杂志、广播、电视等校外媒体予以公开。

五 完善治理机制,加强监督管理

(十六)构建市区两级监管体制

市级教育行政部门作为办学许可机关负责全市非学历高等教育的统筹规划、综合协调和宏观管理,依法实施行政许可和备案,组织实施年检工作,管理办学资质。区级教育行政部门对学校实施日常监管,强化校园安全管理。市级教育行政部门对学校评定年检结果时,应听取区级教育行政部门意见。全市建立市区工作例会制度,进一步实现信息共享、综合研判，促进监管协同，提升监管效能。

（十七）完善年检制度和"接诉即办"工作机制

强化年检制度，不断优化年检标准，规范工作流程，年检结果及时向社会公布，引导学校规范诚信办学；加强年检结果的使用，对未通过年检的学校，依法作出处理。强化学校"接诉即办"响应机制，及时受理信访投诉，在规定时间内反馈办理结果，切实解决群众合理诉求。

（十八）完善督导专员制度

市级教育行政部门向学校委派督导专员，督导专员同时担任党建工作联络员。督导专员联系学校党政领导班子，了解情况、沟通信息、督查指导、调查研究，支持和监督学校依法规范办学，并向有关部门和学校提出工作意见和建议。督导专员列席学校董（理）事会会议，学校做出重大决策前应及时报告督导专员，学校如存在重大风险隐患或发生安全稳定及重大情况，应及时如实完整报告督导专员。

（十九）建立健全风险预警机制

学校如发生办学异常情况且直接影响稳定办学的，教育行政部门启动风险预警机制，向相关政府部门发布预警提示，并依法向公众发布入学风险提示。对于办学异常学校的法人登记类型变更，以及举办者、办学层次、办学地址等变更事项，严格程序要求，加强审核工作。

（二十）推进转型发展

对办学定位与首都功能定位不相符、但具备一定办学条件的学校，引导其转型发展。市区教育行政部门加强协调配合，在学校变更办学层次、类型过程中简化程序，促进学校顺利转型。

在行政检查过程中，发现学校不再具备办学条件或达不到设置标准的，市级教育行政部门不予延续办学许可；同时，学校应主动向市级教育行政部门申请终止办学，制定安置处理工作方案，自行组织财务清算，妥善安置师生员工，市级教育行政部门加强工作指导，确保其平稳有序退出。对到期未延续办学许可且未主动申请终止办学的,市级教育行政部门依法办理办学许可注销手续。因停止办学产生的相关法律责任,由学校承担。

本意见所称的民办非学历高等教育机构,是指取得市级教育行政部门颁发的办学许可、实施非学历高等教育培训的机构。国家或北京市出台涉及非学历高等教育机构办学行为新规定的,按新规定的具体要求执行。

北京市教育委员会

2020 年 11 月 10 日

后　记

教育培训消费在中国近年着力扩大内需，增强消费对经济发展基础性作用的过程中扮演着重要角色，是政策文件中的热词。本书选取高校非学历教育消费作为研究和评价对象，意图对中国教育培训消费作全面把握、深入揭示，为教育、经济、社会高质量发展，按照新质生产力培育要求，畅通教育、科技、人才良性循环建言献策。

教育培训，尤其是高校非学历教育培训主要由私人支付学费，具有典型的私人消费特征。为推动教育培训，需要适应其运营规律，在规范、提质、扩容做好供给端服务的基础上，充分适应学习者需要，激发消费需求。按照消费的规律办学，是包括高校非学历教育在内非学历教育，乃至整个教育，面向整个社会、面向现代化、面向未来、面向终身学习的必然选择。当前对教育培训消费应加强规律认识，完善相关政策法规。

本书是中国社会科学院大学黄埔社会科学高等研究院长期资助课题"中国高校非学历教育评价"的第二阶段成果。第一阶段成果为《中国高校非学历教育事业评价》，已经于2023年5月由中国社会科学出版社出版。同年9月23日，首届中国高校非学历教育发展高端研讨会暨《中国高校非学历教育事业评价》（以下简称"报告"）发布会在广州举行。会上，中国社会科学院数量经济与技术经济研究所党委书记、副所长李海舰表示,报告紧扣中央精神,切合国家战略需要,研究深入,提出了一系列政策建议,有重要的参考价值。中国社会科学出版社副社长李天明表示,报告在数据和资料整理研究体系等方面进一步丰富了中国高校非学历继续教育评价研究,有助于把握中国继续教育的现状与演进规律,是一部开放性的高质量专著。

第二阶段成果虽然距离第一阶段成果问世时间仅一年即发布,却是作者及团队多年研究的结果。本书特别受益于作者在消费领域的研究积淀。近十年来,随着中国供给端生产制造不断遭遇瓶颈,落后产能与过剩产能问题并发,急需激发内需、扩张消费,从需求侧完善政策供给。本人投入大量精力进行消费及消费中心研究,发表了系列成果,受到好评。《中国高校非学历教育消费评价》既是教育领域的专著,也是消费经济领域的专门研究,属于跨学科成果,相信对于教育领域的专门研究者有启发意义,同时对经济领域的专业研究人员也有重要启示意义。

学问研究艰辛,求知之途漫漫,尤其是近年我和所有的人一样,饱受新冠疫情之侵扰,研究进度及所能够投入的科研精力受到严重影响,但学问之路上总是有快乐的,只要付出总是有回报,正如我当年在西藏工作的七个年头,再艰苦的地方也会有快乐,再苦难之时也会有生命的鲜花。在此,我要再一次感谢养育并一直支持我的父亲周积善先生和母亲石顺梅女生。去年我的父亲过了90岁生日,他不仅仍然一应生活起居自理,还要照顾体弱的母亲,他的健康及对母亲的照顾是给我们三个子女的最大支持。也要再一次感谢我的夫人李清英女士,我外出调研多,基本很少顾家,她为我提供了最坚实的后方,还有我的双胞胎女儿周承泽同学、周启文同学,她们今年冲刺中考,压力可想而知,我感谢她们为自己、为社会、为国家拼搏。我要再一次感谢中国社会科学院数量经济与技术经济研究所的领导和同志们,再一次感谢黄埔社会科学高等研究院的领导和同志们,再一次感谢中国社会科学出版社的领导和同志们。还有我的研究生耿小雨同学及其他团队成员,他们做了大量辅助、联络和支撑性工作,再一次感谢大家。

周　勇

于北京社科嘉园

2024 年 6 月 8 日